BRIAN MOYNAHAN
Das Jahrhundert Russlands

Buch

Brian Moynahans Dokumentation von hundert russischen Jahren spannt
den Bogen einer dramatischen Geschichte von der Zarenherrschaft zur
Revolution, vom stalinistischen Terror zu dem grauenvollen »Großen
Vaterländischen Krieg«, von Kaltem Krieg und innerer Stagnation zu den
chaotischen Zuständen der Gegenwart und lässt neben den großen welt-
geschichtlichen Ereignissen auch der Alltagsgeschichte ihren legitimen
Rang.
Die zaristische Adelsgesellschaft neben Szenen aus dem Leben der verhungernden Landbevölkerung, außergewöhnliche Porträts von Künstlern
wie Tolstoi, von Revolutionären wie Trotzki und Lenin und dem blutigen
Diktator Stalin, Momentaufnahmen der Schlacht um Stalingrad und der
Belagerung Leningrads, Chruschtschow ganz privat, der Störfall Tschernobyl und die ungeschützten Arbeiter – atemberaubende, bislang gro-
ßenteils unveröffentlichte Fotos machen uns zu Augenzeugen eines dramatischen Jahrhunderts russischer Geschichte.

Autoren

Brian Moynahan ist britischer Historiker und Journalist. Neben Veröffentlichungen zur russischen Geschichte ist er auch durch »Das Jahrhundert Englands« (1997) hervorgetreten.

Der Lyriker und Erzähler Jewgeni Jewtuschenko, Verfasser des Vorworts,
ist einer der bekanntesten russischen Schriftsteller der Gegenwart. Ab
1991 war er Vorsitzender des russischen Autorenverbands.

Brian Moynahan

Das Jahrhundert Russlands

1894–1994

Mit einem Vorwort
von Jewgeni Jewtuschenko

Übertragen aus dem Englischen
von Helmut Dierlamm, Klaus Fritz
und Enrico Heinemann

GOLDMANN

Die Originalausgabe ist 1994 unter dem Titel
»The Russian Century 1894–1994«
bei Random House, Inc. erschienen

Der Goldmann Verlag
ist ein Unternehmen der Verlagsgruppe Random House GmbH

Im Textteil vollständige Taschenbuchausgabe Oktober 2001
Wilhelm Goldmann Verlag, München,
in der Verlagsgruppe Random House GmbH
© 1994 by Random House, Inc.
© 1994 der deutschsprachigen Ausgabe C. Bertelsmann Verlag, München,
in der Verlagsgruppe Random House GmbH
Entwicklung und Gestaltung: Endeavour Group UK, London
Umschlaggestaltung: Design Team München
(Umschlagfoto: Russisches Staatsarchiv für filmische
und fotografische Dokumente, Krasnogorsk)
Satz: Setzerei Max Vornehm GmbH, München
Druck: GGP Media, Pößneck
Verlagsnummer: 15116
AM · Herstellung: Sebastian Strohmaier
Made in Germany
ISBN 3-442-15116-3
www.goldmann-verlag.de

1 3 5 7 9 10 8 6 4 2

Für die Jacksons von Hurtwood.
BRIAN MOYNAHAN

Für Farit Gubajew, Wladimir Siomin und Igor Mouchin.
ANNABEL MERULLO UND SARAH JACKSON

Inhalt

Vorwort

von Jewgeni Jewtuschenko

Von dem großen russischen Dichter Alexander Blok wird folgende Geschichte erzählt: Als er während der Oktoberrevolution, die er selbst dunkel vorausgeahnt hatte, auf sein Gut fuhr, fand er dort nur Trümmer und Asche vor. Plötzlich blitzte etwas in den Trümmern auf: die Scherben eines alten Spiegels, der aus dem verbrannten Rahmen aus Nussbaum herausgefallen war. Blok nahm die größte Scherbe unter den Arm und ging mit ihr den ganzen Tag in der Asche umher, als hoffe er, die Scherbe bewahre in ihrer Tiefe wenigstens einen Teil der Geschehnisse. Stoppelbärtige Rotgardisten, die aussahen, als seien sie seinem Gedicht *Die Zwölf* entsprungen, befahlen dem großen Dichter, stehen zu bleiben und ihnen die Spiegelscherbe vorzuhalten, während sie sich rasierten. Die Apostel der Revolution mit vor der Brust gekreuzten Maschinengewehrgurten ärgerten sich darüber, dass das Glas vom Feuer verrußt war und ihre von revolutionärer Entschlossenheit erfüllten Gesichter trübte. Derb fluchend wischten sie daher den Spiegel mit ihren tätowierten Armen und den Zipfeln ihrer Uniformhemden ab. So fungierte der Dichter als »Spiegelhalter«.

Der vorliegende Bildband über Russland im 20. Jahrhundert ist ein von Kriegen und Revolutionen zerschlagener Spiegel, dessen Scherben, von neuem zusammengefügt, in ihrer Tiefe alles bewahren, was sich je in ihnen gespiegelt hat. Der Leser sieht in diesem Spiegel Russland in dem willensschwachen, leblosen Gesicht Zar Nikolaus' II., in Rasputins listigen und zugleich wahnsinnigen Augen, in Kerenskis advokatenhafter Gestik, in Lenins Schminke, in Stalins Pfeife, in deren Rauch sich mehr menschliche Existenzen auflösten als im Schlot von Auschwitz, in Chruschtschows Bauernschläue, in Gagarins unwiderstehlichem Lächeln, in Breschnews breit wogender Brust ... all diese Gesichter ergeben zusammengenommen das Gesicht Russlands, ob es dem Leser gefällt oder nicht – des Landes der großen Schriftsteller und genialen Wissenschaftler, der berühmten Großmütter und ersten Kosmonauten, aber auch der Kannibalen und jetzt gar der Mafia, der Erpresser und der Zuhälter.

Sollte das eine oder andere Bild dieses Buches den Leser schockieren, erinnere er sich an das gute russische Sprichwort: »Gib nicht dem Spiegel die Schuld, wenn deine Visage schief ist!« Die Geschichte ist wie eine jener seltenen Frauen, die sich nicht gern im Spiegel betrachten. Sobald sie vor den Spiegel tritt, wischt sie ihn immer wieder ab, als könne sie dadurch ihr Antlitz verschönern. Nach dem Zusammenbruch der kommunistischen Ideologie entstand im geistigen Leben Russlands ein beängstigendes Vakuum. Die Geschichte überholte die russischen Geschichtsbücher, und neue werden wohl nicht so bald geschrieben.

Unter den vielen Gesichtern in diesem Buch findet sich das Gesicht des jungen, an Bluterkrankheit leidenden Thronfolgers Alexei. Wir Leser wissen bereits, was der Knabe auf dem Foto noch nicht weiß. Wir wissen, dass er zusammen mit Vater, Mutter und Schwestern grausam ermordet werden wird zu einer Zeit, als nicht einmal Rasputin mit seinen sibirischen übernatürlichen Kräften das unaufhaltsam fließende Blut hätte stoppen können. Viele von denen, die an der Hinrichtung beteiligt waren, wurden später selbst erschossen. Und das Blut gerann nicht, sondern floss immer weiter und wurde zum Strom des Bürgerkriegs und des Terrors, den Ausspruch eines französischen Revolutionärs bestätigend: »Die Revolution verschlingt wie Saturn ihre eigenen Kinder.«

Die Bluterkrankheit war offensichtlich nicht nur die Krankheit des letzten Thronfolgers, sondern die Krankheit ganz Russlands im 20. Jahrhundert. Woher stammt sie? Sie stammt aus der Zeit des dreihundertjährigen Tatarenjoches, als die untereinander zerstrittenen russischen Fürsten sich endlos gegenseitig bekämpften, anstatt sich zu vereinigen. Damals begann eine nationale Tradition – die Gewöhnung an von

Russen vergossenes russisches Blut. Der Dichter Maximilian Woloschin (1877–1932) hat 1925 geschrieben: »Peter der Große war der erste Bolschewik ... Er war mehr ein Bildhauer als ein Schlächter, aber er schnitt in Fleisch und nicht in Stein.« Und das Blut gerann nicht, sondern strömte unaufhaltsam weiter. Das letzte Foto von Lenin ist erschütternd. Seine Augen von Schrecken erfüllt, vielleicht weil er voraussahte, dass alle revolutionären Ideale von Blut hinweggespült werden würden. Russland war das letzte Land Europas, in dem die Leibeigenschaft aufgehoben wurde, aber wenige Jahrzehnte später bildete sich unter dem Pseudonym »Sozialismus« ein kommunistischer Feudalismus, während sich unter dem Pseudonym »UdSSR« weiterhin das alte russische Zarenreich verbarg. Anstelle des Zarewitsch Alexei folgte der Sozialismus auf den Thron nach, und er erbte mit dem Thron auch die Bluterkrankheit: das Blutvergießen im Bürgerkrieg und während der Kollektivierung und der Industrialisierung und heute das Blutvergießen der Demokratisierung, in den ethnisch bedingten Kriegen zwischen Aserbaidschanern und Armeniern, zwischen Georgiern und Abchasen, zwischen Russen und Moldawiern. Zwischen der Ukraine und Russland droht ein Konflikt auszubrechen, und Russland selbst ist vom Bürgerkrieg bedroht. Dreimal standen wir am Rand eines blutigen Abgrundes: bei dem zum Glück gescheiterten Putsch im August 1991, bei dem verzweifelten Versuch der Opposition, die Fernsehzentrale mit Waffengewalt zu besetzen, und beim Beschuss des Parlamentsgebäudes durch regierungstreue Panzer im Oktober 1993.

Warum hat unser Land eine so unvollkommene, ungezogene, ja undemokratische Demokratie? Aber kann es ohne jede Tradition der Toleranz überhaupt anders sein? Russland war immer ein Land elitärer Kultur und politischer Unkultur, deren wichtigstes Merkmal die Intoleranz ist. Intoleranz hat schon einmal verhindert, dass die Revolution in eine Evolution überging, und sie stört diesen Übergang auch jetzt. Die Intoleranz folgt nicht aus der Treue zu einer bestimmten Partei, sie ist vielmehr eine nationale Neigung. Intoleranz ist das einzige, was extreme Kommunisten und Antikommunisten vereinigt. Früher hatten wir die Zwangskollektivierung, heute die Zwangskapitalisierung. Solange die

Intoleranz besteht, können wir von der nationalen Bluterkrankheit nicht genesen.

Wir sollten neben die Freiheitsstatue eine Statue der Verantwortung stellen. Es ist an der Zeit, die Unzulänglichkeit der Freiheit einzugestehen. Indem wir die Freiheit anbeten wie einen Götzen, begehen wir einen gefährlichen Selbstbetrug. Unvorsichtige Versuche, die Geschichte zu beschleunigen, führen dazu, dass Menschen die Freiheit bekommen, die nicht auf sie vorbereitet sind, und das ist nicht nur für diese Menschen, sondern für die ganze Menschheit gefährlich. Herzen schrieb einmal, man dürfe die Menschen nicht weiter befreien, als sie innerlich frei seien.

Ungeachtet des Chaos verantwortungsloser Freiheit ist freilich Großartiges erreicht worden. Die Gefahr eines dritten Weltkrieges als Ergebnis des atomaren Wettstreits zwischen den USA und der UdSSR ist gebannt. Die Berliner Mauer wurde zu Souveniren zerlegt. Über Gorbatschow mag man schimpfen, aber ohne ihn wäre dies alles noch lange nicht erreicht. Die ideologische Zensur wurde beseitigt, auch wenn allmählich die wirtschaftliche Zensur spürbar wird. Die politischen Barrieren für Auslandsreisen wurden aufgehoben, auch wenn wirtschaftliche Barrieren entstanden. Privates Unternehmertum wurde zugelassen, auch wenn es zur Zeit eine Periode des ungezügelten Kapitalismus durchmacht. Das Recht auf privaten Grundbesitz wurde eingeführt, auch wenn noch unklar ist, wie das Land verkauft wird und wer es kaufen kann. Das Mehrparteiensystem ist zwar kein Allheilmittel, aber doch besser als die Diktatur einer Partei. Auch dazu wäre es nicht gekommen, wenn Jelzin nicht an einem Augustmorgen des Jahres 1991 auf einen Panzer geklettert wäre.

Gorbatschow und Jelzin, die unversöhnlichen Widersacher, haben vieles gemeinsam. Sie gelangten beide aus bescheidenen Verhältnissen an die Macht, und sie gehörten beide dem ehemaligen Parteiadel an. Deshalb hat unsere Demokratie einen feudalen Charakter. Bis es in Russland Politiker eines neuen Schlages gibt, die nicht in den Feudalismus hineingeboren sind, müssen wir noch lange durch die Wüste irren in der Hoffnung, irgendein Messias werde uns wie Moses ins Gelobte

Land führen. Wir sind in die Freiheit geraten wie in eine Wüste und müssen lernen, in ihr Bäume anzupflanzen. Unsere Freiheit hat noch nicht gelernt, sich würdig zu benehmen; sie wirkt unbeholfen und halbverhungert. Dennoch möchte ich sie nicht gegen den alten goldenen Käfig und das Gefängnisessen eintauschen.

Das Ausmaß der Sehnsucht nach der ehemaligen Sowjetunion wird übertrieben; außerdem ist diese Sehnsucht nicht unbedingt gleichbedeutend mit Chauvinismus und dem prahlerischen Versprechen, »dass unsere Soldaten ihre staubigen Stiefel im Indischen Ozean waschen werden«. Nach einer Periode erster Begeisterung beginnen viele ehemalige Republiken zu begreifen, dass stolze Unabhängigkeit sich in elende Einsamkeit verwandeln kann. Die Loslösung der baltischen Republiken aus der UdSSR war natürlich, aber die Entstehung von Zollgrenzen, Einreisebeschränkungen und zahlreichen neuen Währungen erscheint der Mehrheit der Bürger anderer Republiken der ehemaligen UdSSR als barbarisch und entwürdigend. Die Separatisten vergessen bei ihrem dummen Nationalismus, dass sie über zu wenig Strom, Erdgas und Holz verfügen und dass sie dafür jetzt in Dollar bezahlen müssen. Eine vollständige Isolierung der ehemaligen Republiken voneinander ist unmöglich, denn sie sind historisch und geographisch untrennbar miteinander verbunden. Zwei Alternativen stehen zur Wahl: eine sich stets verschlimmernde »Balkanisierung« mit ethnischen Konflikten und sogar Krieg oder eine »Entbalkanisierung«, die friedliche, allmähliche Wiedergeburt eines Staatenbundes unter einem neuen Namen auf demokratischer Basis und ohne die Diktatur einer Zentralmacht.

Letzteres könnte als »Strategie des Flickenteppichs« bezeichnet werden – die stückweise Genesung eines ehemals großen Landes, wenn sich nach und nach ein Flicken zum andern fügt. Kein einziger der verschiedenen Nationalismen, der russische eingeschlossen, hat auf sich allein gestellt eine glückliche Zukunft zu erwarten. Russland wird zu neuer Größe wachsen, wenn es sich seine Größe nicht hysterisch einzureden versucht. Größe kann man sich nicht einreden, sie muss geschaffen werden – nicht von fremden, sondern von den eigenen Händen. Russland kann eine bedeutende, einende Rolle im Schicksal vieler Völker spielen, wenn es auf gewaltsame Aneignung verzichtet, die früher oder später immer unrühmlich endet, und die Völker statt dessen durch das Vorbild einer geistigen und materiellen Blüte anzieht.

Auf keinen Fall soll ein künftiger Dichter wie Alexander Blok mit einer Spiegelscherbe, in der nur Leichen und Asche zu sehen sind, durch die Ruinen seines niedergebrannten Vaterlandes irren müssen. Vielmehr wünsche ich mir, dass wir im Spiegel der Geschichte nur uns und unsere Kinder sehen und dass wir uns vor unseren Kindern nicht zu schämen brauchen.

Flickendecke

Flicken an Flicken
nähte Großmutter uns eine Decke
und ich spüre noch die zärtliche Güte,
mit der die Decke mich umgab.
Die Flicken glänzten rot wie kleine glühende Kohlen,
golden wie die Augen eines Bären,
blau wie Kornblumen auf dem Feld
und pechschwarz wie der Mantel der Nacht.
Nicht als Meteorit geriet ich nach Sibirien
in des Winters abgeschiedenen Winkeln war ich
vor Schneestürmen geborgen in der Regenbogendecke
und war, wie ein kleiner Flicken, mit lauter kleinen
   Blumen bedeckt.

Flicken an Flicken
sammelten wir einst Russland zusammen
und nähten in seine Macht auch Flicken der Schwermut
und in seine Stärke Flicken der Schwäche.
Falsche Ideale rissen uns in Stücke,
und ohne Gnade,
sinnlos die Heimat verspottend wie eine Decke,
reißen wir jetzt die Ideale in Stücke.
Über dem erneut zerrissenen Land liegt,

wie vor der Zaren Zeit, am Scheideweg
nur die Asche endloser Feuersbrünste –
traurige Reste von Fahnen und Schicksalen.
Von Moskau her wird keine Rettung kommen –
Die Menschen von Wologda und Irkutsk werden sie bringen.
Die Rettung wird langsam kommen, als Flickwerk,
aber die Flicken werden zusammenwachsen.
Leb wohl, Weltreich! Sei gegrüßt, Russland!
Herrsche, Russland, nur über dich selbst.
Hülle Deine streitenden Kinder wie Großmutters Decke
in ein gemeinsames Schicksal aus vielen Flicken.
Ich würde mich so gern auf der Ofenbank
an Großmutters Schulter schmiegen,
so dass sie Russland wieder zusammennähen kann –
Flicken an Flicken ...

JEWGENI JEWTUSCHENKO

Einleitung

Die Geschichte hat Russland im 20. Jahrhundert hart hergenommen und von einem Extrem ins andere geworfen. Das Land hat Hauptstadt und Namen gewechselt; reichte es im Westen einst bis über Warschau hinaus, verläuft seine Grenze heute östlich von Minsk; einst Vision der Zukunft, scheint es heute in den Trümmern der eigenen Vergangenheit unterzugehen. Millionen seiner Einwohner sind in Hinrichtungskellern, arktischen Arbeitslagern und auf den größten Schlachtfeldern der Welt ums Leben gekommen. Das Land hat Kosmonauten hervorgebracht und, in den Jahren des Hungers, Kannibalen. Es hat alten Vorstellungen den Garaus bereitet – dem religiösen Glauben, dem Privateigentum und der Herrschaft des Gesetzes –, die heute, begleitet von heftigen Auseinandersetzungen, wieder eine Rolle spielen. Die Revolution von 1917 hat Russland zum ersten modernen Staat des 20. Jahrhunderts gemacht: totalitär, grausam, die Bevölkerung durch Säuberungen, Geheimpolizei und Konzentrationslager disziplinierend, mit einer angeblich wissenschaftlichen Ideologie, in Wirklichkeit aber aufgrund seines Partei- und Führerkults eine Theokratie. Das Land wurde zum Modell für Osteuropa, China, Kuba und Vietnam. Älter als Nazideutschland, überlebte es dieses, dessen Entstehung es zutiefst beeinflusste: Man kratze an einem Braunhemd, und ein Roter kommt zum Vorschein.

Der Wandel erfolgte mit halsbrecherischer Geschwindigkeit. Das Leben der Reichen im Vorkriegsrussland mit seinen Vergnügungen wie Bällen, Schlittenfahrten, Picknicks und Festen verschwand innerhalb weniger Monate, nachdem die Bolschewiki in der jeweiligen Region die Macht übernommen hatten. Die *burschui*, die russischen Bourgeois,

wurden vernichtet, an ihre Stelle traten andere Klassen. Die *nomenkla-tura*, die »neue Klasse« des Kommunismus, genoss die Privilegien der Partei: spezielle Fahrspuren auf den Straßen der Städte für ihre Limou-sinen und die Läden und Kasinos der Partei, in denen es Lachs, Torten und importierten Brandy zu kaufen gab, Parteidatschen (Landhäuser) und Kurorte an der blühenden Schwarzmeerküste. Eine andere Erfin-dung waren die *sampoliti*, die politischen Offiziere; sie stellten später durch Vorträge dreimal täglich sicher, dass etwa die Besatzungen der Atom-U-Boote vor Miami, deren Aufgabe es war, die Welt dem neuen Glauben zu sichern, der Partei treu blieben.

Vor 1917 habe ein brutales Regime geherrscht, behauptete die Partei hartnäckig, danach ein gerechtes. Das war natürlich gelogen. »Die zaris-tischen Vernehmungsbeamten wagten nicht einmal, mich unhöflich anzureden!« rief ein Dissident, als er nach einem Verhör halbtot in seine Zelle zurückgebracht wurde; die Beamten hatten ihn auf Geheiß der Partei gefoltert. Die höchste dokumentierte Zahl von Gefangenen im Zarenreich beträgt 189 949 im Jahr 1912; im Jahr 1938 waren es min-destens dreißigmal, wahrscheinlich sogar vierzigmal so viele.

Sowjet heißt »Ausschuss«; von Russland, einem Namen, der auf das elfhundert Jahre alte Rus zurückging, wurde das Land in »Union der Ausschüsse« umbenannt. Bis 1988 wurden alle Karten für den öffent-lichen Gebrauch nach Anweisungen des KGB entstellt. »Fast alles« wurde geändert, räumte der Leiter der kartografischen Abteilung ein. »Landstraßen und Flüsse wanderten, und auch in den Städten änderten die Straßen ihren Verlauf.« Sogar das Wetter war ein so wichtiges Geheimnis, dass es nur den Augen der Partei enthüllt werden durfte; bis Ende der siebziger Jahre veröffentlichten die Zeitungen keine Wetter-berichte. Heute kämpft das Land um die Rückkehr in die Normalität. Alte Namen wie Russland und St. Petersburg hervorzuholen ist leicht; schwieriger ist es, eine vergessene Seele wiederzuentdecken. Wie holt man Bankiers, Händler und Ladeninhaber zurück, die man so lange als Hyänen, Wucherer und Spekulanten beschimpft hat? »Man hat uns unsere Vergangenheit gestohlen«, sagte mir ein ehemaliger Moskauer Zahnarzt an einem trüben Novemberabend 1991. »Es war gefährlich zu

fragen, wer wir früher waren.« Begierig las er einst verbotene Bücher und machte dabei eine Entdeckung: »Wir waren ein temperamentvolles Volk mit vielen Vergnügungen. Wir liebten die Zigeunermusik und das Glücksspiel.« Mit dieser Erkenntnis begab er sich nach Atlantic City. Von dort brachte er Roulettescheiben und Kartentische mit und eröffnete das erste Rubel-Kasino in Moskau seit der Revolution. »Ich tue das um Christi willen«, sagte er. »Damit Russland wieder das ist, als was Gott es geschaffen hat.«

Lenin stellte 1918 »Russland auf den Kopf«, wie der Maler Marc Chagall es ausdrückte, »genau so, wie ich meine Gemälde hänge.« Auf Lenin folgte Stalin mit den »wulstigen Fingern, wie Würmer so feist«, den Ossip Mandelschtam in eindringlichen Versen beschrieben hat, die ihn das Leben kosteten; Stalin, der Henker von Millionen, der Mann mit dem schwarzen Humor, der fast sicher den allzu beliebten Parteichef Sergei Kirow ermorden ließ und ihn dann feierte, indem er ein weltbekanntes Ballett, eine Klasse von Kreuzern, zahlreiche Seen und fünf Städte nach ihm benannte. Stalin verwandelte sich in westlichen Augen 1941 vom Massenmörder zum väterlichen Onkel, zum Pfeife rauchenden Patrioten, dessen Soldaten der deutschen Invasionsarmee in den größten Schlachten der Geschichte das Rückgrat brachen.

Die Unterdrückung dauerte auch nach 1945 an. Nur einer von acht russischen Soldaten überlebte die deutsche Gefangenschaft; die Überlebenden wurden, weil sie ausländischen Gedanken ausgesetzt gewesen waren, von den Nazilagern postwendend in die Lager der Roten überführt. Auch die Bevölkerung konnte sich nicht erholen. Die Arbeitsanforderungen wurden nach dem Krieg hinaufgesetzt, zu essen hatte man oft sogar noch weniger. Die US-Hilfe war zu Ende, die Sowjetbürger aßen kein amerikanisches Dosenfleisch mehr und fuhren nicht mehr Studebaker. Stalin gab dem Kalten Krieg sein Gesicht, das von Satelliten aus noch heute erkennbar ist: Flugzeugfabriken in Kalifornien und im Ural, Panzerfabriken in Detroit und Omsk, Raketensilos in Wyoming und Westsibirien und Raketentestgelände von Vandenberg bis Kwajalein und von Tjuratam bis zur Halbinsel Kamtschatka. Der Kalte Krieg wurde von Nikita Chruschtschow fortgesetzt, dem Hollywood-Star, Agentenfänger und Sputnikbauer auf dem politischen Trapez, von dem er in Kuba fast schmählich abgestürzt wäre, Chruschtschow, dem »verrückten Maispflanzer«, der unbestelltes Land umpflügen ließ. Dann, gleichsam als ob die Geschichte sich erschöpft hätte und es genug sein lassen wollte, kam der tiefe Schlaf unter Breschnew, Juri Andropow und Konstantin Tschernenko, den lebenden Toten. Das süße Erwachen unter Michail Gorbatschow wich bald neuen Stürmen, und heute, unter Boris Jelzin, gelten die Parlamentarier im Weißen Haus in Moskau als orthodoxe Kommunisten, während die Panzerbesatzungen davor den Demokraten Jelzin repräsentieren. Wieder einmal steht Russland auf dem Kopf.

Am Ende konnten die Russen mit dem *glawni wrag*, dem Hauptgegner Amerika, nicht mithalten. Der Zusammenbruch kam schnell und erbarmungslos. Die osteuropäischen Satellitenstaaten haben die Umlaufbahn verlassen, die Peripherie bröckelt. In den Ruinenstädten Europas war 1945 König, wer über Penizillin verfügte. Im heutigen Moskau ist König, wer harte Devisen hat. Ein Taxifahrer verdient auf einer Fahrt zum Flughafen mehr als ein Universitätsprofessor in drei

Monaten, eine *walutnaja*, eine Frau, die Sex für Devisen verkauft, verdient in einer halben Stunde mehr als ein Kapitän der Marine in einem ganzen Jahr. Bis vor gar nicht langer Zeit gehörten die Straßen Moskaus zu den sichersten der Welt. Heute müssen sich die neuerstandenen Aktienhändler und Spekulanten von grimmigen Leibwächtern in gepanzerten Limousinen durch feindliche Straßen fahren lassen, weil der Staat zu schwach ist, sie zu schützen. Und die Armen werden nach Belieben ausgenommen.

Die bemerkenswerten Bilder dieses Buches stammen aus russischen Quellen. Viele kommen aus bisher unzugänglichen Archiven und werden hier zum ersten Mal abgedruckt. Zusammen legen sie ein eindrucksvolles Zeugnis von der bizarren Entwicklung Russlands in diesem Jahrhundert ab.

1

Das Land der Romanows

Das russische Reich der Jahrhundertwende war ein Koloss. Die Vereinigten Staaten hätten ganz hineingepasst, dazu noch China und Indien. Das Reich war in seiner äußeren und inneren Gestalt Schöpfung und Eigentum einer Dynastie, der Romanows. Michail, der erste Romanow-Zar, war dreihundert Jahre zuvor im Moskauer Kreml gekrönt worden. Damals lag Russland zwischen Europa und Asien eingezwängt; die Ostseeküste befand sich in der Hand der Schweden, und noch vor kurzem hatten Polen vorübergehend Moskau besetzt. Russische Pelzhändler waren zwar über den Ural nach Sibirien vorgestoßen, aber die tatarischen Erben der Mongolen beherrschten weiterhin die Länder östlich der Krim und des Kaspischen Meeres.

Um 1900 dagegen umschloss das Reich Nikolaus Romanows fast das gesamte Kaspische Meer. Im Süden grenzte es an die Türkei, an Persien, Afghanistan, die Mongolei und China, im Osten reichte es bis an die nebelverhangenen Wasser des Japanischen Meeres. Polen, die baltischen Staaten und Finnland standen unter der Herrschaft des Zaren, das geschwächte China hatte das Gebiet nördlich des Amur und die Küstenprovinz östlich des Ussuri vertraglich an den Zaren abtreten müssen. Über hundert Völker schuldeten dem Zaren Treue, und von den 125 Millionen Seelen, die in der Volkszählung von 1897 registriert wurden, waren nur 55 Millionen Großrussen. Nikolaus II. selbst hatte nur zu einem Hundertstel russisches Blut; Generationen von Romanows waren dynastische Ehen mit Prinzessinnen aus dem Westen eingegangen. Zarin Alexandra hatte englische und deutsche Vorfahren. Von ihrer Großmutter Königin Viktoria hatte sie den genetischen Defekt geerbt, der ihren Sohn Alexei zum Bluter machte. Nikolaus war ein scheuer Mensch, versonnen und melancholisch. Sein Vetter, der deutsche Kaiser Wilhelm II., hielt ihn am besten dafür geeignet, auf dem Land Rüben zu züchten, doch Nikolaus herrschte als »Kaiser und Autokrat aller Reußen« mit absoluter und uneingeschränkter Macht über seine Untertanen. Seine weiteren Titel füllten dreizehn dicht beschriebene Zeilen. So war er unter anderem Souverän der tscherkessischen Fürsten, Fürst von Estland, Großfürst von Finnland und Litauen, Herrscher über Turkestan und die Provinzen Armeniens, Herrscher und Großfürst aller nördlichen Länder, »und so weiter«.

Das Reich war von exotischer Vielfalt und vieles war neu. Die Siege über die Türken im Kaukasus und die großen Frühjahrsfeldzüge gegen die Nachkommen der Goldenen Horde hafteten noch in der Erinnerung; damals waren die Truppen zum Klang der Kesselpauken barfuß durch die Steppe marschiert. Die Turkmenen waren erst 1880 endgültig besiegt worden, als der Emir von Buchara Vasall des Zaren wurde. Der Vorstoß nach Zentralasien hatte erst fünf Jahre vor der Jahrhundertwende im Pamir-Gebirge geendet. Von Irkutsk aus, dem wichtigsten Zentrum Sibiriens, drangen Goldsucher, Ingenieure und Pelzhändler weiter in die Wildnis vor. Den amerikanischen Reisenden Basset Digby erinnerte Irkutsk an San Francisco, wie es knapp 50 Jahre zuvor während des Goldrauschs von 1849 gewesen war; er schildert Irkutsk als »ein vergoldetes Gomorrha«, in dem Wasserstoffblondinen in engen blauen Knickerbockern und Holzschuhen tanzten. Außerdem, klagt Digby, habe ihm die Angewohnheit der Einwohner, in den frühen Morgenstunden zur Abschreckung von Räubern mit Revolvern aus dem Fenster zu schießen, den Schlaf geraubt.

Bequem reisen konnte man nur mit der Bahn, die langsam und einschläfernd auf den Breitspurgleisen dahinrumpelte, und mit Flussdampfern, wenn die Flüsse eisfrei waren. Die Wolga, der längste Strom Europas, war auf ihrem 3500 Kilometer langen Weg zum Kaspischen Meer eine wichtige Verkehrsader. Auf ihr verkehrten zahlreiche Passagierschiffe, und die Reichen unternahmen Dampferfahrten zum Vergnügen oder aus gesundheitlichen Gründen. Im Winter wurden die zugefrore-

Unter gemeinsamer Flagge: Über 100 verschiedene Völker lebten im Reich der Romanows – blonde Letten im Westen, tatarische Nachkommen der mongolischen Goldenen Horde, pelzgekleidete Nenzen im Norden, Kirgisen mit muslimischen Gewändern im Süden. Das Bild zeigt eine Gruppe tungusischer Ewenken, nomadische Renzüchter im Ob-Gebiet in Westsibirien. Nur 25 000 Menschen sprachen ihre mit dem Mandschurischen verwandte Sprache, und sie waren über ein riesiges Gebiet verstreut, das sich vom Ob bis zur Küste des Ochotskischen Meeres und zur Insel Sachalin erstreckte.   [Foto: A. Adrianow]

nen Flüsse mit Schlitten als Straßen genutzt. Die Züge waren zwar komfortabel – die Transsibirische Eisenbahn verfügte über Büchereien und Klaviere –, aber das Eisenbahnnetz hatte nur eine Länge von 40 000 Kilometern, nicht länger als das britische Netz, obwohl Großbritannien fünfzigmal kleiner war. Und die Strecke der Transsibirischen Eisenbahn hatte noch immer eine Lücke: den Baikalsee, der im Sommer mit dem Dampfer, im Winter mit Schlitten überquert werden musste. Die Eisenbahnunternehmen hatten beim Bau der Gleisanlagen gespart, was bei der bevorstehenden Revolution noch eine Rolle spielen sollte. Die Schienen hatten nur das halbe Gewicht der amerikanischen Norm, Bettung und Unterbau waren schwach und auf gefrorenem Grund verlegt, der im Sommer nachgab. Die Züge entgleisten häufig, und die »Expresszüge« fuhren so langsam, dass ein amerikanischer Passagier meinte: »Selbst unser langsamster Cowboy könnte mit ihnen Schritt halten.«

Nur wenige Straßen waren ganzjährig befahrbar, und es gibt bis heute keine Hauptverkehrsstraße, die das ganze Land durchquert. Im Sommer zogen ungefederte Karren Staubwolken hinter sich her, die über einem Meer von Gras hingen. Die Kutscher saßen schläfrig da und kauten Sonnenblumenkerne, die Passagiere dösten dahinter auf einer Unterlage aus Stroh. Im Winter schliefen die Reisenden während langer Schlittenfahrten in Bärenfelle gehüllt und mit Hunden an den Füßen, die sie wärmten und ihnen Gesellschaft leisteten. Der Regen im Frühjahr und Herbst verursachte den Schlamm, den die Russen »Weglosigkeit« nennen. Land- und Dorfstraßen waren dann mit einer glitzernden, zähflüssigen Masse bedeckt, die einem die Stiefel von den Füßen zog und 1941 den deutschen Panzern mit ihren schmalen Ketten schwer zu schaffen machte.

Nur St. Petersburg und Moskau hatten über eine Million Einwohner. Moskau war die historische Hauptstadt; Iwan der Schreckliche, Großfürst von Moskau, hatte sich dort 1547 zum Zaren von ganz Russland krönen lassen. Der Kreml, dessen rote Mauern sich über der Moskwa erhoben, war mit seinen Palästen, Kapellen, Bankettsälen, Arsenalen, Truppenquartieren, schützenden Festungswerken und Wachtürmen im Mittelalter das Zentrum der russischen Macht gewesen.

Im 18. Jahrhundert war die Regierung nach St. Petersburg verlegt worden, aber Moskau blieb der Mittelpunkt der russischen Seele. Die nördliche Hauptstadt war von verwirrender Eleganz, Moskau dagegen rau und kraftvoll, »eine Mischung aus Frömmigkeit und Ausschweifung, Religiosität und Zügellosigkeit«. Es war das spirituelle Zentrum der russisch-orthodoxen Kirche, die »Stadt der vierzigmal vierzig Kirchen«, deren vergoldete Zwiebeltürme über den grünen Dächern leuchteten. Die Zaren der Romanows regierten in St. Petersburg und wurden dort begraben, aber gekrönt wurden sie im Kreml.

Moskau war eine blühende Handelsstadt und ein wichtiges Zentrum der Textilindustrie. Ein Bauboom war ausgebrochen, und schmucke, mit Türmchen versehene Häuser für Kaufmannsfamilien entstanden. In St. Petersburg aßen die Reichen französisch, und oft sprachen sie auch französisch. Moskau war russisch; seine Küche und das Lebensmittelgeschäft Elisejew, das die Zutaten dazu lieferte, wurden damals im Westen bekannt. Als Vorspeisen wurden gepresster Kaviar, Heringsfilet, Salzgurken, geräucherter Stör, Räucherlachs und Milchferkel gereicht. Die Wintersuppe, Borschtsch, enthielt Fleisch und rote Rüben, außerdem Sahne; im Sommer gab es die *okrotschka* mit Kräutern und Fisch- und Eisstückchen. Die Moskauer liebten kalte Speisen und Getränke. Champagner wurde fast gefroren serviert, und die Russen tranken ihn in großen Mengen, gleichgültig, ob es sich um Krimsekt oder französischen Champagner handelte. Die Spitzenmarke, Brut Imperial, wurde für die Romanows produziert. Die Industriellen und Kaufleute der Stadt, zum Teil noch als Leibeigene geboren, waren hemmungslose und harte Trinker. Michail Koroljow, der Bürgermeister, pflegte im Wirtshaus seinen Zylinder auf den Tisch zu stellen und mit seinen Freunden zu trinken, bis die Korken den Zylinder bis zur Krempe füllten. Wodka wurde mit Pfeffer, Zitrone und aromatischen Kräutern gewürzt und aus langen Reihen kleiner Schnapsgläser getrunken. Das Wodka-Monopol war die größte einzelne Einkommensquelle des russischen Staates. Wer Wodka trank, musste mindestens 50 Meter vom nächsten staatlichen Schnapsladen und 100 Meter von der nächsten Kirche entfernt sein. Man entfernte den Korken durch einen harten Schlag auf den Boden der Flasche, dann leerte man sie zu einigen Bissen Schwarzbrot. Die leere Flasche gab man zurück, um sich vom Pfand eine weitere, kleinere Flasche zu kaufen. Wer bei bitterer Kälte Wodka ohne Brot trank, konnte zusammenbrechen und erfrieren.

Restaurants schossen aus dem Boden, und feine Hotels richteten Cocktail-Bars ein. Im dunstigen Mief so genannter *traktirs*, finsterer Schenken mit langen Tischen und grob gezimmerten Bänken, bekamen die ärmeren Moskauer die allgegenwärtigen Salzgurken und Schwarzbrot, Tee und Wodka. Tee war genauso wichtig wie Wodka; das russische Wort für Trinkgeld lautete *natschai,* »für den Tee«. Die Reichen tranken ihn mit Zitrone, die Armen nahmen ein Stück Zucker zwischen die Zähne und schlürften den Tee dann geräuschvoll durch den Zucker. Der grobe russische Tabak schmeckte orientalisch süß und hatte einen betäubenden, modrigen Geruch. Die Nebenstraßen waren dicht mit hölzernen Baracken gesäumt, und jeder Bezirk hatte einen hohen Wachturm, der mit einer Feuerwache besetzt war. Die Ärmsten der Armen schliefen in Herbergen, die den Namen der Eigentümer trugen, in aus Brettern gefertigten Stockbetten. Das obere Bett kostete sechs Kopeken, das untere nur fünf, weil die Luft schlechter war. In Nickis Herberge wohnten entlassene Zwangsarbeiter, bei Jarotschenko gescheiterte Schriftsteller und alkoholkranke Dichter. Sie schrieben Theaterrollen ab und schickten einen der ihren in geliehenen guten Stiefeln und Mantel los, um die Kopien für 50 Kopeken pro Akt an Theaterdirektoren zu verkaufen. Bei Bounin wohnten professionelle Bettler und Schneider. Gegen Mitternacht erschienen Diebe mit gestohlenen Umhängen, Mänteln und Kleidern. Die Schneider − so genannte »Krabben«, die kaum je das Haus verließen − arbeiteten halbnackt im Schein von Petroleumlampen.

St. Petersburg war durch eine 650 Kilometer lange Bahnlinie mit Moskau verbunden. Geleitet hatte den Bau Leutnant George Washington Whistler, ein berühmter Eisenbahner der amerikanischen Armee und Vater des Malers James McNeill Whistler. Gebaut hatten die Linie freilich Zwangsarbeiter, und ein spezielles Korps der Bahnpolizei hatte durch Erschießungen und Massenauspeitschungen dafür gesorgt, dass die Arbeit zügig vonstatten ging. St. Petersburg selbst war 200 Jahre zuvor auf ähnliche Weise erbaut worden, nachdem Peter der Große den exzentrischen Beschluss gefasst hatte, in den Marschen der Newa an der nordwestlichen Peripherie des Reichs eine neue Hauptstadt zu errichten. Die Architekten der pastellfarbenen, stuckverzierten Gebäude waren Italiener, Franzosen und Schotten, die Bauarbeiter Russen. Sank ihre Gesamtzahl unter 40 000, wurden neue Arbeiter in Fesseln aus Provinzen herbeigebracht, die einen einmonatigen Fußmarsch entfernt waren. Die Stadt lag auf dem 60. Breitengrad, auf gleicher Höhe wie das südliche Alaska; im Winter tobten dort Eisstürme, und es war 19 Stunden dunkel, in den »weißen Nächten« des Sommers war es 24 Stunden hell. Die Erbauer der Stadt, russische Leibeigene, waren zu Tausenden gestorben, als sie die Straßendämme aus rosafarbenem finnischen Granit aufschütteten. Die Stadt wurde immer wieder überflutet, und die Bewohner von Kellerwohnungen wurden durch Kanonenschüsse gewarnt, wenn der Wind landwärts wehte und sie in Gefahr schwebten, im Wasser des Finnischen Meerbusens zu ertrinken.

Die auf einer Insel errichtete Peter-und-Paul-Festung beherrschte den Norden von St. Petersburg; das gedrungene Bauwerk wird durch den schlanken Turm der Kathedrale aufgelockert. In der Kathedrale wurden mit einer Ausnahme alle Romanow-Zaren begraben – in unmittelbarer Nähe der Kerker, in denen illustre Personen wie Alexei, der Sohn Peters des Großen, und der Schriftsteller Fjodor Dostojewskij eingesperrt worden waren. Täglich Punkt zwölf Uhr wurde auf der Festung eine Kanone abgefeuert, um die Stadt an die Allmacht der Zaren zu erinnern. Die architektonischen Symbole dieser Macht erstreckten sich fünf Kilometer entlang des Südufers der Newa. Von der Kuppel der Isaaks-Kathedrale schweifte der Blick über eine Unzahl von Kasernen, Palästen und Ministerien. Im Osten lagen die Botschaftsgebäude ausländischer Staaten, Gerichtsgebäude und die Kasernen des Pawlowski- und des Preobraschenski-Garderegiments. Nordöstlich erhoben sich auf einer Länge von 500 Metern die braunroten Fassaden der Eremitage und des Winterpalastes. Von seinem Arbeitszimmer im Winterpalast aus konnte der Zar über den Schlossplatz auf das 500 Meter lange Halbrund des Generalstabsgebäudes blicken, in dem auch das Finanz- und das Außenministerium untergebracht waren. Im Westen des Platzes lag die Admiralität, 450 Meter lang, das Tor von einer vergoldeten Turmspitze gekrönt. Kriegsministerium, Polizeipräfektur und Reitschulen lagen unmittelbar westlich der Isaaks-Kathedrale. Jeder dritte männliche Erwachsene der Stadt trug Uniform.

Die Stadt war wie Venedig und Amsterdam vom Wasser geprägt. Das Gebiet am linken Newa-Ufer wurde von drei halbkreisförmigen Kanälen durchzogen, auf deren Wasser- und Eisflächen sich die Pastellfarben privater Paläste spiegelten. Die Saison begann mit einem Weihnachtsmarkt, dann fanden bis zum Frühjahr zahlreiche Bälle statt. Auf den *bals blancs* für unverheiratete Frauen beobachteten schwarzgekleidete Anstandsdamen mit Argusaugen, wie ihre weiß gekleideten Schützlinge mit jungen Offizieren in elchledernen Reithosen endlose Quadrillen tanzten. Zigeunermusik, Tangos und Walzer dominierten die *bals roses* für Jungverheiratete. Kostümbälle waren groß in Mode; sie wurden mit farbigen Perücken und bäuerlichen Kleidern gefeiert oder, als 1903 in der großen Galerie des Winterpalastes der 200. Jahrestag der Stadtgründung mit einem Ball gefeiert wurde, in altrussischen Kostümen. Das Petersburger Ballett im Marientheater hatte immer ein volles Haus, denn die Russen hatten eine Leidenschaft für Tanz. Jede Ballerina besaß einen reichen Beschützer, und Mathilde Kseschinskaya war gar die Geliebte des Zaren gewesen. Wenn sie in Moskau auftrat, waren die vorderen Reihen im Marientheater leer, weil ihre Bewunderer im Zug nach Moskau saßen.

Die Wasilewski-Insel mit ihren Birken und den roten Fassaden der Universität und der juristischen Fakultät war das intellektuelle Zentrum des Reiches. Die Studenten galten als besonderer Schlag, als Universitätsproletariat, schäbig gekleidet und mit »fanatischen und vorzeitig gealterten Gesichtern«, erregt durch Hunger und den Einfluss radikaler Ideen. Viele von ihnen, schrieb der Jurastudent Alexander Kerenski, waren in »einem verrauchten Raum mit einem Samowar und einem Berg belegter Brote auf dem Tisch von einem Dutzend junger Männer und Frauen« zur revolutionären Politik verführt worden. An der Börse mit ihrem Säulengang gegenüber des Winterpalastes wurden vier von fünf Aktiengeschäften des Reiches getätigt. Die Banken, welche die Stahl- und Kohleindustrie im Donezbecken, die Ölfelder von Baku und die Kupfer- und Goldminen Sibiriens kontrollierten, hatten ihre Zentralen an den Prachtstraßen Newski und Morskaja.

Als Peter der Große die Stadt aus dem Boden gestampft hatte, gliederte er ihre Gesellschaft nach der *Tschin*, der »Rangtabelle«. Rang war alles. Es gab 14 *Tschini*, die bei den Beamten vom einfachen Universitätsregistrator bis zum Kanzler und beim Militär vom Fähnrich bis zum Feldmarschall reichten. Inhaber der unteren Ränge wurden mit »Euer

Die vier jungen Romanow-Prinzessinnen waren die begehrtesten Frauen Europas. Das Foto wurde im September 1906 in Peterhof aufgenommen, der Sommerresidenz des Zaren, und zeigt von links nach rechts die Großfürstinnen Olga, Tatjana, Maria und Anastasia. Nikolaus' Anhänglichkeit an seine Familie wurde von vielen Revolutionären bewundert, nicht jedoch von den Bolschewiki, die jeden Romanow töteten, dessen sie habhaft werden konnten. [Foto: K. E. Hahn]

Wohlgeboren« angeredet, dann stiegen die Anreden über »Euer Hochwohlgeboren« und »Eure Exzellenz« bis zu »Eure höchste Exzellenz« auf, der Anrede, die den ersten drei Rängen zustand. Wer etwas gelten wollte, musste ein *Tschinowik* sein, ein Mann von Rang.

Der Adel war in fünf Ränge geteilt: Fürsten, Grafen, Barone, Adlige ohne Titel, die vor Peter dem Großen geadelt worden waren, und solche, die nach ihm geadelt worden waren. Großfürst, der höchste Titel, war für Mitglieder der Zarenfamilie reserviert. Es gab mindestens 2000 Fürsten in Russland. Fürst war der einzige Titel, der aus Russland stammte, alle anderen waren aus dem westlichen Ausland entlehnt. Jeder, dessen Vorfahren irgendwann ein Stück Land im Reich regiert hatten, durfte sich Fürst nennen. Nach der Annexion des Kaukasus wurden auch georgische Stammesfürsten als Fürsten anerkannt, und die Khans der unterworfenen Nomadenstämme und die armenischen und tatarischen Häuptlinge erhielten dasselbe Privileg. Der Hausdiener der Familie Leo Tolstois war der obskure Nachkomme einer längst untergegangenen litauischen Dynastie und deshalb ein Fürst. Grafen gab es ebenfalls in rauen Mengen. Es gab keinen besonderen Namenszusatz, der russische Adlige kennzeichnete, da die Silben *-ski*, *-ow* und *-jew*, auf die die meisten russischen Namen endeten, selbst schon dem französischen *de* und dem deutschen *von* entsprachen. Barone waren seltener; sie waren oft Bankiers und Industrielle und keine Russen, sondern Juden, Schotten und Deutsche. Insgesamt gab es zwei Millionen Adlige. Lenin gehörte dem Erbadel an; sein Großvater war noch ein Leibeigener gewesen, doch sein Vater war bei der Ernennung zum Bezirksschulinspektor in den Adelsstand erhoben worden. Zu Beginn des 20. Jahrhunderts waren viele Adlige verarmt. Andere Familien, wie die Orlows, Davidows, Stroganows, Jusupows oder Galitzins, waren unermesslich reich, standen jedoch der russischen Gesellschaft fern, sprachen französisch und verbrachten den Winter an der französischen Riviera oder in Italien. Sie stellten kein stabilisierendes Element der Gesellschaft dar und spielten in der Politik kaum eine Rolle.

Die Kirche war das Bindemittel. Die russische Seele war tief religiös. Kein Akt von nennenswerter Bedeutung ging vonstatten, ohne dass eine Ikone im Spiel gewesen wäre; wenn ein Russe einen anderen der Unverschämtheit bezichtigte, sagte er: »Du hast kein Kreuz bei dir.« Jedes Haus, auch das bescheidenste, hatte seine »rote Ecke«; »rot« bedeutete vor der Revolution »schön«, und in der roten Ecke hing im Kerzenschein die Ikone in ihrem Rahmen, aus gestanztem Metall bei den Armen, aus getriebenem Silber bei den Reichen. Diese Ikone wurde ans Kindbett gebracht, wurde bei Verlobung und Hochzeit benutzt und diente am Krankenbett dazu, das Wasser zu segnen, das man dem Kranken gab. Auch die Toten begleitete sie zum Friedhof. Fast alle sterbenden russischen Soldaten hielten, wie feindliche Soldaten berichteten, »das Amulett mit dem Schutzheiligen, das sie an einer Schnur um den Hals trugen, fest umklammert und pressten es an die Lippen«. Der amerikanische Militärattaché konnte kaum glauben, was er erlebte: »Die besten Stunden des Tages sind an vier Tagen in der Woche religiösen Verrichtungen gewidmet.«

Fastenzeiten wurden von allen Schichten eingehalten, besonders aber von den Bauern. Die Vorschriften waren streng; alle Tierprodukte waren tabu, und auch Milch und Eier waren verboten. Es wurde viel gefastet: fünf Wochen St.-Peters-Fasten im Mai und Juni, vierzehn Tage nach Mariä Himmelfahrt im August, sechs Wochen vor Weihnachten und sieben Wochen in der großen Fastenzeit im Frühling. Die Frommen fasteten außerdem zwei Tage pro Woche: am Mittwoch, dem Tag, an dem Judas den Herrn verriet, und am Freitag, dem Todestag Jesu.

Zu Beginn des 20. Jahrhunderts hingen etwa 20 Millionen Altgläubige noch immer den Ritualen an, die von der etablierten Kirche bereits im 17. Jahrhundert abgeschafft worden waren. Unter den Altgläubigen befanden sich viele Kaufleute; die Männer trugen Zylinder und schwere, altmodisch geschnittene Mäntel, die Frauen brokatgeschmückte Ge-

Die Kirche und das Land waren das Herz des alten Russland. Sie sind auf diesem Bild vereint, das eine Wasser holende Nonne des Ponetajewski-Klosters zeigt. Das Foto stammt aus dem Jahr 1904, als noch vier Fünftel der Russen auf dem Land lebten. Es vermittelt ein Gefühl von Intimität inmitten der unendlichen Gleichgültigkeit der russischen Ebenen. [Foto: M. Dmitriew]

wänder. Diese *raskolniki* waren, wie andere Sektierer auch, häufig Extremisten. Für ein Dorf von Altgläubigen am Dnjestr war die Volkszählung von 1897 ein Werk des Antichrist. Die Dorfbewohner hoben Gruben aus, hielten einen Begräbnisgottesdienst für sich selbst, sangen Lieder, sprangen in die Gruben, bedeckten sich mit Erde und erstickten. Pazifistische *duchobori* zogen sich aus Protest vor den Rekrutierungsoffizieren der Kosakenregimenter nackt aus. Die Mitglieder der *klysti*-Sekte veranstalteten Massenorgien, damit sie anschließend für diese Sünde Buße tun konnten; dabei schlugen sie einander mit Birkenreisern.

Starezi, heilige Männer, suchte man wie indische Gurus in ihren Klöstern oder Waldhütten auf. Sie berieten ihre Besucher bei Hochzeiten, Familienstreitigkeiten oder ungeklärten Verbrechen. Das Optina-Pustyn-Kloster in der Provinz Kaluga, dessen Mönche in einfachen Hütten mit weiß getünchten Zellen lebten, hatte immer einen berühmten *starez,* etwa den bärtigen, in Lumpen gekleideten Ambrosius, der von Gardeoffizieren, hohen Staatsbeamten und Literaturkritikern sowie von den großen Schriftstellern Tolstoi und Dostojewski aufgesucht wurde.

Die russisch-orthodoxe Kirche vertrat seit Peter dem Großen rückhaltlos die Interessen der Zaren. Im Gegenzug hatte man sie mit Aufgaben betraut, die sie im Alltag unentbehrlich machten. So war es unmöglich, verwaltungstechnisch ohne die Kirche zu existieren, da nur sie Geburt, Heirat und Tod registrierte. Scheidungen, die selten waren, mussten von einem kirchlichen Gericht genehmigt werden. Jedes Dorf hatte einen Popen. Er trug eine schäbige Kutte und grobe Stiefel, durfte sich weder Haupt- noch Barthaar schneiden und bezog einen Hungerlohn von 60 Rubeln im Jahr. Fabrikarbeiter verdienten das Drei- bis Vierfache, so dass der Pope darauf angewiesen war, für Taufen, Hochzeiten und Begräbnisse möglichst hohe Gebühren einzutreiben. Zu seinem Unterhalt bebaute er außerdem ein Stück Land, das er wie jeder Bauer mit Spaten und Pflug selbst bearbeitete. Ein Pope war arm und wurde verachtet. Die Bauern, von deren Gebühren er lebte, hielten ihn für geldgierig, in den Augen des Landadels war er primitiv und ungebildet, und die Intelligenzija bestand fast durchweg aus Atheisten. Eine Beförderung hatte er nicht zu erwarten. Als »weißer« Geistlicher musste er vor der Ordination heiraten, war jedoch eine so schlechte Partie, dass er meist die Tochter eines anderen Dorfpriesters heiratete, der wie er selbst dazu verurteilt war, das ganze Leben im selben Dorf zu verbringen. Nur der »schwarze« Klerus, die unverheirateten Mönche, konnte zu höheren kirchlichen Ämtern aufsteigen und Bischof, Erzbischof oder Metropolit werden. Es gab 2000 Klöster, Orte des Gebets und der Kontemplation, die keine karitativen oder unterrichtenden Aufgaben versahen, aber Scharen von Pilgern anzogen. In Lumpen und mit einem Strick um den Leib, die Haare verfilzt und stinkend, zogen diese Pilger auf der Suche nach einem Altar oder *starez* bettelnd durch das weite Land.

Tiefe Gläubigkeit zeichnete die Russen aus. Die Zarin, selbst englisch-deutscher Herkunft und westlich geprägt, war fest entschlossen, Glauben und Psyche ihrer neuen Heimat zu übernehmen. Ein Botschafter schrieb damals über sie, nach ihrer Konversion zum russisch-orthodoxen Bekenntnis habe sie wie die Russen »ein fanatisches Interesse für das Unsichtbare und das Leben im Jenseits sowie eine Anfälligkeit für Aberglauben« entwickelt. Dies waren Bedürfnisse, die auch Russlands neue Herren später wohlweislich befriedigten, indem sie die Kirche durch das Lenin-Zimmer, das Kreuz durch den Roten Stern und den Priester durch den Politkommissar ersetzten.

Die Russen waren besessen von Sünde und Buße. In den Augen westlicher Besucher war ihr Christentum altertümlich und rein, voller Mitleid und Glauben an letztliche Gerechtigkeit. Alle wussten, dass neben Christus zwei Übeltäter am Kreuz gehangen hatten. Mörder, Diebe und Sittenlose galten als *neschastnye*, als Unglückliche. Die so genannten »Politischen«, Gefangene, die man auf Grund politischer Verbrechen nach Sibirien verbannt hatte, staunten über die Wärme und Sympathie, die ihnen noch im abgelegensten Dorf entgegenschlug. *Strannyki* streiften in Schuhen aus Birkenrinde und in zerlumpten Mänteln durch die sibirische Wildnis und hofften, dem Königreich des Antichrist zu entgehen. Sie lebten von der Wohltätigkeit ihrer Landsleute. Betteln war keine Schande, einem Bettler Brot zu verweigern dagegen Sünde. Die Russen hatten ein großes Herz. Es gab im Zarenreich Tausende von

Wohltätigkeitsorganisationen, Heime für Blinde, Taubstumme und Alte, für Kranke und Findelkinder. Das Moskauer Waisenhaus war die größte Stiftung der Welt. Die Stiftung hatte fast ein Monopol auf die Spielkartenproduktion und verdiente daran über eine Million Rubel im Jahr. Ihr riesiges Gebäude hatte 2000 Fenster und bis zu 150 Meter lange Korridore.

Weniger wohltätig verhielt man sich gegenüber den Angehörigen anderer Religionen. Die Millionen katholischer Polen und die protestantischen Finnen hatten den Blick nach Westen gerichtet; sie hielten das russisch-orthodoxe Bekenntnis für rückständig. Die Muslime im Kaukasus und in Zentralasien waren über den Einfluss der russischen Siedler und ihrer Religion besorgt. Die große und schöpferische Gemeinde der Juden hatte am meisten zu leiden; sie wurde periodisch von Pogromen heimgesucht. In den vierzehn Jahren vor Ausbruch des Weltkriegs emigrierten eineinviertel Millionen Juden, die meisten nach Großbritannien und in die Vereinigten Staaten; die jüdische Kolonie in New York war so groß, dass es sogar zwei russische Zeitschriften gab. Konstantin Pobedonoszew, Jurist und Berater zweier Zaren, hatte seine Lösung der Judenfrage gegenüber Nikolaus II. mit brutaler Offenheit formuliert: »Ein Drittel wird emigrieren, ein Drittel wird zum christlichen Glauben konvertieren, und ein Drittel wird aussterben.« Zur Gewalt gegen Juden kam es wie von selbst, sie schien ein sporadisch auftretendes Naturereignis zu sein, bei dem die Christen in gewaltsamen Unruhen ihre innere Spannung abbauten. »Als Kind«, sagte der Maler Marc Chagall, »fühlte ich mich jeden Augenblick als Jude – die Leute ließen es mich spüren.« Er beschrieb ein Pogrom: »Die Straßenlampen sind aus. Panik überkommt mich, besonders vor den Schaufenstern der Metzgereien, wo noch lebende Kälber neben den Beilen und Messern der Metzger liegen.« Eine Bande stämmiger Burschen mit Messern vertritt ihm den Weg. »Jude oder nicht?« fragen sie. »Meine Taschen sind leer, meine Finger verletzlich, meine Beine schwach, und sie dürsten nach Blut«, schrieb Chagall. »Mein Tod hätte niemandem genutzt. Und ich liebte das Leben.« Er verneinte die Frage und wurde verschont. »Also gut. Mach, dass du weiterkommst!«

Außerhalb der Niederlassungszone: eine Familie der alten jüdischen Gemeinde im zentralasiatischen Buchara. Das Russische Reich beherbergte um die Jahrhundertwende die größte jüdische Bevölkerungsgruppe der Welt. Hier lebten sieben Millionen Juden, darunter jiddisch sprechende Aschkenasi, iranisch sprechende Dagestani und die Jehudi von Taschkent und Samarkand, die dort schon vor Christi Geburt gesiedelt hatten.

Bis 1914 wanderten eineinviertel Millionen aus, größtenteils in die Vereinigten Staaten; die jüdische Kolonie in New York war so groß, dass es zwei Tageszeitungen in russischer Sprache gab. Schlimme Pogrome beschleunigten die Emigration. Gewalt gegen Juden war im zaristischen Russland geradezu alltäglich. Die »Schwarzen Hundert«, umherziehende Banden, die Juden ermordeten und ihre Läden und Häuser plünderten, wurden von lokalen Beamten häufig geduldet und manchmal sogar unterstützt; ein antisemitischer Pogrom war den Beamten lieber als ein Aufstand gegen die Regierung.

Gläubige Juden, die durch die Ausdehnung des Zarenreiches unter russische Herrschaft geraten waren, waren theoretisch verpflichtet, sich innerhalb einer bestimmten Niederlassungszone in Ostpolen, Litauen, der Ukraine oder Bessarabien aufzuhalten. Ihre Reiserechte waren eingeschränkt, ihre Zahl an höheren Schulen und Universitäten durfte eine bestimmte, niedrige Quote nicht überschreiten, sie waren Beschränkungen unterworfen, was Regierungsämter und den Dienst in öffentlichen Einrichtungen betraf, und durften sich ihrer eigenen Sprache nur unter Auflagen bedienen. In der Praxis hielten sich jedoch nur die orthodoxeren Juden in der Niederlassungszone auf, wo sie ausschließlich jiddisch sprachen und die alten Gewänder und Hüte trugen. Viele jüdische Geschäftsleute, Freiberufler, Ärzte und Rechtsanwälte lebten außerhalb der Zone. Auch viele bedeutende Financiers, Eisenbahnmagnaten, Zucker- und Holzbarone, Getreidegroßhändler und Schiffseigner waren Juden. Doch trotz ihres Reichtums war gegen sie »alles erlaubt und alles möglich«. Beim großen Kiewer Pogrom von 1905 rief der Großbankier Alexander Gunzburg der Menge entgegen: »Fürchtet ihr nicht Christus?« Als Antwort bekam er so harte Schläge, »dass mir der Kopf fast zwischen die Schultern getrieben wurde und meine Vorderzähne zersplitterten«. Die Schwarzen Hundert, Banden käuflicher Verbrecher, die Juden zusammenschlugen, wurden von den zaristischen Staatsbeamten stillschweigend unterstützt. Die Armen ließen ihre Wut besser an den Juden aus als gegen das Regime.

Außer Moskau und St. Petersburg hatten fünf weitere Städte über 250 000 Einwohner – Warschau, Lodz, Riga, Kiew und Odessa. Keine davon ist heute noch russisch; sie gehören jetzt zu Polen, Lettland und der Ukraine. Diese Städte waren fortschrittlicher und stärker industrialisiert als die meisten anderen russischen Städte, und Arbeiter wurden dort besser behandelt, als der Mythos der Kommunisten es später wahrhaben wollte. Im Jahr 1902 gab es im Zarenreich 2,5 Millionen Industriearbeiter; 700 000 Menschen arbeiteten in Textilfabriken, 600 000 waren Berg- und Metallarbeiter, je 250 000 waren in der Nahrungsmittelindustrie und im Maschinenbau beschäftigt. Frauen stellten fast die Hälfte der Arbeitskräfte, in der Textilindustrie sogar zwei Drittel.

Ein kurz vor der Jahrhundertwende erlassenes Gesetz beschränkte die Arbeitszeit auf höchstens 11,5 Stunden an Werktagen und auf 10 Stunden am Samstag. Nachtschichten durften nicht länger als 10 Stunden dauern. Es gab zahlreiche religiöse Feiertage; die meisten Fabriken hatten außer an Sonntagen an weiteren 90 Tagen im Jahr geschlossen. In der Provinz Moskau verdienten männliche Erwachsene 15, Frauen 10 und Jugendliche 7 Rubel im Monat. Kinder unter fünfzehn Jahren bekamen monatlich 5 Rubel. Spezialisten verdienten mehr: Baumwollspinner und Glasbläser 20, Woll- und Seidenspinner 22 Rubel. Die bestbezahlten Arbeiter im Maschinenbau brachten es auf 40 bis 50 Rubel; diese Arbeiter hatten Fahrräder und gingen abends ins Theater und am Wochenende zum Pferderennen. Am höchsten waren die Löhne in den modernen Fabriken von Lodz, Warschau und St. Petersburg; in Moskau lagen sie 20 Prozent darunter, östlich des Urals waren sie noch geringer.

Arbeitgeber waren an eine Kündigungsfrist von zwei Wochen gebunden. Geldbußen sollten, zumindest theoretisch, in einen Fonds zur Unterstützung bedürftiger Arbeiter fließen, nicht in die Taschen der Unternehmer. 1899 wurde ein Inspektorenamt eingerichtet, das die Arbeitsbedingungen in Fabriken und Bergwerken überwachen und Bildungs- und Fortbildungsprogramme initiieren sollte. Schon 1886 war die Arbeit von Kindern unter zwölf Jahren und Nachtarbeit von Frauen verboten worden, zwischenzeitlich hatte man sie jedoch teilweise wieder zugelassen. 1903 konnte das vergleichsweise progressive Finanzministerium durchsetzen, dass Zwölf- bis Fünfzehnjährige nicht in Fabriken arbeiten durften, in denen ihre Gesundheit gefährdet war. Nachtarbeit von Kindern wurde verboten, und die Streichholz- und Textilfabriken, in denen die Ausbeutung besonders schlimm gewesen war, durften nachts auch keine Jugendlichen und Frauen mehr beschäftigen. Auch in den Bergwerken waren Frauen- und Kinderarbeit verboten. Ab 1904 musste jede Fabrik mit über 100 Beschäftigten über medizinische Einrichtungen verfügen. Oft handelte es sich dabei nur um eine Krankenschwester, die Verletzte in einem primitiven Gefährt ins Krankenhaus fuhr. Doch die Ramenski-Textilfabrik in der Provinz Moskau beispielsweise hatte ein eigenes Krankenhaus mit neunzig Betten, in dem auch ein Kreißsaal nicht fehlte.

Viele Arbeiter waren in riesigen, kasernenartigen Wohnheimen untergebracht, wo sich je 30 Mann einen Raum teilten, oder sie wohnten in *kamorki*, in Zimmern, die mehrere Familien sich teilten. In einer *kamorka* grenzte jede Familie ihren Platz mit Tüchern und Decken ab. Die Betten bestanden aus einfachen Holzbrettern. In den Wohnheimen waren sie regalartig an den Wänden angebracht und reichten bis unter die Decke. Die Wäsche hängte man zum Trocknen aufs Dach. Jede Person hatte zwei Quadratmeter Fläche und vier Kubikmeter Luft zur Verfügung. Die meisten Arbeiter stammten jedoch vom Land und waren gewohnt, mit bis zu zehn Personen im selben Raum zu hausen. Außerdem waren die Wohnheime mietfrei, und eine *kamorka* kostete nur ein paar Kopeken im Monat.

Am schlimmsten waren diejenigen dran, die sich selbst eine Unterkunft suchen mussten. Ein Zimmer kostete bis zu sieben Rubel im Monat, so dass die Mieter gezwungen waren, ein oder zwei Untermieter aufzunehmen, die für Bett, Lampe und kochendes Teewasser anderthalb Rubel bezahlten. In den Mietshäusern roch es nach Schweiß, Moder, nassen Kleidern und Wäsche; Feuchtigkeit und Schmutz waren allgegenwärtig. Wenn es im Herbst regnete und der Boden unter Wasser stand, krochen Schaben und Wanzen über Wände und Möbel.

Die Arbeiter lebten von Schwarzbrot, Kohl, Kohlsuppe und Buchweizenbrei; im Sommer gab es außerdem frische, im Winter eingelegte Gurken. Fabrikläden verkauften Waren auf Kredit, deren Preis und Qualität – zumindest theoretisch – von Fabrikinspektoren kontrolliert wurden. Obwohl gesetzlich nicht dazu verpflichtet, hatten die meisten Fabriken eigene Schulen, denn sie benötigten für die modernen importierten Maschinen gut ausgebildete Arbeiter. Streiks waren häufig und manchmal erfolgreich. 1897 setzten die Textilarbeiter mit einem großen Streik die Einführung des 11,5-Stunden-Tages durch. In vielen Branchen gab es selbst organisierte Vereine zur Unterstützung von Kranken, Witwen und Waisen. In Polen, Litauen und Russland waren viele jüdische Arbeiter im Jüdischen Bund organisiert, einer Einrichtung von großem politischen Einfluss.

Die Lage der russischen Arbeiter war nicht nennenswert schlechter als die der französischen. In Frankreich waren die Löhne höher, aber auch die Kosten für Unterkunft und Verpflegung; das frei verfügbare Einkommen war also in etwa gleich. Dasselbe galt für die Länge der Arbeitswoche, doch da es in Russland mindestens 90 Feiertage gab, arbeitete der russische Arbeiter letztlich weniger als sein französischer Kollege. Außerdem war das russische Proletariat nicht ghettoisiert wie im Westen. Auf den Straßen mischten sich Arbeiter mit vornehmen Bürgern und flanierenden Offizieren, und die Arbeiter besuchten dieselben Kinos. Sie wohnten in den Keller- und Dachwohnungen vornehmer Stadtviertel, die Bourgeoisie in den Etagen dazwischen. Für Somerset Maugham hatte der große Newski-Prospekt in St. Petersburg deshalb sogar mehr Flair als die New Yorker Fifth Avenue oder die Londoner Bond Street.

Die eigentliche Heimat der russischen Seele aber war zu Beginn des Jahrhunderts noch immer das Dorf. Achtzig Prozent der Engländer, fast zwei Drittel der Deutschen und die Hälfte der Amerikaner lebten damals bereits in Städten, während neun von zehn Russen noch Bauern oder »dunkle Menschen« waren, wie sie sich selbst nannten. Für Reisende aus dem Westen hatte die gewaltige russische Landschaft eine »schreckliche Traurigkeit«. Vierzig Jahre später berichtete ein deutscher Infanterist bedrückt von ihrer enormen Weite, den flachen Nebelfeldern zwischen niedrigen Hügeln und den dunklen Dörfern, die auf den Anhöhen zu schweben schienen. »Alles ist von einem einzigen, strengen Ton beherrscht«, schrieb der Soldat, »so dass ein einzelner Reiter darin völlig verschwindet und doch zugleich aus der Ferne sichtbar bleibt wie etwas Fremdes.« Nebelkrähen, Heuschrecken und in wilderen Regionen Brachvögel waren die einzigen ständigen Begleiter.

Die Bauern, schrieb ein amerikanischer Militärattaché, »haben fahle Gesichter, magere Körper, glatte blonde Haare und einen ernsten Blick«. Die Männer trugen Vollbärte, hatten die Haare gerade abgeschnitten und waren mit spitzen Mützen und groben wollenen Jacken und Hosen bekleidet; die Blusen der Frauen hatten farbige Tupfer. Die ärmsten Bauern trugen grobe Sandalen aus der Rinde von Linden, die man im Juni abschälte, um sie im Winter zu flechten. Wohlhabendere Bauern besaßen Lederstiefel und für die Wintermonate *walenki*, Filzstiefel. Der typische *muschik* war abergläubisch, langsam und fatalistisch. »Wer langsam geht, kommt weiter«, lautete ein Sprichwort. »Wer es eilig hat, macht sich zum Gespött.«

Die Dorfstraßen waren gerade und ungepflastert, von Gänsen bevölkert und von Hütten gesäumt. Eine *isba* bestand aus Lehmziegeln oder Balken, die Ritzen waren mit Werg verstopft, damit es nicht zog, und das Dach war mit Lindenrinde oder Stroh gedeckt. Der einzige Raum einer solchen Hütte hatte einen großen Kachelofen, mit dem geheizt und gekocht wurde. Entlang der Wände standen auf dem Lehmboden Bänke, in der Mitte befand sich ein Tisch. In der Ecke hing eine Ikone, vor der an Feiertagen in einer roten Lampe eine Talgkerze brannte. Die Erwachsenen schliefen auf dem Ofen, wo es im Winter warm und im Sommer kühl war, die Kinder auf einem Haufen Lumpen auf dem Fußboden. Nur in der *isba* besonders wohlhabender Bauern gab es einen separaten Schlafraum, eine zinnerne Truhe zur Aufbewahrung von Wertsachen und eine Bibel. Im Hinterhof stand meist eine runde Lehmhütte mit einer Feuerstelle, einer großen Pfanne Wasser darüber und einer hölzernen Bank. In dieser primitiven Sauna schwitzten die Familienmitglieder einmal pro Woche im Dampf der Wasserpfanne und schlugen sich mit Birkenreisern. Trotzdem empfand ein englischer Besucher den Körpergeruch eines Muschiks als so schrecklich, dass »ich es tunlichst vermeide, im Gegenwind auf ihn zuzugehen«.

Auf einem zentralen, ungepflasterten Platz stand die Kirche mit blassgrün bemalten Kuppeln. Der Priester war oft genauso unbeliebt wie die staatlichen Steuereintreiber. Ein Bauer in Tula war erstaunt, als er hörte, die englische Bibel sei mit der russischen identisch; er hatte gedacht, letztere sei erfunden worden, »um uns zu betrügen«. Der reichste Mann im Dorf war der Müller. Er besaß einen Einspänner statt des primitiven Bauernkarrens, und sein Haus und seine Windmühlen waren stattliche Gebäude mit Vorbau und geschnitzten Balken. Er mahlte nicht nur Korn, sondern presste auch Filz für Stiefel und vergab Kredite zu Wucherzinsen. Oft war er außerdem der einzige Heilkundige des Dorfes, und es hieß, seine Teiche seien von Wassernixen und Geistern bevölkert.

Die meisten Dörfer hatten einen *traktir*, eine schlichte, hölzerne Bar, in der die Männer sich vergnügten. Im Sommer spielten die Bauern Balalaika und sangen und tranken. Einem Besucher fiel dabei eine unterschwellig aggressive Stimmung auf; plötzlich konnte ein Streit aufflammen, und man hörte lautes Gebrüll, und ebenso plötzlich wurde es wieder ruhig, und die Balalaikas »klimperten wieder in der Dunkelheit«. An Markttagen versammelten sich reisende Tuchhändler, Sattler und Schuhmacher auf dem Dorfplatz. Hausierer kleideten sich ganz in Schwarz: schwarzer Gehrock, schwarze Weste mit Glasknöpfen und schwarzer Hut. Die Bauern waren ebenso melancholisch wie die Landschaft, die sie bewohnten. Ein englischer Reisender war seltsam berührt, als er erfuhr, dass *strada*, das russische Wort für »Ernte«, »Leiden« bedeutete. In den Wintermonaten hielt die weiße Leere der Steppe Einzug in die Dörfer, denn es gab keine Hecken oder Zäune, die die Monotonie unterbrochen hätten. Die Feldarbeit ruhte. Einige Familien schnitzten Holzlöffel und -gabeln, malten Ikonen oder klöppelten; besonders unternehmungslustige Bauern arbeiteten als Schlittenkutscher, Straßenarbeiter oder Hausierer in der Stadt. Andere überließen sich ganz der winterlichen Trägheit, die nur von periodischen Saufgelagen unterbrochen wurde. Reiche Gutsbesitzer zogen in ihre Stadtwohnung.

Der prügelnde, blutsaugerische Gutsbesitzer gehörte bereits überwiegend ins Reich der Legende. Das politische Klima war dem Landadel nicht günstig, und die Abschaffung der Leibeigenschaft hatte ihn geschwächt. In Kanada, dem anderen großen Land im Norden unseres Planeten, ist fast die ganze Bevölkerung und Landwirtschaft auf den Gürtel südlich von Edmonton beschränkt. Moskau aber liegt ein ganzes Stück nördlich von Edmonton. Die südlichen Gebiete der Krim liegen auf der Höhe von Montreal und Minneapolis. Die landwirtschaftliche Saison war deshalb kurz und dauerte im Norden Russlands kaum vier Monate. Entsprechend kurz und intensiv war die Ernte; sie erforderte drei- bis viermal soviele Arbeitskräfte wie die Ernte im amerikanischen Mittelwesten. Außerhalb der zentralen Schwarzerde-Provinzen, wo der fette Humus abgestorbener Gräser der Erde ihre Farbe gab und Regenwasser speicherte, waren der Mutterboden dünn und karg und die Erträge niedrig; englische und amerikanische Bauern produzierten siebenmal mehr Weizen pro Hektar. Das Vieh musste schon im November in den Stall und war völlig ausgemergelt, wenn es im Frühjahr wieder auf die Weide getrieben wurde. Der Ertrag hatte sich durch die Abschaffung der Leibeigenschaft stark vermindert. Die meisten Gutsherren hatten ihr urbares Land an frühere Leibeigene verkauft und möglichst nur Grasland und Wälder behalten, um sie zu verpachten und Holz zu schlagen. Um die Jahrhundertwende besaßen die Bauern im europäischen Teil Russlands viermal soviel Land wie der Adel. Das dem Adel verbliebene Land war oft schwer mit Hypotheken belastet. Viele Güter wechselten den Besitzer oder wurden zwischen den männlichen Nachkommen aufgeteilt. Eine allzu fruchtbare Familie konnte innerhalb von zwei Generationen verarmen; Reisende waren entsetzt, in Schaffelle gehüllten Adligen zu begegnen, die sich von rohen Rüben ernährten, mit ihren Frauen zankten und sich in nichts von gewöhnlichen Bauern unterschieden.

Kein blühendes Landjunkertum stabilisierte die Gesellschaft in der Provinz. Die Provinzgouverneure wurden dem Land von der Regierung in St. Petersburg aufgezwungen; isoliert von der regionalen Bevölkerung lebten sie in ihren Herrenhäusern und wurden in eine andere Provinz versetzt, bevor sie Wurzeln schlagen konnten. Die Güter der wenigen verbliebenen großen Grundbesitzer waren zu weit verstreut, um Basis einer lokalen Macht zu sein. Die 280 000 Hektar Land der Familie Woronzow waren auf 16 Provinzen verteilt, und Felix Jusupow, der Adlige, der später Rasputin ermordete, besuchte nur wenige seiner 38 Landsitze und Güter persönlich.

Die Herrschaft wurde von Beamten des Zaren ausgeübt, die unterbezahlt waren und sich durch Ignoranz und Bestechlichkeit auszeichneten. Die Bauern reagierten darauf mit stummer Verachtung, aber auch mit offener Revolte. Dann verstümmelten sie das Vieh auf der Weide, brannten Scheunen und Herrensitze nieder und ermordeten deren

Besitzer. Im Jahr 1902 waren 300 Infanterie-Bataillone und Reiter-schwadronen notwendig, um die Aufstände zu unterdrücken, die nach einer besonders schlechten Ernte ausgebrochen waren. Die Gewaltaus-brüche der Bauern waren jedoch eher rauschhaft als politisch motiviert. Sie nannten ihre Ausbrüche zwar *rawnenie,* »Gleichmachen«, waren jedoch mehr am Brandschatzen interessiert als an Landnahme und Sozialismus. Mit Radikalen wurde in den Dörfern kurzer Prozess ge-macht. »Er hat so lange studiert, dass er den jungen Leuten schließlich beibrachte, der Zar sei an allem Elend schuld«, erzählte ein Schäfer dem Schriftsteller Maxim Gorki über einen Dorfschulmeister und Revolu-tionär. »Ich weiß nicht, was der Zar ihm getan hat. Fedka Sawin, der Dorfälteste, hat dann das Richtige getan und die Polizei informiert. Er bekam dafür ein Goldstück im Wert von siebeneinhalb Rubel, und der Lehrer wurde noch in derselben Nacht von der Polizei abgeholt und ins Gefängnis gesteckt. Da war es aus mit ihm und seiner Gelehrsamkeit.« Der Schäfer hatte zwar auch keinen Respekt vor der herrschenden Klasse, er sympathisierte jedoch mit ihren Methoden: »Schlage deine eigenen Leute, dann fürchten dich die anderen.« Jeder Bauer, besagt ein Sprichwort, ist »stolz darauf, der Hecht im Karpfenteich zu sein«.

Selbst lebensfreudige Menschen erlagen der Melancholie des Land-lebens. »Im Sommer machten uns die Mücken das Leben sauer«, schrieb Leo Trotzki über sein Exil in einem sibirischen Dorf. »Sie bissen sogar eine Kuh zu Tode, die sich im Wald verlaufen hatte ... Im Frühling und Herbst versank das ganze Dorf im Schlamm.« Im Winter »war die Hütte vom Rascheln der Schaben erfüllt«. Und Trotzkis Mörder Stalin schrieb aus seinem Exil: »Die Natur ist eine einzige hässliche Wüste – im Sommer der Fluss, im Winter Schnee.«

Auch eine Generation nach der Bauernbefreiung starben die meisten Bauern noch in dem Dorf, in dem sie geboren wurden. Nur wenige gelangten je weiter als bis zur nächsten Stadt, die zu erreichen mit dem Karren oft zwei bis drei Tage dauerte. Die niedrigen grauen Häuser der ärmeren Provinzstädte wirkten auf Maxim Gorki wie »Müllhaufen«. In den weißen Mauern der Kirchen sah er »saubere Flicken auf dreckigen Lumpen«.

Selbst Simbirsk, eine vergleichsweise wohlhabende Stadt am Mittellauf der Wolga, hatte mit dem Land »einen stumpfen Frieden und eine Ruhe gemeinsam, die man sonst nur auf dem Meer findet«. Die Höfe der Häuser seien mit Gras überwachsen, schrieb der Romancier I. A. Gontscharow; von Zeit zu Zeit »steckt jemand den Kopf aus dem Fenster, blickt kurz nach links und rechts, spuckt aus und verschwindet wieder«. Die beiden Hügel, auf denen die Stadt liegt, wurden von den beiden Symbolen des Zarismus beherrscht, der Residenz des Gouverneurs und der Kathedrale; außerdem lagen dort die Bibliothek und das Gymnasium, das von dem Schriftsteller Gontscharow und zwei großen Führern der kommenden Revolution besucht wurde – Alexander Kerenski und Wladimir Iljitsch Lenin. Obstgärten mit Apfel- und Kirschbäumen bedeckten die Hänge und führten zu dem breiten Fluss und den Kais der Dampfschiffe hinab.

Im Frühling, schrieb Kerenski, sei das Ufer von einem duftenden weißen Blütenmeer gesäumt, und »die Nächte waren vom Gesang der Nachtigall erfüllt«. Die feuchten Wiesen am Fuß der Stadt waren im Frühjahr vom Wasser der Schneeschmelze überflutet, im Sommer ernteten dort Bauern Heu. In den Wäldern und im Dickicht des Ufers lagen Landhäuser versteckt. Für Gontscharow war die Stadt »verschlafen und ein Bild der Stagnation«. Hühner und eine Ziege suchten im Schatten der Zäune Schutz, staubige Karrenräder zeichneten Muster auf die Straßen. Kerenski erinnerte sich auch an die starre soziale Hierarchie der Stadt, an »die olympischen Götter des Adels«, den in der Stadt überwinternden Landadel und die einfachen Bürger, Kaufleute, Angestellte und Geistliche.

Er hatte auch die Kutsche nicht vergessen, die nachts mit zugezogenen Vorhängen durch die Stadt fuhr »und im Auftrag von Sonjas gestrengem Vater Menschen zu einem unbekannten Ziel abtransportierte«. Sonja war eine Spielkameradin gewesen, ihr Vater der Chef der

Vater und Sohn auf einer Straße in der russischen Provinz. Hier stand die Welt still. Die Laufbretter sind wegen des Schlamms im Frühjahr und Herbst ausgelegt. Im Sommer zog jeder Fußgänger eine kleine Staubwolke hinter sich her, im Winter waren die Straßen vereist.

Geheimpolizei. Unter der ruhigen Oberfläche brodelte der Terrorismus. Lenins älterer Bruder Alexander Uljanow hatte Simbirsk verlassen, um in St. Petersburg zu studieren; er hatte den Zaren mit einer Bombe ermorden wollen, die in einem medizinischen Lexikon versteckt war. Dafür war er gehängt worden.

2

Avantgarde
und Reaktion

Russland barst vor Energie, bis ihm im Ersten Weltkrieg das Rückgrat gebrochen wurde. In St. Petersburg florierten die Künste wie sonst nirgendwo; die russische Wissenschaft hatte Weltniveau, und dasselbe galt zunehmend für die Industrie. Nur politisch war das Land im Absolutismus der Vergangenheit stecken geblieben. Die Wirtschaft boomte, da Kapital und Know-how aus dem Westen ins Land flossen. Hochverzinsliche russische Staatsanleihen wurden zu Tausenden und Abertausenden von französischen und britischen Investoren gekauft. In Russland werde gern investiert, sagte ein britischer Bankier, »weil dort alles möglich scheint«. Die russische Wirtschaft war die viertgrößte der Welt nach der amerikanischen, britischen und deutschen.

Die Chruschtschows, eine Familie von *Muschiks*, zogen in die Kohlestadt Jusowka, als ihr Sohn Nikita, der bis dahin Schafe gehütet hatte, vierzehn war. Die Stadt war nach John Hughes benannt, einem Waliser, der die ersten Zechen gebaut hatte. Später wurde sie in Stalino umbenannt, nach einem Mann, der als junger Revolutionär unter dem Decknamen Koba in Batum, einer verrußten, halb türkischen Stadt am Schwarzen Meer, in der Rothschild und Nobel Ölraffinerien besaßen, eine illegale Druckerpresse betrieben hatte. Als der sowjetische Ministerpräsident Nikita Chruschtschow 1959 das Gelände der Filmgesellschaft 20th Century Fox in Hollywood besuchte, erzählte er den versammelten Stars, wie er seine Schafe verlassen und »in einer Fabrik der Deutschen, einem Kohlebergwerk der Franzosen und einer chemischen Fabrik der Belgier« gearbeitet hatte.

Es mag nicht nur Chruschtschow hart angekommen sein, für ausländische Kapitalisten arbeiten zu müssen, doch deren Kapital spielte eine zentrale Rolle bei der Modernisierung des renovierungsbedürftigen russischen Imperiums. Auch die Alphabetisierung war ein wichtiger Faktor. Nach der Volkszählung von 1897 konnten 70 Prozent der Städter lesen und schreiben, und auch auf dem Land nahm die Zahl stetig zu. Im ersten Jahrzehnt des 20. Jahrhunderts wurde die Grundschulpflicht für Kinder von acht bis elf Jahren eingeführt, zu Beginn des Ersten Weltkriegs besuchten über die Hälfte der Kinder zumindest die Grundschule. Es war zu erwarten, dass Anfang der zwanziger Jahre die gesamte Bevölkerung alphabetisiert sein würde.

Die Studiengebühren an den blühenden Universitäten des Landes waren niedrig. Mindestens die Hälfte der Studenten mussten überhaupt nichts bezahlen, weil sie aus armen Familien kamen. Diese Großzügigkeit dankten sie der Regierung freilich nicht. Russische Studenten waren notorische Radikale und ermordeten in den ersten vier Jahren des Jahrhunderts drei Minister des Zaren. Es gab auch »Volks«- und »Bauern«-Universitäten, die besonders viele Frauen anzogen (und später von den Bolschewiki geschlossen wurden). Die russischen Frauen waren, wie der Schriftsteller Iwan Turgenjew festgestellt hatte, charakterstärker, entschlussfreudiger und zäher als ihre Männer. Das »hübsche Mädchen mit den hellen, harten Augen« war ein fester Bestandteil der revolutionären Zellen; einige dieser Frauen hatten für politische Morde lebenslängliche Haftstrafen erhalten.

Die Russen waren große Leser, und die liberale Zeitung *Russkoje Selo* hatte mit 2,5 Millionen eine der höchsten Auflagen der Welt. Maurice Baring, ein Engländer, der Russland vor dem Weltkrieg mit der Transsibirischen Eisenbahn bereiste, begegnete im Zug Soldaten, die Gogol und Puschkin lasen: »Sie beginnen an einer beliebigen Stelle des Buches, hören an einer beliebigen Stelle auf und sind immer gefesselt.« Zwischen Moskau und dem nordchinesischen Harbin hatte jede Bahnhofsbuchhandlung Jerome K. Jeromes *Drei Mann in einem Boot* vorrätig, und »jeder Bauer schien Miltons *Verlorenes Paradies* gelesen zu haben«. Baring fand die russische Mittelschicht »äußerst gebildet – so viel mehr als der durchschnittliche Engländer, dass ein Vergleich absurd wäre«.

Wissenschaftler aus St. Petersburg waren weltweit führend auf den Gebieten Bodenkunde, Petroleumchemie und Hydrodynamik. Dmitri Mendelejew formulierte an der Universität von St. Petersburg das Periodengesetz der chemischen Elemente, Alexander Popow benützte als erster eine Antenne, um Radiowellen zu übertragen. Iwan Pawlow bekam 1904 einen der ersten Nobelpreise für seine Untersuchung konditionierter Reaktionen von Hunden. Igor Sikorski sollte schon bald das erste viermotorige Flugzeug konstruieren. Der Komponist Tschaikowsky fand zahlreiche würdige Nachfolger: Rachmaninow komponierte opulente romantische Klaviermusik; Alexander Skrjabin, Rachmaninows Kommilitone am Petersburger Konservatorium, war inzwischen Professor für Klavier und schrieb Sonaten, die stark von der Suche nach dem »mystischen Akkord« beeinflusst waren. Der frühreife Sergei Prokofjew hatte bereits zwei Opern komponiert, als er 1904 im Alter von dreizehn Jahren in das Petersburger Konservatorium eintrat. Dort erhielt er Unterricht von Nikolai Rimski-Korsakow, der sich nach seinen bahnbrechenden Orchesterwerken *Capriccio espagnol* und *Scheherazade* der Oper zugewandt hatte. Igor Strawinsky, ein anderer seiner Schüler, hatte das Jurastudium aufgegeben, um seine erste Symphonie zu schreiben. Sergei Diaghilew gab die Zeitschrift *Mir Iskousstwa* (Welt der Kunst) heraus und sollte mit seinen Ballets Russes und Strawinskys wunderbaren Kompositionen *Der Feuervogel* und *Petruschka* schon bald Paris im Sturm erobern.

Die Bewegung »Welt der Kunst« umfasste laut Diaghilews Freund Alexander Benois »alle Lebensbereiche«. Benois selbst, ein Großonkel Peter Ustinovs, war dafür ein gutes Beispiel: Er war Maler, Kunstkritiker, Historiker und Theaterproduzent und entwarf zahlreiche Bühnenbilder für Diaghilew. Auch Leo Bakst, der selbst ernannte »russischen Velasquez«, entwarf Kostüme und Ausstattungen, und Michail Larionow, der den Rayonismus kreierte (eine Synthese aus Kubismus, Futurismus und Orphismus), arbeitete mit seiner Frau Natalija Gontscharowa ebenfalls an Bühnenausstattungen für Diaghilew. Moskauer Geschäftsleute wetteiferten miteinander beim Aufbau großer Sammlungen russischer und französischer Kunst. Moskau hatte hervorragende Sammlungen französischer Impressionisten und Postimpressionisten, der Fauves und Kubisten, ferner Bilder von Picasso, Braque, Gauguin und Cézanne. In einem Salon im Trubezkoi-Palast hingen 20 Gemälde von Matisse, die Sergei Schtschukin erworben hatte, einer der sechs kunstversessenen Großindustriellen der Stadt, dessen Speisezimmer die Skizze für Manets berühmtes Gemälde *Frühstück im Freien* schmückte. Marc Chagall ging damals noch zur Schule; er und Wassily Kandinsky sollten später, stark beeinflusst von der russischen Ikonenmalerei, surreale und abstrakte Elemente in die Malerei einführen. Kasimir Malewitsch begründete den Suprematismus, eine Bewegung, die nach der Reinheit geometrischer Formen wie Kreis, Kreuz und Dreieck strebte.

St. Petersburg hatte vier Opernhäuser; in Moskau und großen Provinzstädten bestritten feste Ensembles die neunmonatige Theatersaison. Der große Bass Fedor Tschaljapin, geboren in einem Elendsviertel in Kasan, brachte als erster Sänger schauspielerische Elemente in die Oper ein. Und die Russen gingen leidenschaftlich gern ins Ballett. Im Marientheater der Hauptstadt gab es jeden Sonntag und Mittwoch eine Ballettvorstellung; die Logen war schon Monate im voraus reserviert – von Regimentern, Mitgliedern des Jachtclubs oder des Englischen Clubs und von Industriellen. Die Leistungen der einzelnen Tänzer und Tänzerinnen wurden genauestens analysiert und gelobt oder kritisiert. Jede Ballerina hatte einen reichen Beschützer. Die wunderbare Mathilde Kschesinskaja war die Geliebte des Zaren gewesen, bevor sie ihre Gunst einem Großfürsten schenkte. Die unvergleichliche Tamara Karsawina übte wie Waslaw Nitschinski, der größte Tänzer des Jahrhunderts, an der Kaiserlichen Ballettschule von St. Petersburg. Nitschinski sollte bald die Hauptrolle in Strawinskys *Petruschka* spielen, bevor er in paranoider Schizophrenie versank. An der Ballettschule lehrte der Choreograph Michail Fokin. Er revolutionierte das stilisierte Ballett des 19. Jahrhunderts, indem er seinen Schülern ein Gefühl für die Rolle und das Dramatische vermittelte, und seine Schülerin Anna Pawlowa sollte das Publikum schon bald mit ihrer Vorstellung in *Der sterbende Schwan* faszinieren.

Anton Tschechow, Enkel eines Leibeigenen, Doktor der Medizin und

Die Ballets Russes. Sergei Diaghilews Truppe speist in St. Petersburg nach einer Vorstellung im Jahr 1909. Schon bald sollte sie Paris im Sturm erobern. Die berühmte Ballerina Tamara Karsawina sitzt, die Ellbogen auf den Tisch gestützt, im Vordergrund; Lydia Lopokowa, die später den bekannten britischen Ökonomen John Maynard Keynes heiratete, steht ihr gegenüber. Der große, in Kiew geborene Waslaw Nitschinski steht ganz rechts.

Dramatiker, schrieb innerhalb von sechs Jahren in einem kreativen Schub, ausgelöst durch die Tuberkulose, an der er sterben sollte, drei Meisterwerke für das Theater: *Die Möwe*, *Onkel Wanja* und *Drei Schwestern*. Die Stücke wurden am Moskauer Künstlertheater von dem brillanten Schauspieler und Regisseur Konstantin Stanislawski produziert. Maxim Gorki, ehemals Tellerwäscher, Hafenarbeiter und Chronist des Lebens in den Elendsvierteln, schrieb damals gerade sein bekanntestes Stück *Nachtasyl*, das ebenfalls von Stanislawski produziert werden sollte. Leo Tolstoi hatte seine größten Romane bereits geschrieben, war jedoch noch aktiv genug, um die Kirche gegen sich aufzubringen: Sein

Roman *Auferstehung* machte ihn in den Augen des Heiligen Synod zum Häretiker. Tolstoi wurde 1901 exkommuniziert, weil er den christlichen Gottesdienst Blasphemie nannte; seine früheren Werke *Krieg und Frieden* und *Anna Karenina* hielt er inzwischen für wertlos. Leonid Pasternak, der Maler, der Tolstois Werke illustrierte, hatte einen Sohn namens Boris, der als Dichter und Romanautor berühmt wurde. Auch andere Jugendliche begannen um diese Zeit zu publizieren und wurden später weltberühmt: Wladimir Majakowski, ein Adliger, der einen Ohrring trug und sich geometrische Muster auf die gepuderten Wangen malte, die schöne Anna Achmatowa und der später in einem Lager umgekommene Dichter Ossip Mandelschtam. Alexander Blok veröffentlichte seine Gedichtsammlung *Die Verse von der schönsten Dame;* weitere Dichter waren der Symbolist Andrei Beli, der zum Katholizismus konvertierte Wjatscheslaw Iwanow und Waleri Brjussow, der Übersetzer Verlaines und Mallarmés.

Die freigeistige Avantgarde fand im Westen große Resonanz. Alles Russische wurde Mode: Ballett und exquisite Fabergé-Juwelen, aber auch Kaviar, Huhn nach Kiewer Art und Wodka für neue Cocktail-Kreationen. Daheim freilich gerieten die Freigeister mit der Autokratie in Konflikt, mit den Säbeln und Knuten der Kosaken-Patrouillen, mit der Geheimpolizei und ihren Agenten und Provokateuren, mit den Provinzgouverneuren, deren Wink genügte, um jemanden hängen zu lassen, und mit dem Verwaltungsapparat, der nur durch Bestechungsgelder zum Funktionieren gebracht werden konnte.

Es gab keine landesweite gesetzgebende Körperschaft, kein Parlament und kein Oberhaus verantwortungsbewusster Adliger oder gewählter Repräsentanten, die hätten vermittelnd wirken können. Einzig der Zar verkörperte alle Autorität. Nikolaus II. hatte sich selbst gekrönt; kein anderer wäre würdig genug gewesen. Aber Nikolaus war laut Gregori Rasputin »innerlich hohl«, und Rasputin kannte ihn gut. Im Gegensatz zu seinen riesenhaften Onkeln war Nikolaus ein kleiner Mann mit nachdenklichen, ängstlichen Augen. Er hatte kein Glück – bei den Feierlichkeiten zu seiner Krönung waren Hunderte von Zuschauern totgetrampelt worden, ein böses Omen für seine abergläubischen Unter-

Tolstoi 1908 auf seinem Pferd Demir, von Kopf bis Fuß ein Aristokrat trotz der Bauernkleider, die er gern trug. Der große Romancier war außerdem noch Soldat, Gutsbesitzer, Philosoph und Mystiker. Zu schreiben begann er als Artillerieoffizier Mitte des 19. Jahrhunderts, als er an der Eroberung des Kaukasus teilnahm. Im Krimkrieg kommandierte er eine Batterie; später ließ er sich auf den großen Gütern seiner Familie in Jasnaja Poljana im Gouvernement Tula nieder. Nach *Krieg und Frieden* und *Anna Karenina* begann er eine Ethik zu propagieren, der zufolge man sich dem Bösen nicht widersetzen durfte.

tanen. Sein Erbe, der Zarewitsch, war ein Bluter. Alles Okkulte und Übernatürliche stand damals hoch im Kurs, und Eingeweihte flüsterten sich zu, die Handlinien des Zaren seien die eines zum Untergang Verurteilten. Die negativen Auswirkungen von Nikolaus' Schüchternheit wurden durch notwendige Sicherheitsmaßnahmen noch verschärft. Die Romanows waren nicht bei allen Untertanen beliebt. 1881 hatte der Knabe Nikolaus entsetzt mitansehen müssen, wie sein Großvater Alexander II., der »Bauernbefreier«, nach einem Bombenanschlag auf einer Petersburger Straße mit abgerissenem rechten Bein verblutete. Sein Vater Alexander III. war potentiellen Mördern, darunter Lenins Bruder

Alexander Uljanow, zuvorgekommen und vorzeitig einem Fieber erlegen. Nikolaus II. hatte auch Tugenden: Er war bescheiden, geduldig, liebenswürdig und treu; Rasputin hielt ihn für den idealen Familienvater. Ein Autokrat braucht jedoch andere Qualitäten: Er muss skrupellos sein, Schmerzen zufügen können und drohende Gefahren erkennen. Nikolaus' Freundlichkeit und Familiensinn wirkten sich in Krisenzeiten zu seinem Nachteil aus. Seine Frau Alexandra verschärfte seine Isolation noch. Sie verachtete die Petersburger Gesellschaft. »Das arme, demütige bäuerliche Russland«, instinktiv absolutistisch und jedem Konstitutionalismus abhold, war für sie das wahre Russland. Das Herrscherpaar empfing nur Menschen, die es empfangen musste, also ausländische Botschafter, Minister, Gerichtsbeamte, Bürokraten und hohe Geistliche. Als Nikolaus schließlich wegen der Revolution Rat brauchte, war sein Zahnarzt der einzige »gewöhnliche« Untertan, der ihm einfiel. Zar und Zarin hielten sich nur selten in St. Petersburg auf. Weil sie die zahllosen Räume und endlosen Korridore des Winterpalastes hassten, verbrachten sie den größten Teil des Jahres in Zarskoe Selo westlich der Stadt. Sie mieden auch das Katharinenschloss, eine glitzernde Welt aus Kristall, poliertem Parkett und Marmor. Sie lebten lieber im einfacheren Alexander-Palais, dessen Räume wie ein englisches Landhaus eingerichtet waren. Die Türen zum Arbeitszimmer des Zaren und zu Alexandras malvenfarbenem Boudoir wurden von den »Äthiopiern« bewacht, vier riesigen Schwarzen mit scharlachroten Reithosen, weißen Turbanen und spitzen Schuhen. Die Töchter des Zaren, Maria, Tatjana, Olga und Anastasia, vier schlanke Mädchen von beeindruckender Schönheit, und sein Sohn Alexei hatten kaum Spielkameraden, es sei denn, ein Vetter kam zu Besuch. Dies war jedoch selten der Fall, denn Alexandra mochte die Familie ihres Gatten nicht, und die Abneigung war gegenseitig. Um zu überleben, hätte die Dynastie sich ändern und beweglicher werden müssen. Industrialisierung, neuer Reichtum und neue Klassen führten zu Spannungen, die zumindest einen konstitutionellen Kompromiss erfordert hätten. Nikolaus aber glaubte fest an die Autokratie; zu anderen Gedanken war er nicht fähig. Als das Regime 1904 in seine erste große Krise hineinschlitterte, war die riesige und korrupte Bürokratie, eine Mischung aus unfähigem Zentralismus und lokaler Tyrannei, führerlos.

Im Februar jenes Jahres griffen die Japaner überraschend die russische Flotte vor Port Arthur an. Da sie die Stadt nicht im Sturm nehmen konnten, belagerten sie sie. Die Garnison hielt stand, und im Oktober beorderte Nikolaus die Baltische Flotte in den Pazifik, um Port Arthur zu entsetzen. Die langsame Reise der Flotte rund um den Globus war von beispielloser Unfähigkeit gekennzeichnet. Kaum hatte die Flotte die Ostsee verlassen, eröffnete sie in der Nordsee das Feuer auf britische Fischerboote, weil die Kanoniere diese für japanische Torpedoboote hielten. Außerdem brach auf dem begleitenden Gefangenenschiff eine Meuterei aus. Noch vor Weihnachten rückten die Japaner so nahe an Port Arthur heran, dass sie die Stadt unter Artilleriebeschuss nehmen konnten. Stadt und Schiffe waren bereits verloren, als die Baltische Flotte das Kap der Guten Hoffnung umrundete.

Die Katastrophe in der Mandschurei gab der revolutionären Bewegung Auftrieb. Innenminister Wjatscheslaw Plewe wurde ermordet. »Er trieb die autokratische Theorie und Praxis so weit, dass es selbst für Russland ungewöhnlich war«, kommentierte die Londoner *Times*. »Er Schloss alle Abflusshähne und Sicherheitsventile, deshalb überrascht es nicht, dass der Boiler jetzt explodiert ist.« Der Mord, so begründeten die Terroristen ihre Tat, sei nötig gewesen, »um die rostigen Nägel aus dem Sarg zu ziehen, in dem wir gefangen sind«. In St. Petersburg streikten die Arbeiter der Putilow-Werke, einer großen Waffen- und Maschinenfabrik. Georgi Gapon, ein Pope, heizte die Unruhen noch weiter an. Am 8. Januar 1905 standen 200 000 Arbeiter im Streik. Gapon verfasste eine Bittschrift an den Zaren, in der er »Gerechtigkeit und Schutz« verlangte; die Bittschrift forderte den Achtstundentag, einen Mindestlohn und die Freilassung politischer Gefangener und wurde von 150 000 Menschen unterzeichnet.

Am Sonntag, dem 9. Januar, versammelte sich unter Gapons Führung eine 100 000-köpfige Menschenmenge mit Ikonen und Bannern vor dem Winterpalast, dem »Haus des Zaren«. Die Menschen wollten die Petition dem Herrscher übergeben, ohne zu wissen, dass er 30 Kilometer entfernt im Alexander-Palais weilte. Der letzte Absatz der Bittschrift war prophetischer, als Gapon beabsichtigt hatte: »Wenn Du unsere inständigen Bitten nicht beantwortest, werden wir hier auf diesem Platz vor Deinem Palast sterben.« Als die Menge vorwärts drängte, eröffnete ein Kordon Kosaken und Husaren das Feuer. Offiziell wurde die Zahl der Todesopfer mit 92 angegeben; dort, wo die Verwundeten sich weggeschleppt hatten, war der Schnee auf dem Newski-Prospekt blutbefleckt.

Eine Welle von Streiks und Demonstrationen erfasste das ganze Land zwischen Warschau und dem Ural. Im polnischen Lodz gab es 300 Tote. In der unbekannten Industriestadt Iwanowo-Wosnesensk bildeten Arbeiter den ersten »Sowjet«, einen Arbeiterrat, der das Recht forderte, »frei zusammenzutreten, die Bedürfnisse der Arbeiter zu erörtern und Delegierte zu wählen«. Die Baltische Flotte dampfte währenddessen unbeirrt weiter, bis sie am 27. Mai die Straße von Tsuschima zwischen Japan und Korea erreichte, wo der japanische Admiral Togo auf sie wartete und sie in der größten Seeschlacht seit Trafalgar vernichtete. Die Russen verloren alle zwölf Schlachtschiffe, sieben von zwölf Kreuzern und sechs von neun Zerstörern. Die Kriegsmarine war gedemütigt. Im Schwarzmeerhafen Odessa kämpften Polizei, Kosaken und die antisemitischen Banden der Schwarzen Hundert gegen die Streikenden und brachten Juden um. Am 15. Juni wurde über die Stadt das Kriegsrecht verhängt. Am gleichen Tag legte das Schlachtschiff *Potemkin*, der Stolz der Schwarzmeerflotte, unter der roten Flagge in Odessa an. Die Mannschaft hatte gemeutert, einige Offiziere über Bord geworfen und die übrigen ins Schiffsgefängnis eingesperrt. Als die Kämpfe an der Küste weitergingen, feuerten die Seeleute auf die Stadt. Ihre Geschütze zielten jedoch ungenau, deshalb stellten sie das Feuer wieder ein, fuhren ins Schwarze Meer zurück und suchten schließlich im rumänischen Hafen Konstanza Asyl.

Auch in dem großen Marinestützpunkt Kronstadt vor St. Petersburg und in Sewastopol meuterten die Matrosen, und auf dem Land brannten die Bauern Herrensitze nieder und verstümmelten das Vieh. Vom Zug aus konnte man die Felder in der Steppe brennen sehen, während

»Kühe, Pferde und Schafe mit aufgeschlitzten Bäuchen über die Felder irrten und vor Schmerzen muhten, wieherten und blökten«. In den Städten schossen Sowjets wie Pilze aus dem Boden. Im Oktober stand das ganze Reich im Generalstreik. Es war ein böses Omen für das Regime, dass sich den Streikenden auch Studenten anschlossen, die von ihren Professoren unterstützt wurden. Selbst das Ballett am Marientheater streikte.

Die Aufständischen hatten jedoch keinen richtigen Führer. Die wichtigsten Revolutionäre waren im Ausland in Richtungskämpfe verstrickt und erfuhren von den Ereignissen aus der Zeitung. Die marxistischen Sozialdemokraten hatten ihr erstes geheimes Treffen 1897 in einem Blockhaus am Rand von Minsk abgehalten. Den zweiten Parteitag veranstaltete die junge Partei sechs Jahre später in einem rattenverseuchten Lagerhaus in Brüssel; er wurde von der belgischen Polizei aufgelöst und daraufhin in eine Londoner Kirche verlegt. Die beiden wichtigsten Mitglieder der Partei, Wladimir Lenin und Juli Martow, waren schon bald zerstritten. Lenin wollte eine elitäre Organisation aus Berufsrevolutionären, Martow hielt das für einen Auswuchs von »Belagerungsmentalität«. Er trat für eine breiter organisierte, demokratischere Partei ein. Weil in London nur wenige Delegierte anwesend waren, gewann Lenin die Abstimmung mit knapper Mehrheit, und die Sozialdemokraten spalteten sich in zwei Flügel – Lenins Bolschewiki (Mehrheitsfraktion) und Martows Menschewiki (Minderheitsfraktion).

Lenin wohnte in Genf, einem »schrecklichen Loch«, und studierte dort die Strategie und Taktik des Straßenkampfs. »Ich bin entsetzt, dass seit sechs Wochen von Bomben die Rede ist, aber noch keine gebaut worden ist!« schrieb er an die Parteizellen in St. Petersburg. »Bildet Kampfgruppen, sofort und überall!« Lenin schrieb an ein Phantom, denn die Bolschewiki spielten in der Revolution von 1905 so gut wie keine Rolle. Er selbst kehrte erst im November nach Russland zurück, entfaltete jedoch kaum Wirkung und soll nicht durch besonderen Mut aufgefallen sein. Tatjana Alexinskaja, die Frau eines hochrangigen Bolschewiken, sah ihn, als Kosaken eine Demonstration in St. Petersburg angriffen: »Lenin rannte als erster davon. Er sprang über eine Barriere und verlor dabei seine Melone. Sein kahler, schweißbedeckter Schädel glänzte in der Sonne. Dann stürzte er, rappelte sich wieder auf und rannte weiter.«

Der Menschewik Leo Trotzki war tatkräftiger als viele Genossen. Er kehrte früh aus seinem Exil im Westen nach St. Petersburg zurück und gab dort im neuen Sowjet, der den Aufstand zu koordinieren versuchte, den Ton an. Geistreich und anziehend, stellte er sich jeder Debatte. Er sprach auf einer politischen Soirée im Haus einer Baronin – »der Butler wollte meine Visitenkarte sehen, aber o weh, was für eine Visitenkarte hätte ihm ein Mann mit einem Decknamen schon zeigen können?« – und forderte dort eine Gruppe von Gardeoffizieren auf, dem Volk die Schlüssel zu den Arsenalen auszuhändigen. Die Reichen waren von den Radikalen fasziniert, die sie vernichten wollten. Die bolschewistische Zeitung *Prawda* wurde von Viktor Tichomirnow, einem Großreeder, gegründet und finanziert. Sawwa Morosow, einer der reichsten Männer Russlands, wurde Marxist; ihm gefiel laut eigener Aussage die Kraft der marxistischen Philosophie. Morosow stellte sich gegen die Menschewiki und ergriff für die Bolschewiki Partei, weil er befand, Extremismus sei den Russen angeboren. Er finanzierte viele Publikationen der Partei. 1905 aber fuhr er an die französische Riviera und erschoss sich in seinem Hotelzimmer. Sein Neffe N. P. Schmidt, der Erbe einer Möbelfabrik, beging ebenfalls Selbstmord, und die Bolschewiki erbten einen Teil seines Vermögens.

Gardeoffiziere mochten mit Trotzki liebäugeln, und die Kriegsmarine mochte unzuverlässig sein, doch solange die Masse der bäuerlichen Infanterie fest zum Zaren stand, hatte die Revolution keine Chance. Im Oktober gewährte Nikolaus seinem Volk Rede-, Gewissens- und Versammlungsfreiheit, und es wurde eine *Duma* eingerichtet, eine Versammlung, die zum ersten Mal in der russischen Geschichte über eine gewisse Macht verfügte. Der Zar hatte freilich weiterhin das Übergewicht, denn sowohl das Wahlrecht wie die Rechte der Duma waren sehr begrenzt. Russland hatte kein demokratisches Regierungssystem bekommen, das Nikolaus für »sinnlos und kriminell« hielt, doch die Reformen gingen immerhin so weit, dass die einflussreiche liberale, konstitutionell-demokratische Partei der »Kadetten« den Generalstreik nicht mehr unterstützte. Die Londoner *Times* schrieb: »Das Volk hat gewonnen. Der Zar hat kapituliert; die Autokratie ist nicht mehr.« Diese Einschätzung kam zwölf Jahre zu früh. Trotzki hatte recht, wenn er sagte: »Der Zar hat alles versprochen und nichts gegeben; wir wollen weder die Schnauze des Wolfes noch den Schwanz des Fuchses.« Der Kampf ging weiter. Im Dezember wurden mehrere Moskauer Stadtteile durch schwere Straßenkämpfe zerstört; aus den Vereinigten Staaten wurden Gewehre für die Rebellen eingeschmuggelt. In Amerika schrieb Mark Twain: »Wenn eine solche Regierung nur mit Dynamit gestürzt werden kann, dann Gott sei Dank, dass es Dynamit gibt.«

Die Armee und die stets einsatzbereiten Kosaken stellten die Kontrolle wieder her. Ende des Jahres war es mit dem Petersburger Sowjet vorbei; er hatte zwar nur 50 Tage existiert, sollte später aber dem Land den Namen geben. Trotzki war in der Peter-und-Paul-Festung interniert und las in seiner Zelle französische Romane. Der rechtsextreme, antisemitische, antiliberale »Bund des russischen Volkes« vergrößerte sich explosionsartig auf über eine Million Mitglieder, zettelte Pogrome an, beschuldigte die Juden der Ermordung christlicher Säuglinge und trug wesentlich zum Erfolg der Reaktion bei.

Im Frühjahr 1906 wurde Pjotr Stolypin Ministerpräsident, ein robuster, vitaler Landadliger, groß wie ein Bär und genauso mutig. Für den britischen Botschafter war er »der bemerkenswerteste Mann Europas«. Stolypin behandelte Revolutionäre mit der Verachtung des Monarchisten. »Ihr wollt große Umwälzungen«, schimpfte er, »aber wir wollen ein großes Russland.« Allein in den baltischen Provinzen waren unmittelbar nach Niederschlagung der Revolte über 2000 Aufständische erschossen oder gehängt worden. Stolypin setzte diese Politik mit solchem Eifer fort, dass der Strick fortan »Stolypins Krawatte« genannt wurde. Terroristische Straftaten waren nach wie vor häufig. Wer ertappt wurde, kam innerhalb von 24 Stunden vor Gericht und wurde sofort hingerichtet. Auch Stolypin war ein Ziel terroristischer Anschläge. 1906 wurde sein Haus durch eine Bombe zerstört, und seiner Tochter wurden dabei die Beine zerquetscht. Trotzdem zeigte er, wie ein Beobachter sagte, keine Wut, sondern »nur kalte Liebenswürdigkeit, eisiges Mitleid und von

Trauer überschattete Beherrschung.« Überzeugt, dass die Monarchie nur überleben konnte, wenn sie ihre Verantwortung ernster nahm, setzte er eine Reihe radikaler Reformen durch. Er verkaufte staatliches Land, einschließlich der gewaltigen sibirischen Ländereien der Krone, und hob die gesetzlichen Beschränkungen bezüglich Landbesitz und Reisefreiheit auf, die für die Bauern gegolten hatten. Einzelpersonen wurden ermutigt, ihren Landbesitz zu konsolidieren und sich von den rückständigen und verarmten Dorfgemeinden zu trennen. Stolypin wollte einen dynamischen Bauernstand schaffen, eine stabile Klasse von Freisassen als Gegengewicht zur Revolution. Er spiele, sagte er, »ein Spiel, bei dem man nicht auf die Betrunkenen und Schwachen setzt, sondern auf die Nüchternen und Starken«. Er war so erfolgreich, dass die exilierten Revolutionäre sich ernsthaft Sorgen machten. Wenn die Landreform fortgesetzt würde, meinte Lenin, müssten die Bolschewiki auf ein Agrarprogramm vielleicht überhaupt verzichten. Und ein Agitator namens Stalin hatte den Eindruck, der Wind wehe der Revolution ins Gesicht. Zwanzig Jahre später sollte er an Stolypins neuer Klasse grausame Rache nehmen.

Am 14. September 1911 besuchte Stolypin eine Vorstellung von Rimski-Korsakows *Märchen vom Zaren Sultan* im Kiewer Opernhaus. Nikolaus saß in der Zarenloge, Stolypin im Sperrsitz. In der Pause nach dem zweiten Akt trat ein junger Mann im Abendanzug auf den Ministerpräsidenten zu und zog eine Pistole. »Wir vernahmen zwei Geräusche, die sich anhörten, als sei etwas zu Boden gefallen«, schrieb Nikolaus. »Frauen kreischten auf, und unmittelbar vor mir im Sperrsitz stand Stolypin. Er drehte mir langsam das Gesicht zu und machte mit der linken Hand das Zeichen des Kreuzes... Er sank langsam in seinen Stuhl und begann, sich den Rock aufzuknöpfen.« Fünf Tage später war Stolypin tot. Er hinterließ ein Land, das gute Chancen hatte, einer Revolution zu entgehen. Die ländlichen Gebiete waren befriedet und blühten, 1913 gab es eine Rekordernte wie erst in den sechziger Jahren wieder, und die Industrieproduktion hatte sich in den vorhergegangenen sieben Jahren mehr als verdoppelt.

St. Petersburg erstrahlte in vollem Glanz, auch wenn man das Herrscherpaar nur selten zu Gesicht bekam. Gerüchten zufolge hatte das Paar häufig Unterredungen mit Gregori Rasputin, einem bäuerlichen Starez mit irrem Blick. Sein Einfluss beruhte auf seiner ungewöhnlichen Fähigkeit, dem kränklichen Zarewitsch Alexei zu helfen. Zur gleichen Zeit servierte der schwarze Barkeeper im Hotel Europa Cocktails. Erzbischöfe parkten ihre Kutschen vor der Börse. »Die Menschen berauschten sich an Musik«, schrieb der Schriftsteller Alexei Tolstoi, »an halbnackten Frauen... an Champagner. Spielclubs, Stundenhotels, Theater, Lichtspielhäuser und Vergnügungsparks schossen wie Pilze aus dem Boden.« Der Industriemagnat Nikolai Rjabuschinski finanzierte Ausstellungen von van Gogh, Braque und Rouault, Strawinsky sprengte mit *Le Sacre du printemps* musikalische Grenzen. Welemir Chlebnikow schrieb das erste futuristische Gedicht, futuristische Poeten riefen dazu auf, die Sprache selbst zu zerschlagen. Majakowski wanderte mit futuristischen Malern in Pappkleidern und mit ins Gesicht gemalten Blumen durch die Moskauer Straßen. Die wirkliche Zukunft freilich sah anders aus.

Der große Krieg

Am 2. August 1914 strömten in den Straßen von St. Petersburg riesige Menschenmassen zusammen und feierten mit dem Ruf »Für Glaube, Zar und Vaterland!« und mit der gleichen Begeisterung wie die Menschen in Berlin, Paris und London einen Krieg, der Europa zerstören sollte. Der französische Botschafter Maurice Paléologue war Zeuge, als Nikolaus den Eid wiederholte, den sein Vorfahr Alexander I. 1812 anlässlich der Invasion Napoleons geschworen hatte. Nikolaus schwor in einem feierlichen Gottesdienst, nicht eher Frieden zu schließen, als bis der letzte Feind von russischem Boden vertrieben sei. Der Botschafter bemerkte, dass die Zarin Alexandra »immer wieder die Augen schloss und dass ihr aschgraues Gesicht wie eine Totenmaske wirkte«. Gardeoffiziere fragten an, ob sie ihre Paradeuniformen für die Siegesparade in Berlin gleich einpacken sollten. Ein Mob plünderte die deutsche Bot-

Die »russische Dampfwalze«, wie die russische Armee von ihren britischen und französischen Verbündeten genannt wurde, war die bei weitem größte Militärstreitmacht der Welt. Das aus ihrer Größe resultierende Selbstvertrauen erwies sich jedoch als trügerisch, denn sie war durch Maschinengewehre und Schnellfeuergeschütze verwundbar geworden.

schaft, und die russische Hauptstadt wurde auf den slawischer klingenden Namen Petrograd umgetauft. Im österreichischen Galizien hielt man Lenin kurzfristig für einen russischen Agenten. Er begab sich sofort nach seiner Freilassung in die Schweiz, weil er befürchtete, der überschäumende russische Patriotismus könnte das Ende des Sozialismus bedeuten.

Die russische Armee war ein Koloss und die bei weitem größte Armee der Welt. Durch die Mobilisierung wurde ihre Vorkriegsstärke von 1,4 Millionen innerhalb weniger Wochen um 3,1 Millionen Reservisten vergrößert. Über 15 Millionen Soldaten sollten schließlich jene

Streitmacht bilden, die von den westlichen Verbündeten »russische Dampfwalze« genannt wurde. Nur wenige ahnten, was wirklich bevorstand. »Es heißt, die Straße in den Krieg sei breit, der Weg nach Hause aber schmal«, sagte ein Kavallerist aus Kiew zum britischen Militärattaché. Graf Sergei Witte, der klügste Berater des Zaren, hielt den Krieg für »Wahnsinn... Selbst wenn wir einen vollkommenen Sieg erringen, bedeutet das nicht nur das Ende der deutschen Vorherrschaft, sondern die Ausrufung von Republiken in ganz Zentraleuropa. Das wäre zugleich das Ende des Zarismus.« Über die Folgen einer Niederlage schwieg Witte lieber.

Die meisten der Millionen Soldaten, die in dem kommenden Gemetzel Unsägliches erleiden mussten, waren Muschiks. Sie fanden sich in der Armee einer eisernen Disziplin ausgesetzt, die ihren schlimmsten Ausdruck in der Knute fand. Es galt als naturgegeben, dass Russen angetrieben werden mussten. Obwohl Alexander II. 1861 die Leibeigenschaft aufgehoben hatte, wurden Soldaten unter Nikolaus weiterhin wie Leibeigene behandelt. Ein Rekrut wurde zunächst auf bedingungslosen Gehorsam gedrillt. Die Unteroffiziere schlugen ihn bei Paraden gewohnheitsmäßig mit ihren Offizierstöckchen. Der Soldat hatte bei jedem Gespräch mit einem Offizier in Habachtstellung zu stehen und die Hand an die Mütze zu legen. Immerhin waren die russischen Soldaten für ihren Mut und ihre Zähigkeit bekannt. »Die Türken fallen wie Kegel um«, lautete ein bittersüßes russisches Sprichwort, »aber unsere Männer bleiben durch die Gnade Gottes stehen, wenn auch ohne Kopf.«

Russland hatte viele Menschen, aber dieser Vorteil wurde durch die Maschinenkanonen der Artillerie und das Maschinengewehr aufgehoben. Es kam darauf an, wie man die Menschen in der Schlacht einsetzte, und dafür standen die Vorzeichen schlecht. Ein Abgrund trennte die Mannschaften von den Offizieren, deren Beförderung mehr auf Protektion, gesellschaftlichem Rang und Vermögen beruhte als auf militärischen Verdiensten. Die höheren Offiziersränge waren von überalterten Generälen blockiert. Der Kriegsminister General Wladimir Suchomlinow hatte zuletzt im Krieg gegen die Türken 37 Jahre zuvor gekämpft; Maschinengewehr und Maschinenkanone waren für ihn neumodische

Erfindungen von Feiglingen. »Seine verschlagenen Augen blitzen unter den schweren Augenlidern ewig wachsam hervor«, schrieb der französische Botschafter. »Ich kenne nur wenige Männer, die auf den ersten Blick mehr Misstrauen wecken.«

Innerhalb eines Jahres waren vier Millionen Soldaten gefallen, verwundet, gefangen oder vermisst. »Die reguläre Armee gibt es nicht mehr«, sagte der kommandierende General Alexei Brusilow. »Eine Armee von Ignoranten ist an ihre Stelle getreten.« Da die Russen nicht genug Telefonleitungen hatten, wurden die Befehle per Funk weitergeleitet. Da Codebücher ebenfalls selten waren, wurden viele Botschaften unverschlüsselt gesendet. Die Deutschen hörten die russischen Befehle für die erste große Schlacht des Krieges bei Tannenberg ab, und dies trug wesentlich dazu bei, dass sie innerhalb von vier Tagen zwei Armeen vernichten konnten. Die Russen kämpften erfolgreich gegen Österreich-Ungarn, aber nicht so gegen die Deutschen. Sir Bernard Pares, ein britischer Beobachter, wurde Zeuge eines deutschen Artillerieangriffs in Südpolen. »Die russischen Gräben wurden vernichtet«, schrieb er, »und dasselbe passierte mit allem menschlichen Leben in diesem Gebiet. Die dort stationierte russische Division wurde von 16 000 auf 500 Mann reduziert.« Aus Mangel an Nachschub und Munition mussten die Russen in Galizien und Polen den Rückzug antreten. »Sie müssen wissen, Sir, wir haben keine andere Waffe als die Brust des Soldaten«, sagte ein einfacher Soldat zu Pares. »Dies ist kein Krieg, Sir, es ist ein Gemetzel.«

Das Kriegskomitee der Duma übersandte dem Zaren eine Liste, in der aufgezählt wurde, dass es den Russen an Artillerie, Maschinengewehren und Munition fehle, dass jeder feindliche Soldat über ein Gewehr verfüge, während »Hunderttausende unserer Männer keine Waffe haben und darauf warten müssen, dass sie das Gewehr eines gefallenen Kameraden nehmen können«; dass »nicht genug Gräben ausgehoben werden«; dass »weder Tapferkeit noch Talent, noch Kompetenz, noch militärische Tugend« Einfluss auf die Ernennung zum Offizier habe und wichtige Kommandos nur selten an wirklich fähige Leute vergeben würden. Ein Divisionskommandeur stellte fest, dass die Deutschen das Schlachtfeld mit ihren Granaten regelrecht umpflügten und dabei die

Verteidiger begruben. »Sie verbrauchen Metall« sagte er. »Wir verbrauchen Menschen.«

Die Deutschen überrannten Russisch-Polen; Warschau fiel am 5. August 1915. »Die Armee zieht sich nicht mehr zurück, sie rennt davon«, berichtete General Poliwanow, der neue Kriegsminister. »Schon das Auftauchen einer kleinen deutschen Patrouille löst Panik aus und schlägt ganze Regimenter in die Flucht.« Trotz der verzweifelten Lage an der Front vertraute Poliwanow auf »die undurchdringliche Weite des Landes, den unpassierbaren Schlamm und die Gnade des heiligen Nikolaus« − was er viel mehr fürchtete, war eine Bedrohung von ganz anderer Seite. Der Zar hatte seinen Onkel Großfürst Nikolaus entlassen und sich selbst zum Oberbefehlshaber der Streitkräfte ernannt. Für Poliwanow war dies »ein schrecklicher Schlag«, denn er nahm zu Recht an, der Zar werde nun für künftige Katastrophen persönlich verantwortlich gemacht.

Im Jahr 1916 hielten vierzehn Armeen eine Front, die sich von Riga an der Ostsee bis hinunter zum Schwarzen Meer und darüber hinaus bis

Der Mordkomplize Großfürst Dmitri, der Vetter des Zaren, war 1916 ein »launischer und impulsiver« 26jähriger Offizier und ein starker Trinker. Felix Jusupow gewann ihn als Komplizen für den Mord an Rasputin. Auf dem Bild ist er mit Nikolaus und dessen Tochter Tatjana zu sehen.

Erzurum und Persien erstreckte. »Bleiche, ausdruckslose, endlose Regimenter marschierten durch die tödliche Kälte«, schrieb ein Kavallerist. »Die Soldaten waren keine Individuen mehr, keine Männer, die für ihr Vaterland sterben werden, sondern nur noch zum Tode Verurteilte.« Die Begeisterung von 1914 war verflogen. »Unter der Maske serviler Unterwürfigkeit brodelt ein schrecklicher Zorn... Ein kleines Streichholz genügt, und alles steht in Flammen.« Züge voller verwundeter Frontsoldaten rollten täglich in den Warschauer Bahnhof von Petrograd. Auf den Stationen des St. Georg-Hospitals lagen Verwundete mit »müden, leidenden Augen«. Tausende von Flüchtlingen aus den verlorenen Gebieten waren in Holzhütten und Kellerräume in der Nähe des Bahnhofs gepfercht; oft waren sie barfuß, und die Kinder trugen noch die Baumwollkittel, in denen sie im Sommer geflohen waren. Die Warteschlangen vor den Bäckereien der Hauptstadt waren mehrere Häuserblocks lang, und nachts wurden die Fenster der Bäckereien eingeworfen. Die Spekulation nahm ungeahnte Ausmaße an. »Die Haie schnappen mit ihren gewaltigen Kiefern«, schrieb ein Finanzblatt, nachdem sich der Brotpreis vervierfacht und der von Aspirin fast verhundertfacht hatte. Nachtclubs und Cafés florierten. Zu Beginn des Krieges war ein Alkoholverbot verhängt worden, das die Einnahmen der Regierung stark beeinträchtigte, aber die Reichen tranken schwarzgebrannten Wodka aus Teetassen. Die Selbstmordrate verdreifachte sich. In den Hotels wimmelte es von Offizieren, die eigentlich hätten an der Front sein sollen. »Es ist keine Schande, ein Drückeberger zu sein«, lautete ihr Motto. Der junge Boris Pasternak fand das Leben »so farbig wie das Schaufenster eines Blumenladens im Winter«, und für Dmitri Mereschkowski hatten die Romanows Russland so abgewirtschaftet, dass es »dem fünften Akt einer Tragödie gleicht, die in einem Bordell spielt«.

Die Augen eines Wahnsinnigen. Ab Herbst 1916 wurde die russische Regierung von Rasputin beherrscht. Seine Haare waren lang und verfilzt, sein Bart eine fettige Serviette und seine Zähne schwarz vor Schmutz. Als die Ballerina Tamara Karsawina ihm auf der Straße begegnete, erkannte sie ihn sofort an seinen »Augen, die dicht nebeneinander lagen und von einer seltsamen Helligkeit waren, unvorstellbar bei einem Bauern, die Augen eines Wahnsinnigen«.

Während Nikolaus in fernen Armeehauptquartieren weilte, versah Alexandra die Herrscherpflichten. Auf Anraten ihres »Freundes« Rasputin bekam das Land innerhalb von zehn Monaten fünf Innenminister und drei Kriegsminister. Einen General hörte man im Ballett sagen, die aufgeblähte Garnison der Stadt tauge zu nichts, außer der Armee der Anarchie Rekruten zu stellen. Niemand zweifelte daran, dass eine Revolution bevorstand. »Man spricht nicht einmal mehr darüber«, sagte Sinaida Gippius, eine üppige Schönheit und Dichterin. »Wir sind alle wie betäubt.« Der General prophezeite, die Revolution werde »nicht vom Volk ausgehen, sondern von der Armee«. Die Agenten der Geheimpolizei Ochrana warnten, die oppositionelle Stimmung sei sehr stark – viel stärker als 1905.

Über die Zarin und Rasputin waren zahlreiche Gerüchte in Umlauf: Sie galten als deutsche Spione, Verräter, ein Liebespaar. »Zum ersten Mal hörte ich, dass vom Herrscher und der Herrscherin mit offener Verachtung gesprochen wurde«, schrieb Sinaida Purischkewitsch, Schwester eines reichen, rechtsextremen Duma-Abgeordneten. »Rasputin, Rasputin, Rasputin, es war wie ein Refrain; seine Fehler, sein schockierendes Verhalten, seine geheimnisvolle Macht. Diese Macht war gewaltig; sie hing wie eine dunkle Wolke über dem Land und verdeckte die Sonne.« Ihr Bruder Wladimir Purischkewitsch war ein Judenhasser, ein Exzentriker, vor allem aber ein zum Mord bereiter Reaktionär. Felix Jusupow dachte ähnlich; er plante die Ermordung Rasputins, um die Autokratie vor sich selbst zu retten. Jusupow hatte das größte Vermögen Russlands geerbt, einen Familienbesitz, zu dem ein 200 Kilometer langer, ölreicher Küstenstreifen auf der Krim sowie 38 Paläste und Landsitze gehörten. Das exquisite Palais der Familie am Moika-Kanal in Petrograd verfügte über eine Kunstgalerie mit zahlreichen Bildern von Rembrandt und Fragonard sowie über ein kleines Louis XV.-Theater, wo Felix mit seinem Faible für Transvestiten sich gern in Frauenkleidern zeigte. Es war dieses Palais, in das er Rasputin am Abend des 16. Dezember 1916 einlud.

Rasputin erwies sich als widerspenstiges Opfer. Jusupow reichte ihm vergiftete Getränke und Kuchen und schoss ihm ins Herz, doch die »grünen Vipernaugen« öffneten sich noch einmal, und Rasputin stürzte

Die Zarin als Krankenschwester mit Alexei. Rasputins Einfluss, der mit Alexeis Krankheit zu tun hatte, wuchs, als Nikolaus Oberbefehlshaber wurde und sich in das Armeehauptquartier nach Mogiljow begab. Der Hass auf die *nemezkoje sasilje*, die deutsche Pest, trat an die Stelle des russischen Antisemitismus, und die in Darmstadt geborene Herrscherin wurde sein Opfer. In einem Witz, der in den Kaffeehäusern kursierte, sitzt der junge Zarewitsch weinend im Palast. »Was hast du, Alexei?« fragt ihn ein General. »Also, wenn die Russen verlieren, weint mein Vater«, sagt der Junge. »Wenn die Deutschen verlieren, weint meine Mutter. Wann soll ich also weinen?«

sich brüllend auf Jusupow. Purischkewitsch verpasste ihm zwei weitere Schüsse in Kopf und Rücken und einen Tritt gegen den Kopf. Anschließßend wurde die Leiche durch ein Loch im Eis der gefrorenen Newa geworfen. »Die Kugel, die ihn tötete, ging der regierenden Dynastie direkt ins Herz«, schrieb Alexander Blok. Sie war nicht von einem Revolutionär abgefeuert worden, sondern von einem Gecken und insgeheimen Faschisten.

3

Das Jahr
der Revolutionen

Als Rasputins Leiche am Montag, dem 19. Dezember, gefunden wurde, knieten die Menschen im Schnee vor dem Moika-Palast, um Gott und Felix Jusupow zu danken. Am Dienstag betete die Zarin neben der Leiche und bedeckte sie mit Blumen und Ikonen. Donnerstagnacht wurde Rasputin in einer Ecke des kaiserlichen Parks in Zarskoe Selo begraben. Rasputins Mörder konnten nicht hingerichtet werden; sie waren zu populär, und Jusupow war mit der Zarennichte Irina verheiratet. Er wurde auf das Gut seiner Familie im Süden verbannt, Wladimir Purischkewitsch ging an die Front.

Der Zar weilte im Armeehauptquartier in Mogiljow, ging nachmittags mit seinen Collies spazieren und sah sich abends die zwanzig Folgen der Serie *Die Straßen von New York* von Pathé an. Er sei zu schwach, um die Krise zu überleben, hieß es in Petrograd, die Macht hänge über ihm »wie ein Leichentuch«. Die bösesten Kommentare galten freilich der Zarin, von der Bevölkerung nur »die Deutsche« genannt. Sie lauschte abends einem rumänischen Kammerorchester oder starrte stumm und melancholisch ins Feuer. Jeden Tag und manchmal mehrmals am Tag legte sie in Briefen an den Zaren ihre simple politische Überzeugung dar; die Russen »lieben die Peitsche – das liegt in ihrer Natur –, die zärtliche Liebe und dann die eiserne Hand, die sie straft und führt«.

Anfang Februar 1917 war es bitterkalt, und die Straßen waren eisbedeckt. »Noch nie wurde soviel gelästert, gestritten und geklatscht«, berichteten die Agenten der Ochrana. Die besten Soldaten kämpften an der Front, die Garnison der Hauptstadt bestand aus Reservisten, traumatisierten Frontsoldaten und ärmlichen Kosaken. Am 14. Februar berichteten Polizeiagenten, dass sich erstmals Heeresoffiziere unter die Massen gemischt hätten, die auf dem Newski-Prospekt gegen den Krieg und die Regierung demonstrierten. »Hinter den weißen Säulen des Saales saß grinsend die Hoffnungslosigkeit«, beschrieb ein Konservativer die Stimmung in der Duma. »Und sie flüsterte: Warum? Wozu? Was macht das noch für einen Unterschied?«

Nahrungsmittel wurden gehamstert. Eine kleine Menge Kartoffeln, die vor dem Krieg 15 Kopeken gekostet hatte, war jetzt selbst für 1,20 Rubel nur noch schwer zu bekommen. Die Armen konnten sich kein Brennholz mehr leisten, bei Angehörigen der Mittelschicht lag die Zimmertemperatur nur noch knapp über dem Gefrierpunkt. Getreidezüge blieben wegen schweren Schneefalls stecken. Am Dienstag, dem 23. Februar, wurde der internationale Tag der Frau gefeiert. Die Frauen aus den Textilfabriken nutzten die Gelegenheit, auf die Straßen zu gehen und zu rufen: »Nieder mit dem Hunger! Brot für die Arbeiter!« Sie warfen Schneebälle an die Fenster der Maschinenfabriken und holten so die männlichen Arbeiter auf die Straße. Für Nikolai Suchanow, den radikalen Beamten, der zum großen Chronisten der Revolution werden und ihr dann zum Opfer fallen sollte, unterschieden sich die Unruhen nicht von unzähligen anderen, die er zuvor erlebt hatte – mit der einen Ausnahme, dass die Behörden diesmal unentschlossen schienen. Die »Pharaonen«, wie die Polizisten auf der Straße genannt wurden, blieben untätig. Ochrana-Agenten berichteten, auch *masterowye*, gelernte Handwerker, hätten sich den Streikenden angeschlossen. Die Agitatoren, die die Menge bearbeiteten, machten sich nicht mehr die Mühe, ihre Gesichter zu verstecken, indem sie die Mützen tief in die Stirn zogen, und die Truppen gingen nicht mit der üblichen Brutalität gegen die Menge vor. »Lasst ihr euch denn von einem alten Weib anführen?« rief ein Kosaken-Offizier einer Gruppe von Streikenden zu, die einer älteren Frau folgten. »Ich bin kein altes Weib«, erwiderte die Frau, »sondern die Schwester und Frau von Frontsoldaten!« Die Soldaten ließen die Gewehre sinken. Jemand schrie: »Kosaken, ihr seid unsere Brüder, ihr könnt uns nicht erschießen.« Die Reiter wandten die Pferde,

Für Zarin Alexandra war das alles nur ein Spiel ausgelassener Kinder. »Bei kaltem Wetter wären sie wahrscheinlich daheim geblieben«, sagte sie. In einem Brief an Nikolaus schrieb sie jedoch, sie hoffe, der junge, sozialistische Rechtsanwalt Alexandr Kerenski werde gehängt; Alexandra schrieb Kedrinski statt Kerenski. Kerenski hatte in der Duma gefordert, jemand müsse mit Nikolaus tun, was Brutus mit Cäsar getan habe. In der Schickeria wiederum sprach man lediglich über das Fest, das die Fürstin Radziwill am folgenden Sonntag geben würde.

Das Wetter blieb auch am nächsten Tag warm, und wieder strömten zahlreiche Demonstranten auf die Straßen. Mit den Kosaken stimmte etwas nicht; Beobachter registrierten, dass die Menge ihren alten Quälgeistern zujubelte. An einem der großen Boulevards erhielt eine Kosaken-Einheit den Befehl zum Angriff. Die Offiziere bahnten sich mit blutunterlaufenen Augen einen Weg durch die Menge, und die anderen Reiter folgten ihnen hintereinander durch die schmale Gasse. »Ein paar von ihnen lächelten, und einer blinzelte uns sogar zu«, erinnerte sich später ein Demonstrant. Die wenigen Bolschewiki, die in Petrograd anwesend waren, interpretierten die Situation falsch und glaubten, die Truppen würden mit dem Streik wie üblich bald kurzen Prozess machen.

Am Samstag, dem 25. Februar, gab es die ersten Toten. Wieder wurde demonstriert, und die Demonstranten stießen mit Offizieren zusammen, die nach einer Nacht bei den Zigeunern in die Kaserne zurückkehrten. Nur über wenigen Kaminen hingen Rauchfahnen, und alle Fabriken waren geschlossen. Die Polizei eröffnete das Feuer auf einen Mob, der einen Polizeioffizier mit einer eisernen Stange zusammenschlug, und feuerte eine Salve in eine Menge in der Nähe des Nikolajewski-Bahnhofs. Die Demonstranten flohen, und danach war der Schnee mit Stöcken, Hüten und Galoschen übersät. Auf dem Newski-Prospekt schoss eine berittene Einheit neun Leute nieder. Allmählich aber übernahm das Volk das Kommando, zwang die Offiziere, aus ihren Kutschen zu steigen, und befreite Festgenommene aus den Händen ihrer Bewacher. Die Polizisten machten sich unsichtbar und verbargen ihre Uniformen unter langen Militärmänteln. Politik spielte dabei kaum eine

Rolle. Es gab keine Anführer. »Was wollen die Leute?« hörte Nikolai Suchanow einen Zuschauer fragen. »Sie wollen Brot, Frieden mit den Deutschen und Freiheit für die Juden«, antwortete sein Begleiter. Suchanow fand, der Mann habe ins Schwarze getroffen.

Am Sonntag herrschte zunächst trügerische Ruhe, und die Kälte hatte etwas nachgelassen. Die Kirchen waren voll. Eine große Menschenmenge marschierte zum Newski-Prospekt und überquerte das Eis des Flusses, um den von Polizisten besetzten Brücken auszuweichen. Gegen ein Uhr stießen die Menschen in der Nähe des Moika-Kanals auf eine Infanterieeinheit. Die Truppen knieten nieder und feuerten zwei Salven in die Menge. Danach wurde überall in der Umgebung des Newski-Prospekts geschossen. Krankenwagen rasten den Boulevard entlang, und Studenten mit Rote-Kreuz-Armbinden und weißen Schürzen leisteten den Verwundeten Erste Hilfe. Auf dem Snamenskaja-Platz feuerte die Ausbildungseinheit des Wolhynischen Regiments auf Befehl ihres Kommandeurs Hauptmann Laschkewitsch mehrere Salven in die Menge und tötete etwa zwanzig Demonstranten. In einer nahe gelegenen Schule für junge adlige Damen sprach eine Lehrerin ein ungewohntes und aufregendes Wort aus: »Aufstand«.

Während die Demonstranten niedergemäht wurden, besuchte Alexandra das Grab Rasputins. »Ich glaube, es wird alles wieder gut«, schrieb sie um halb vier an den Zaren. »Die Sonne scheint so hell, und ich habe an seinem geliebten Grab tiefen Frieden und vollkommene Ruhe empfunden. Er starb, um uns zu retten.« Ein Ochrana-Agent war weniger optimistisch. Seinem Bericht zufolge hing die nächste Zukunft allein vom Verhalten der Armee ab: »Wenn sich die Truppen gegen die Regierung wenden, ist das Land nicht mehr zu retten.« Eine lange Schlange von Kutschen und hellen Lichtern zeigte an, dass das prunkvolle Fest der Fürstin Radziwill begonnen hatte. Das Regime hatte noch ein paar Stunden zu leben.

Die Soldaten des Wolhynischen Garderegiments, die auf Befehl Hauptmann Laschkewitschs Demonstranten niedergeschossen hatten, hielten am Sonntagabend eine Versammlung ab. Sie beschlossen, nicht mehr als »Henker« zu agieren und »sich dem Volk anzuschließen«. Um sieben Uhr morgens wurden Patronen ausgegeben, und die Einheit trat kampfbereit an. Als Laschkewitsch mit den Befehlen eintraf, wurde er mit Schreien wie »Genug des Blutvergießens!« und »Wir werden nicht mehr töten!« empfangen. Aus einem Kasernenfenster ertönte ein Schuss, und Laschkewitsch fiel tot um.

Wenn die Soldaten dem Erschießungskommando entgehen wollten, mussten sie dafür sorgen, dass sich der Aufstand schnell ausbreitete. Sie holten sich Gewehre aus den Waffenkammern des Bataillons und feuerten Schüsse in die Luft, die auch in der britischen Botschaft zu hören waren. Die anderen Offiziere schritten nicht dagegen ein. Oberst Wiskowski empfahl seinen Offizieren, nach Hause zu gehen, und befolgte dann seinen eigenen Rat.

Eine graue, ungeordnete Menge strömte unter provisorischen Transparenten aus der Kaserne. In diesem Stadtteil befanden sich die wichtigsten Einrichtungen der russischen Armee: die Artillerie- und Pionierschulen, die Stallungen der Kavallerie, Paradeplätze, die Garderegimenter und ihre Kapellen, Museen der Feldzüge gegen Napoleon und gegen die Türken und die Nikolaus-Militärakademie. Sergei Mstislawski, ein Offizier der Akademie, blickte über eine Wäscheleine mit gefrorenen Hemden und Uniformteilen auf die entfernten Gestalten, die am Eingang der Wolhynischen Kaserne ihre Waffen schwenkten. Gewehrläufe blitzten in der Sonne, Schüsse knallten, und fliehende Unteroffiziere und Offiziere suchten in der Akademie Zuflucht. Auch andere Flüchtlinge trafen ein. Sie berichteten, das Preobraschenski-Regiment, das von Peter dem Großen gegründete älteste Regiment Russlands, habe seinen Oberst erstochen.

Die Aufständischen stürmten in die Kaserne eines Pionierregiments und schrien: »Hurra, Genossen, holt eure Gewehre!« Andere riefen: »Und vergesst die Patronen nicht!« Die verschlossenen Türen der Lagerräume wurden aufgebrochen, ein Schuss knallte, und der Quartiermeister stürzte tot zu Boden. Die Pioniere marschierten zum Liteini-Prospekt, wo ihre Kapelle der jubenden Menge aufspielte. Die Gerichtsgebäude wurden in Brand gesteckt, die Tore des Hauptarsenals wurden eingeschlagen und sein Kommandant getötet. Tausende von erbeuteten

Revolvern wurden an die Menge verteilt. Jugendliche kamen aus Seitenstraßen gerannt und schossen mit ihren neuen Waffen auf Tauben und die Oberleitung der Straßenbahn.

Der Gouverneur der Stadt fragte den Polizeichef mit zitterndem Kinn nach einem Plan. Der bestehende Einsatzplan teilte die Stadt in Sektoren unter der Kontrolle bestimmter Truppeneinheiten ein, doch diese revoltierten jetzt ausnahmslos. Die Nachricht traf ein, dass eine Abteilung Panzerwagen, die eigentlich fahruntüchtig in einer Militärwerkstatt hätte stehen sollen, mit roten Fähnchen bestückt den Newski-Prospekt hinunterrumpelte. Der hochdekorierte Oberst A. Kutepow erhielt den Auftrag, einen Stoßtrupp zu organisieren. Er konnte sechs Kompanien Schützen, fünfzehn Maschinengewehre und anderthalb Schwadronen Kavallerie auftreiben. Kutepow sagte, er brauche mindestens eine Brigade. »Sie haben alles bekommen, was wir haben«, lautete die Antwort. Viele Offiziere hatten sich aus Angst vor ihren Soldaten oder aus Verachtung für die Regierung inzwischen »krank gemeldet« und waren nach Hause gegangen. Kutepow und seine Männer maschierten los, ein Öltropfen auf einem stürmischen Ozean.

Inzwischen forderten Zivilisten ein Regiment nach dem anderen auf, die Kaserne zu verlassen. »Genossen Soldaten!« riefen sie einem Bataillon des Moskauer Regiments zu, »kommt heraus und schließt euch dem Volk an!« Die Menge brach die Palisaden nieder. Der Kommandeur befahl seinen Truppen zu feuern und schoss mit seinem Revolver in die Luft. Er wurde niedergeschlagen und zu Tode getrampelt. Die Soldaten schossen auf ihre eigene Kaserne, während die Menge das Waffenarsenal stürmte und sich mit Gewehren und Patronen versorgte. Das Kresti-Gefängnis wurde gestürmt und 2400 Gefangene befreit. Weibliche Häftlinge verließen die Litworski-Festung in Häftlingskleidern und Pantoffeln. Polizisten wurden gelyncht, wenn ihre langen Mäntel und grauen Pelzmützen sie verrieten, Polizeiwachen gingen in Flammen auf. Andere potentielle Opfer des Mobs ergriffen die Flucht. Die Primaballerina und frühere Geliebte des Zaren, Mathilde Kschesinskaja, verließ ihr Jugenstil-Haus mit ihrem Foxterrier unter dem einen und einer Schatulle mit Juwelen unter dem anderen Arm.

Am Spätnachmittag, als der Rauch der brennenden Gerichte und Gefängnisse den Himmel verdunkelte, befanden sich nur noch wenige Stützpunkte in den Händen der Regierungstreuen. Der amerikanische Marineattaché berichtete, ein Kavallerieregiment sei abgezogen und habe die Stadt den Aufständischen überlassen. Auf einem Hausdach gegenüber der britischen Botschaft saß ein einsamer Maschinengewehrschütze der Polizei; das Maschinengewehrfeuer hörte abrupt auf, als er von Soldaten entdeckt und getötet wurde. Professionelle Diebe und Halbstarke feierten das Verschwinden der Polizei, indem sie in gestohlenen Autos durch die Stadt rasten, in die Luft schossen und dann anhielten, um in bürgerliche Wohnungen einzubrechen. Fünf Minuten von der Botschaft entfernt dinierte Gräfin Kleinmichel mit Fürst und Fürstin Kurakin. Der erste Gang war gerade serviert worden, als die Bediensteten ins Speisezimmer stürmten und mit dem Ruf »Fliehen Sie!« das Essen unterbrachen. »Banditen« waren in das Haus eingedrungen, hatten zwei Türsteher verwundet und befanden sich auf dem Weg zum Speisezimmer. Die Gräfin führte ihre Gäste nach draußen, und sie fanden im Haus gegenüber Zuflucht. Von dort beobachteten sie gebannt, wie eine Gruppe Soldaten und Matrosen sich Speisen auf silbernen Tellern auftragen und Wein aus dem Keller der Gräfin kredenzen ließen.

Alexandr Kerenski wurde am Montagmorgen um acht von seiner Frau Olga geweckt. Er war sechsunddreißig, Duma-Abgeordneter und ein »sprachgewaltiger, ehrgeiziger Rechtsanwalt«, der seine große Stunde gekommen sah. Geboren in Simbirsk, war er als Jugendlicher in St. Petersburg in radikale politische Aktivitäten verwickelt gewesen; er hatte jedoch nichts für modische Strömungen wie Terrorismus oder Marxismus übrig, sondern war »überzeugter Humanist und in jeder Hinsicht russisch orientiert«. Nach dem Examen hatte er ein Anwaltsbüro in der Stadt eröffnet, Arbeiter über ihre Rechte beraten und sie unentgeltlich vor Gericht vertreten. 1904 heiratete er Olga Baranowskaja, die Tochter eines Armeeoffiziers – seine eigene Mutter war eine Generalstochter. Während der Revolution von 1905 gründete er eine sozialistische Zeitung und saß vier Monate im Kresti-Gefängnis, weil der Revolver eines Freundes in seiner Wohnung gefunden worden war.

Kerenski war darüber froh: »Das Stigma der bürokratischen Abstammung wurde unter der Gefängnisdusche abgewaschen. Jetzt gehörte ich in radikalen und sozialistischen Kreisen dazu.«

Im Jahr 1912 wurden 170 streikende Arbeiter der sibirischen Goldwäschereien von Soldaten erschossen. Das Massaker löste in ganz Russland einen Sturm der Empörung aus, und Kerenski wurde landesweit bekannt, als man ihn in die Untersuchungskommission berief. Einige Monate später wurde er in die Duma gewählt. Für die gewichtigen Männer im Rauchersalon war er ein winselndes »Hündchen«, denn seine Reden waren gefühlsbetont, sein ganzer Körper zitterte dabei, »und der Schweiß lief ihm die blassen Wangen hinab«. Auf der Zuschauertribüne aber wurde er verehrt. Er war einer der ganz wenigen Abgeordneten, die gegen antisemitische Ausschreitungen protestierten. Der Krieg war für die Juden eine Katastrophe. Tausende und Abertausende flohen aus den Kampfgebieten und zogen durch den Schnee »wie Vieh, von Kosaken-Einheiten getrieben«. Kein Tag, schrieb der französische Botschafter, an dem nicht ein Jude gehängt werde, weil man ihn fälschlicherweise als Spion beschuldigt habe – »dabei kämpfen 240 000 jüdische Soldaten in der russischen Armee, und sie kämpfen gut.« Kerenski reiste persönlich nach Kuschi, einer kleinen Frontstadt in der Nähe von Kowno, in der Juden gelyncht wurden, weil sie angeblich deutsche Soldaten in ihren Kellern versteckt hielten, die in der Nacht Überraschungsangriffe auf die russischen Truppen verübten. Kerenski hatte die Keller aufgesucht und bewiesen, dass der Vorwurf Unsinn war.

An jenem Morgen eilte er durch die aufständische Stadt zum Taurischen Palast, in dem die Duma zusammentrat. Um ein Uhr mittags versammelte sich vor dem Palast eine riesige Menge von Soldaten und Arbeitern, die rote Stofffetzen an den Mänteln trugen. Kerenski begrüßte sie. Er wirkte zugleich entschlossen und gerührt, so dass ein Zuschauer flüsterte: »Er ist ihr *woschd,* ihr Führer.« Bis zum Nachmittag hatten sich

Alexandr Kerenski war ein 36jähriger, auf schwierige politische Fälle spezialisierter Rechtsanwalt, als die Revolution ihn an die Spitze des russischen Staates spülte. Er amtierte zunächst als Kriegsminister, dann als Ministerpräsident der Provisorischen Regierung.

zwei verschiedene Komitees gebildet, die in zwei verschiedenen Flügeln des Palastes tagten. In dem einen dominierten die gemäßigt bürgerlichen Mitglieder der Duma; es sollte sich zur Provisorischen Regierung entwickeln. Das andere war der erste Petrograder Sowjet seit 1905. Kerenski gehörte beiden an. Der Sowjet wählte ein ständiges Exekutivkomitee aller sozialistischen Gruppen; die Bolschewiki stellten darin zwei von vierzehn Mitgliedern. Außerdem wurde beschlossen, eine eigene Tageszeitung zu gründen, die *Iswestija*.

Am Montagabend um 20 Uhr wurde der Zar durch ein Telegramm informiert, dass nur noch wenige Truppen loyal seien. Der Belagerungszustand wurde ausgerufen, aber die Plakate, die ihn verkündeten, wurden mangels Leim auf Gitter gespießt und vom Wind davongetragen. Die Soldaten von Kutepows Stoßtrupp verschwanden in der Menge, er selbst ging zu Fuß nach Hause und befahl, die Haustür abzuschließen. Doch auch die Aufständischen hielten ihre Lage für verzweifelt. Sie fürchteten, loyale Truppen würden von der Front geschickt, um den Aufstand niederzuschlagen. Die Verteidiger des Taurischen Palastes, des Zentrums der Revolution, hatten außer vier funktionsuntüchtigen Maschinengewehren keine schweren Waffen. Ein Freiwilliger, der losgeschickt wurde, um Schmiermittel für die Maschinengewehre zu kaufen, kehrte mit leeren Händen zurück, weil er die Ladenbesitzer so spät nachts nicht hatte wecken wollen. Es gelang den Aufständischen jedoch, den verlassenen Marienpalast zu besetzen. Großfürst Michail seinerseits befahl, die regierungstreuen Truppen abzuziehen, die den Winterpalast besetzt hielten. Er wollte nicht, dass aus dem Palast noch einmal auf das Volk gefeuert würde; das Massaker von 1905 sollte sich nicht wiederholen. Also wurden die Soldaten aus ihren Feldbetten geholt und heimlich in die Kasernen zurückgeführt. Im Taurischen Palast schliefen erschöpfte Politiker in Pelzmäntel gehüllt auf Lehnstühlen und Bänken. Kerenski lag auf einem kleinen Sofa unter seinem Gehrock; er schlief mit offenem Mund und schnarchte leise. Zwei Soldaten schnitten Repins berühmtes Porträt des Zaren, das an der Stirnseite des Plenarsaals prangte, mit einem Bajonett aus dem Rahmen. Der Aufstand hatte gesiegt, so schnell und umfassend wie kein Aufstand zuvor.

Am Dienstag beherrschten die Aufständischen die Stadt. Lastwagen, die auf Grund der aufgepflanzten Bajonette der Soldaten »wie riesige Igel« aussahen, patrouillierten durch die Straßen, während die Paläste von Plünderern verwüstet wurden. Der französische Botschafter Maurice Paléologue sah, wie einer der großen Äthiopier des Zaren sich ohne Uniform und mit Tränen in den Augen entfernte. Der Botschafter ahnte, dass er das Ende einer Ära erlebte, die mit Katharina der Großen begonnen hatte. Nikolaus verbrachte den Tag im Zug auf dem Weg zum Alexander-Palais in Zarskoe Selo, wo die Zarin ihn erwartete. Kurz nach Mitternacht, etwa 150 Kilometer vor der Hauptstadt, machte der Zug plötzlich kehrt, da der nächste Bahnhof von Aufständischen besetzt war. In den frühen Morgenstunden des 1. März 1917 floh ein Romanow nach 303jähriger Herrschaft der Dynastie vor dem eigenen Volk. Der Zug hielt schließlich im Bahnhof von Pskow. Dort unterzeichnete Nikolaus am Donnerstag, dem 2. März, spätabends im seidendrapierten Salonwagen des Zuges die Abdankungsurkunde. Er verwendete dazu einen Bleistift.

Offiziell hatte es 1224 Todesopfer gegeben, nicht mehr, als der Krieg in einigen wenigen Stunden forderte. Diese Zahl schloss die Toten der Baltischen Flotte mit ein, deren Matrosen zahlreiche Offiziere und Unteroffiziere ermordeten und über Bord in Löcher warfen, die sie in das Eis des zugefrorenen Hafens geschlagen hatten. Die Amerikaner begrüßten die Revolution als »würdige und ruhmvolle Nachfolgerin« ihrer eigenen Revolution. Der amerikanischen Botschafter David Francis, ein Bankier aus St. Louis mit einer Leidenschaft für Poker, sah in ihr die Verwirklichung eines amerikanischen Traums – »einer Regierung, die das Einverständnis der Regierten hat«. Tatsächlich gab es in Petrograd jedoch zwei Regierungen, die Provisorische Regierung, die von den mittelständischen Duma-Abgeordneten beherrscht wurde, und den Sowjet der Arbeiter- und Soldatendeputierten. Die beiden Regierungen repräsentierten verschiedene Klassen und sehr unterschiedliche politische Ziele. Der Sowjet wollte den Achtstundentag, Landverteilung an die Bauern, eine Armee mit gewählten Offizieren und die Beendigung des Krieges. Die Provisorische Regierung wollte den Krieg fortsetzen und die sozialen Veränderungen auf ein Minimum beschränken. Der erste Regierungschef des revolutionären Russland war Georgi Lwow, ein Fürst und Großgrundbesitzer mit dem Aussehen eines Landarztes.

Flaggengeschmückte »Spezialzüge der Revolution« brachten verbannte Politiker aus Sibirien nach Moskau und Petrograd zurück, wo ihnen ein triumphaler Empfang bereitet wurde. Ein Bankenkonsortium beschaffte eine halbe Million Rubel für den Unterhalt von Exterroristen, von denen viele das Bankensystem vernichten wollten. Der Kapitalismus hieß die Revolution willkommen: Londoner Börsenmakler rieten ihren Kunden zum Kauf von Öl- und Goldaktien, der *Economist* notierte den steigenden Kurs der russischen Staatsanleihen.

Lenin erfuhr von der Revolution in seiner Wohnung in Zürich, einer elenden Behausung, deren Fenster nur nachts geöffnet werden konnten, wenn in der benachbarten Wurstfabrik nicht gearbeitet wurde. Er wollte die Nachricht zunächst nicht glauben, hatte er doch erst kürzlich in einer Versammlung verkündet, er rechne nicht mit dem Ausbruch einer Revolution zu seinen Lebzeiten. Jetzt war sie ausgebrochen, und seine Bolschewiki hatten dabei praktisch keine Rolle gespielt. Die Partei war unwichtig und von Spitzeln durchsetzt, und Lenin, ihr Führer, verbrachte seine Zeit damit, dass er erbitterte Richtungskämpfe mit anderen Sozialisten austrug und sie mit der für ihn charakteristischen Aggressivität als Abschaum, Brandblasen und Eiterherde bezeichnete. Für die Deutschen war Lenin freilich wichtig, denn er war gegen den Krieg. Wenn sie ihn nach Petrograd schickten, würde er dazu beitragen, die russischen Kriegsanstrengungen zu unterminieren. Lenin hatte wilde Pläne geschmiedet, wie er, als taubstummer Schwede getarnt, im Flugzeug nach Russland zurückkehren könnte. Die Deutschen ermöglichten ihm eine bequemere Heimreise – mit der Eisenbahn. »Mit einem Gefühl der Scheu«, schrieb Winston Churchill über Lenins deutsche Zahlmeister, »ließen sie diese grausamste aller Waffen auf Russland los. Sie transportierten Lenin wie einen Pestbazillus in einem plombierten Waggon nach Russland.« Lenin traf am 3. April spät in der Nacht auf dem Finnischen Bahnhof in Petrograd ein und hielt dort eine Rede, die einer der Anwesenden als »blendend helles, exotisches Leuchtfeuer«

bezeichnete. In drei Sätzen fasste Lenin die Anliegen der Bolschewiki und die wachsende Verachtung für die Provisorische Regierung zusammen: »Das Volk braucht Frieden. Das Volk braucht Brot und Land. Und sie geben euch Krieg, Hunger, nichts zu essen, und das Land gehört weiterhin den Großgrundbesitzern.«

Im Mai kehrte auch Trotzki zurück. Er war für seine Rolle in der Revolution von 1905 lebenslang nach Sibirien verbannt worden, hatte jedoch in einem Rentierschlitten über die arktische Taiga fliehen können, geführt von einem Syrjänen, der so betrunken war, dass Trotzki ihn nur mit Fußtritten wach halten konnte und indem er ihm die Pelzmütze wegnahm. Auf der Flucht machte sich Trotzki Notizen über die Tierwelt der Taiga und die Sitten und Bräuche der Einheimischen, die rohen Fisch aßen. Nach einer Woche erreichte er den Endbahnhof einer Eisenbahnlinie und gelangte sicher nach Paris. Als der Krieg ausbrach, wurde er nach Spanien deportiert, und kurz nach der Ermordung Rasputins reiste er nach New York weiter. »Es ist dunkel«, schrieb er dort. »Kälte, Wind, Regen. An Land ein nasser Berg von Häusern. Die neue Welt!« Er lebte in einer Wohnung an der 164th Street in der Bronx, für die er achtzehn Dollar im Monat bezahlte und deren Möbel noch nicht abbezahlt waren, als ihn die Nachricht von der Revolution erreichte. Trotzki verließ New York mit Bedauern, denn er empfand die Stadt als »reinste Verkörperung unserer neuen Zeit«.

Der Krieg ging weiter, »eine große Pumpe, die das Land aussaugt«. Alexandr Kerenski war Anfang Mai Kriegsminister geworden und warb auf Massenversammlungen für verstärkte Kriegsanstrengungen. Die Zuhörer beteten ihn an, und Frauen warfen ihm in »hysterischer Begeisterung« ihren Schmuck vor die Füße. Der britische Diplomat und Geheimagent Bruce Lockart hielt ihn später für den größten Redner, den er je gehört hatte – Hitler eingeschlossen. Aus Kerenskis Sommeroffensive freilich wurde Ende Juni eine Katastrophe. Ganze Regimenter lösten sich auf, Tausende von Deserteuren fluteten von der Front zurück und töteten alle Offiziere, die versuchten, sie aufzuhalten. Im Hinterland waren die Züge so überladen mit Deserteuren, dass die Achsen unter dem Gewicht zu glühen begannen. Die Bahnhöfe, in denen es von Uni-

formierten wimmelte, glichen »offenen Bienenstöcken voller graubrauner Bienen« und stanken wie riesige Latrinen. Die Mechaniker einer Bomberstaffel machten die Flugzeuge durch Sabotage flugunfähig, weil sie nicht wollten, dass die Piloten die Deutschen provozierten.

Das Fiasko an der Front verleitete die Bolschewiki dazu, im so genannten Juliputsch verfrüht loszuschlagen. Ein mit bolschewistischen Agitatoren durchsetztes Regiment von Maschinengewehrschützen marschierte durch die Stadt und forderte, die Provisorische Regierung zu stürzen und Kerenski zu hängen. Ein Mob schloss sich ihnen an, dessen »wahnsinnige, dumpfe, tierische Gesichter« die Petrograder Bürger in Angst und Schrecken versetzten. Regierungstreue Regimenter wurden in die Stadt beordert, und der Aufstand wurde niedergeschlagen. Der Presse wurden Informationen über deutsche Zahlungen an die Bolschewiki zugespielt, und Lenin geriet als Agent Berlins in die Schlagzeilen. Er ergriff die Flucht und entkam über die Grenze nach Finnland. Trotzki wurde verhaftet und wieder ins Kresti-Gefängnis eingeliefert.

Am 21. Juli trat Lwow zurück, und Kerenski bildete eine neue Regierung, die sich mit Außenpolitik und einer Verfassungsreform befasste, während Russland zunehmend zerfiel. Nahrungsmittel waren knapp, aber Papiergeld gab es im Überfluss. 476 Millionen Rubel wurden im April, eine Milliarde im Juli in Umlauf gebracht. Die Inflation stieg auf 1000 Prozent. Die Druckereien der Regierung gingen dazu über, das Geld in Bögen zu produzieren, aus denen man die Scheine selbst mit der Schere ausschneiden musste. In den Fabriken »kommen die Männer betrunken zur Arbeit, und auf Versammlungen ergreifen sie betrunken das Wort... Sie trinken mit Methylalkohol versetzten Spiritus, Lack

Leo Trotzki in Uniform und mit dem charakteristischen Kneifer salutiert auf einer Feier anlässlich des Putsches im Oktober. Lenin steht links hinter ihm. Trotzki war die treibende Kraft des Staatsstreichs; dank seiner Energie und Redegewandtheit verlief der Aufstand erfolgreich, und unter seiner gewandten Feder verwandelte er sich in den heroischen Mythos vom Roten Oktober. In Wirklichkeit merkten die gleichgültigen Massen nur hin und wieder an einem Panzerwagen, dass die Regierung gestürzt wurde.

und andere Ersatzstoffe.« In der Provinz Tambow vertrieb der Mob Fürst Boris Wjasemski von seinem Gut und plünderte es. Auf dem Bahnhof erkannten ihn dann Deserteure. Sie durchbohrten ihn mit Bajonetten und schnitten ihm den Kopf ab.

Die Macht, schrieb Suchanow, »hing in der Luft«. Kerenski besaß zwar die Insignien der Macht – er fuhr mit dem kaiserlichen Zug, wohnte in der kaiserlichen Suite im Winterpalast und schlief mit seiner Geliebten im Bett Alexanders III. –, aber seine Macht hatte keine Substanz. Sein Oberbefehlshaber General Lawr Kornilow, ein drahtiger Kosak, inszenierte Anfang September mit einer Division von Kaukasiern einen wirren Rechtsputsch gegen die Regierung. Doch die Division erreichte Petrograd nicht; die Züge mit den Truppen wurden aufgehalten, und Agitatoren bearbeiteten die Soldaten, als sie aus den stehenden Waggons kamen. Die »Konterrevolution« brach zusammen; Kornilow wurde unter Hausarrest gestellt, und der General, der die Truppen geführt hatte, erschoss sich.

Die Bolschewiki waren durch die stümperhafte Aktion des reaktionären Kosaken rehabilitiert, Kerenski war isoliert. Die Offiziere hatten nach Kornilows Konterrevolution jede Kontrolle über ihre Männer verloren. Als die junge amerikanische Korrespondentin Louise Bryant im Hafen von Wyborg eintraf, hörte sie Soldaten auf dem benachbarten Bahnsteig herumschreien. »Sie haben ihre Offiziere in den Kanal geworfen«, telegrafierte Bryant an den *Philadelphia Public Ledger.* »Soeben sind sie damit fertig. Sie haben fünfzig Offiziere getötet, und ich habe sie schreien hören.« Weiter hinten wurden zwei junge Offiziere vom Zug in eine Schlucht gestürzt; sie »fielen wie Puppen hinunter«. Die Offiziere hatten sich als Soldaten verkleidet, aber die »bourgeoisen« Haarbürsten in ihrem Gepäck hatten sie verraten. An der Front verbrüderten sich die Truppen mit den Deutschen, die ihnen Tabak und Wein gaben. Russland löste sich auf. Nationalistische Bewegungen gewannen in der Ukraine, in Finnland und in den baltischen Staaten an Einfluss. Kosaken, Baschkiren, Sibirer und Burjäten erklärten sich für unabhängig. Überall rührte sich der Rassenhass. Die Juden sahen sich vom »blutbefleckten Gespenst des Mittelalters« bedroht. »Die unheilvolle Stimmung wächst«, berichtete der Korrespondent der *Russkie Wedomosti* in Bessarabien. »Man hört immer öfter, die Juden seien für alles verantwortlich.«

Kerenski griff zu Branntwein und Morphium. »Er ist hysterisch«, sagte sein Sekretär zu Louise Bryant. »Er weint viel, und er ist schrecklich allein. Ich meine, er kann sich auf niemanden verlassen.« Es hatte immer noch keine Wahlen für die Konstituierende Nationalversammlung gegeben, für das seit Mai versprochene Parlament; mehr als ein Vorparlament war nicht zustande gekommen.

Der Rote Oktober

Eisiger Regen ließ die Straßen, die von den städtischen Straßenkehrern nicht mehr gereinigt wurden, in Schlamm und Schneematsch versinken. Straßenbahnen fuhren nur noch gelegentlich. Ein feuchtkalter Wind wehte vom Finnischen Meerbusen herüber, aber in den Geschäften gab es keine warmen Kleider zu kaufen; die Schaufenster waren mit Blumen, Korsetts, Hundehalsbändern und Perücken gefüllt, bourgeoisen Objekten, nach denen keine Nachfrage bestand. Die Warteschlangen für Brot, Zucker und Tabak formierten sich schon ab vier Uhr morgens. Am 26. September ernannte Kerenski ein neues Kabinett. Es war seit der Revolution das vierte Kabinett der Provisorischen Regierung, die dritte Koalition und die siebte größere Regierungsumbildung. Reval, das letzte Bollwerk zwischen der deutschen Armee und Petrograd, wurde am 3. Oktober von den Russen evakuiert, und täglich stellte sich aufs Neue die Frage, wann die Regierung Petrograd selbst evakuieren würde. Lastkähne wurden mit den Schätzen der Eremitage und Säcken voller Akten aus den Ministerien beladen. Einer sank. »*Nitschewo*«, sagten Soldaten, die zusahen, »egal.« Täglich lauschten Hunderttausende »hungriger, müder und zorniger Menschen« der bolschewistischen Propaganda. Suchanow fasste deren einfachen Inhalt zusammen: »Die Reichen haben von allem viel, die Armen nichts. Alles wird den Armen gehören.« Dass das Lügen waren, machte nichts. »Schließlich«, schrieb der junge Dichter Boris Pasternak, »brauchten die Menschen keine Königreiche, sondern Brot, Salz und Paraffin.«

Trotzki, der »berühmte Führer der Banditen und Halbstarken«, verursachte im Vorparlament einen Tumult, als er Regierung und Bourgeoisie anklagte, die Revolution »durch die knochige Hand des Hungers« erwürgen zu wollen. Er warf ihnen vor, heimlich die Übergabe der Stadt zu planen, ein Vorwurf, mit dem er den Zorn des rechten Flügels und Zwischenrufe über plombierte Eisenbahnwagons auf sich zog. Nach der Rede zog er mit den Bolschewiki aus dem Vorparlament aus. Suchanow hatte das Gefühl, dass die Bolschewiki jetzt »gegen die gesamte alte Welt die Waffen erhoben«; im »verwüsteten, verwilderten, kleinbürgerlichen und wirtschaftlich zerrütteten« Russland versuche diese Partei, einen nie dagewesenen proletarischen Staat und eine neue Gesellschaft aufzubauen. Die Bolschewiki hatten die »gemeinsame Front der Demokraten für immer beendet«; ein Bürgerkrieg würde die unvermeidliche Folge sein. Blutdurst und Klassenhass griffen um sich. Herrenhäuser brannten, und Vertreter des alten Regimes fielen dem Mob zum Opfer.

Täuschung war die unverzichtbare Voraussetzung der bolschewistischen Machtübernahme, und Trotzki setzte sie genial in die Tat um. Das Land wollte nicht die Herrschaft einer einzigen Partei. Ein Aufstand im Namen des Sowjets dagegen war, wie Trotzki genau wusste, etwas ganz anderes. »Während wir also auf der ganzen Linie vorrückten«, sagte er später, »gaben wir unserem Verhalten einen defensiven Anstrich.« Diese Strategie war mit einem ordentlich gewählten Allrussischen Sowjetkongress freilich nicht durchführbar, denn die Bolschewiki hatten nicht die geringste Chance, bei den landesweiten Sowjetwahlen eine Mehrheit zu erzielen. In der Folge wurde der Kongress, als er am 25. Oktober zusammentrat, von den Bolschewiki auf zynische und illegale Weise majorisiert.

Der Beschluss, den Putsch zu wagen, fiel am 10. Oktober. Lenin war, möglicherweise als Zugführer verkleidet, in die Stadt zurückgekehrt. Um zehn Uhr abends durchquerte er sie auf dem Weg zum ersten Treffen des Zentralkomitees, das er seit drei Monaten besuchte. Es fand in

Suchanows schöner kleiner Wohnung in einem Jugendstil-Gebäude in der Karpowka statt. Zwölf Mitglieder des Zentralkomitees, getarnt mit Perücken, Schminke und falschen Bärten, nahmen an der Sitzung teil. Die Provisorische Regierung versäumte es, die Leute festzunehmen, die ihren Sturz planten – die bereits bekannten Verschwörer Trotzki, Sinowjew, Kamenew, Kollontai und Lenin, aber auch den späteren Leiter der Geheimpolizei, Felix Dserschinski, den späteren Zarenmörder Jakow Swerdlow und den späteren Massenmörder Josef Stalin, deren Namen erst später ins Bewusstsein der Menschheit dringen sollten. Lenin trug eine graue Perücke. Er hatte sie bei einem Perückenmacher in Helsingfors anfertigen lassen, der früher für das Marientheater gearbeitet hatte und sonst Adlige bediente. Lenin hatte ihn verwirrt, als er auf einem grauen Modell bestand, denn die adligen Kunden wollten meist jünger aussehen. Der Revolutionär trug außerdem eine Brille und hatte sich den Bart abrasiert. Sinowjew, dessen Markenzeichen sein Haarschopf war, hatte sich die Haare abgeschnitten und einen falschen Bart angeklebt. Gegen drei Uhr früh notierte Lenin in einem karierten Schulheft mit einem Bleistiftstummel folgenden Beschluss: Indem das Zentralkomitee feststellt, »dass der bewaffnete Aufstand unvermeidlich und nun herangereift ist, trägt es allen Parteiorganisationen auf, ihn vorzubereiten«. Danach fielen die erschöpften Verschwörer über ein Frühstück aus Schwarzbrot und Käse her, bevor sie sich zerstreuten und den Beschluss weitergaben.

Nicht nur die Agitatoren der Partei wussten von der Verschwörung, auch die Zeitungen »schrien die Nachricht hinaus«. Das Kabinett war, als es am 16. Oktober zusammentrat, freilich nicht sonderlich beunruhigt. Man nahm an, der Putsch werde nicht stattfinden, da er jedes Überraschungselement verloren hatte. Lenin war von der strapaziösen Nachtsitzung der Verschwörer erschöpft. Auf dem Heimweg zu seinem Versteck in der Nähe des Finnischen Bahnhofs verlor er seine Perücke, und sie musste mit Wasser und Seife gereinigt werden. Alles ging ihm auf die Nerven. In Suchanows Augen waren Lenins Ideen – Zerschlagung des Kreditsystems, Übernahme der Banken, gleicher Lohn für alle, Fabrikarbeiter in der Regierung – »im Vergleich zu der Vielzahl der Aufgaben so wenige und den meisten Bolschewiki so unbekannt, dass man sagen könnte, sie seien völlig irrelevant«. Maxim Gorki nannte die Putschisten schlicht »verrückte Fanatiker«.

Am 22. Oktober benachrichtigte der Kommissar für die Westfront Kerenski telegrafisch, dass »uns nichts anderes übrig bleibt, als aufzugeben. Die Auflösung ist vollständig.« Die Zeitung *Russkie Wedomosti* entschuldigte sich bei ihren Lesern, dass sie nur einen Bruchteil der Nachrichten über Aufstände und Pogrome abdrucken könne, die jeden Tag hereinkämen. Die Lage in Charkow, Tambow und Ostrog bot »ein trostloses Bild des Mordens und Plünderns, der Brandstiftung und Ausschweifung«. Der Mob suchte nach Äxten und Brechstangen, um Schnapslager aufzubrechen. Der Spekulation verdächtigte Grundbesitzer und Geschäftsinhaber wurden mit Knüppeln erschlagen, und »die Juden erwartet das gleiche Schicksal, nur weil sie Juden sind«.

In Petrograd konnte man für viel Geld alles bekommen. Die zehnminütige Taxifahrt von der französischen Botschaft zum Hotel Europa kostete zwanzigmal soviel wie vor dem Krieg. Soldaten wurden stundenweise angestellt, um für andere Schlange zu stehen, und sie verkauften ihre Schokoladenrationen für zwölf Rubel das Pfund. Felix Jusupow, der aus seinem kurzen Exil im Süden nach Petrograd zurückgekehrt war, war vom gesellschaftlichen Leben sehr angetan und gab in seinem Palast erneut Feste. Der Sänger Tschaljapin und die Ballerina Karsawina traten in einem neuen Ballett im Marientheater auf. Man nahm an, dass ein bolschewistischer Putsch zum Scheitern verurteilt war. »Ich hoffe nur, sie wagen es«, sagte Kerenski zum britischen Botschafter. »Dann werde ich sie niederschlagen.« Für den Fall eine Putsches wurden keine ernsthaften Vorbereitungen getroffen.

Am 24. Oktober um fünf Uhr früh zerstörten Militärkadetten im Auftrag Kerenskis die Druckplatten bolschewistischer Zeitungen und versiegelten deren Büros. »Kerenski geht in die Offensive«, jubilierte Trotzki. Jetzt konnte er die Regierung der Konterrevolution beschuldigen. Seine Maxime war: »Auch wenn man einen Aufstand nur in der Offensive gewinnen kann, gelingt er besser, wenn er nach Notwehr aussieht.« Einige Stunden später wurden die Büros von bolschewistischen

Soldaten wieder besetzt. Die Platten wurden neu gegossen, die Zeitungen erschienen mit vier Stunden Verspätung. Kerenski forderte von der Front Verstärkung an, hoffte jedoch, dass er sie nicht brauchen würde. Er verfügte über 2000 Offiziersanwärter, 200 weibliche Soldaten und 134 Polizeioffiziere. Trotzki befand sich im Smolnyj-Institut, dem Hauptquartier der Bolschewiki und des Sowjets. Am Nachmittag erschienen Abgesandte des Bürgermeisters und erkundigten sich, ob der Aufstand nun stattfinde. Trotzki versicherte ihnen, er finde statt, auch wenn sie davon nichts merkten. In der Stadt glaubte man nicht mehr an einen Putsch. Elegante Gestalten im Abendkleid nahmen im Alexandertheater Platz, um sich Alexei Konstantinowitsch Tolstois Stück *Der Tod Iwan des Grausamen* anzusehen. Die Operngänger lauschten im Marientheater Tschaljapin in *Boris Godunow*. Im Restaurant de Paris fand nur noch einen Platz, wer einen Tisch reserviert hatte. Auch Kinos, Bars und Nachtclubs waren voll.

Lenin ging in seinem Versteck unruhig auf und ab. Um sechs Uhr abends schrieb er auf einen Zettel: »Jetzt hängt alles an einem Haar ... Wir müssen, koste es, was es wolle, noch an diesem Abend, in dieser Nacht, die Minister verhaften.« Kurz nach zehn machte er sich auf den Weg ins Smolnyj-Institut. Er trug seine Perücke und eine große Brille, hatte jedoch in der Aufregung vergessen, sich zu schminken. Also verband er sein Gesicht mit einem Taschentuch, als ob er Zahnweh hätte. Einen Teil des Weges legte er mit der Straßenbahn zurück; kurz vor Mitternacht traf er im Smolnyj ein. Die Wachen ließen ihn zunächst nicht passieren, weil sein Pass abgelaufen war. Sozialistische Gegner erkannten ihn problemlos. »Sie haben uns erkannt, die Schufte«, sagte Lenin niedergeschlagen. Die Stimmung im Smolnyj war alles andere als revolutionär, die Gesichter waren »müde, stumpf, ja deprimiert«.

Kleine Gruppen bolschewistischer Soldaten verließen am Mittwoch, dem 25. Oktober, in den frühen Morgenstunden die Kasernen. Sichtbar erleichtert, dass sie auf keinen Widerstand stießen, besetzten sie die Newa-Brücken, das Haupttelegrafenamt, die Postämter, die Bahnhöfe, die Zentralbank und die Kraftwerke. Kämpfen mussten sie nirgends – »sie umstellten ihre Ziele höchstens«, bemerkte ein Zuschauer. Es fiel kein einziger Schuss. Als Kerenski erwachte, war sein Telefon tot und die Brücke zum Winterpalast von Bolschewiki besetzt. Er beschloss, die Stadt zu verlassen und an der Front regierungstreue Truppen zur Niederschlagung des Putsches zu mobilisieren. Doch der Fuhrpark der Regierung war nicht funktionstüchtig; Bolschewiki hatten in der Nacht die Zündverteiler ausgebaut. Ein Fähnrich wurde losgeschickt, um ein funktionierendes Auto zu requirieren. In der britischen Botschaft wurde er abgewiesen. Auch Wladimir Nabokow, der Kabinettssekretär, der gerade sein morgendliches Bad nahm, lehnte ab. Die Amerikaner erwiesen sich als großzügiger: Sheldon Whitehouse, ein Angestellter der Botschaft, lieh seinen Renault komplett mit Chauffeur aus. Whitehouse bekam die Versicherung, er werde den Wagen zurückbekommen, sobald Kerenski mit genügend Truppen von der Front zurückgekehrt sei – »innerhalb von fünf Tagen«. Beim Verlassen der Stadt verfuhr Kerenskis amerikanischer Chauffeur sich und musste nach dem Weg fragen. Der Wagen passierte bolschewistische Wachposten, die eigentlich das Stadtzentrum hätten absperren sollen. Kerenski, der auf dem Rücksitz des offenen Tourenwagens saß, wurde von Passanten erkannt und erhob sich, um sie zu grüßen. Am Stadtrand, berichtete er später, »kamen von allen Seiten Rote Garden auf den Wagen zugerannt, aber da waren wir schon durch.«

Minister trafen mit dem Taxi im Winterpalast ein, während Lenin im Smolnyj den Umsturz verkündete. Die Stadt ignorierte seine Behauptung. Staßenbahnen verkehrten, die Banken hatten geöffnet, und in den Fabriken wurde gearbeitet. Die Soldaten der Postenketten standen gelangweilt herum und rauchten. Suchanow empfand die Atmosphäre als »ziemlich frivol« und überhaupt nicht kriegsmäßig. Die Soldaten sahen aus, als würden sie beim ersten Schuss auseinander laufen – »aber es war niemand da, der geschossen hätte«. Um 14.25 Uhr sah sich Trotzki veranlasst, eine außerordentliche Sitzung des Petrograder Sowjets einzuberufen, damit die Deputierten nicht aus Langeweile das Smolnyj verließen. Er behauptete, dass die Regierung »aufgehört hat zu existieren«; dies sei von »ungeheuren Massen« bewerkstelligt worden, für die es in der Geschichte kein Beispiel gebe. Die Massen traten auf der

Die Verteidiger des Winterpalastes. Die Offiziersanwärter im Winterpalast und ein Frauenbataillon waren praktisch die einzigen loyalen Truppen, die der Provisorischen Regierung während des bolschewistischen Staatsstreichs am 25. Oktober 1917 noch zur Verfügung standen. Links unten ist der Lauf eines Maschinengewehrs zu sehen. In den Abendstunden drangen die Bolschewiki allmählich in das Gebäude ein. Es war mit seinen 1500 Räumen so groß, dass Verteidiger und Angreifer einander kaum zu Gesicht bekamen.

Straße freilich kaum in Erscheinung, während Trotzki sprach. Das einzige Anzeichen eines Aufstands waren einzelne Panzerwagen mit dem roten Emblem der Bolschewiki, die mit heulender Sirene durch die Straßen rasten.

Die »Belagerung« des Winterpalastes wurde so schlampig durchgeführt, dass die amerikanischen Journalisten Louise Bryant und John Reed am Nachmittag ungehindert in das Gebäude hineinspazieren konnten. Bedienstete des Palastes, die noch immer die blauen Uniformen der Zarenzeit trugen, nahmen ihnen die Mäntel ab, Militärkadetten führten sie bereitwillig herum. Auf Louise Bryant machten die Offiziersschüler den Eindruck »armer, verunsicherter, unglücklicher Jungen«, die in vornehmer Isolation aufgewachsen waren und jetzt »den Hof, den Zaren und alle Traditionen, an die sie glaubten«, verloren hatten. Auf dem Boden lagen Koffer und Matratzen, leere Weinflaschen und Zigarettenkippen. Viele Verteidiger waren betrunken. Zwei Motorradfahrer überbrachten ein Ultimatum, in dem die Bolschewiki androhten, das Feuer auf den Palast zu eröffnen, wenn er nicht bis 19.10 Uhr übergeben würde. Die Minister hofften noch immer, Kerenski werde mit Verstärkung zurückkehren, und ergaben sich nicht.

Der Putsch störte das Nachtleben der Stadt nicht. Die Minister im Winterpalast aßen Suppe, Fisch und Artischocken und befahlen dann, die Beleuchtung des Palastes abzuschalten. In der Verwirrung, die dadurch bei Verteidigern und Belagerern ausbrach, wurden vier Militärkadetten leicht verwundet, wahrscheinlich von ihren eigenen Leuten. Der bolschewistisch bemannte Kreuzer *Aurora*, der auf der Newa ankerte, sollte auf den Palast feuern, wenn auf der Peter-und-Paul-Festung ein rotes Licht aufleuchtete. Er hatte allerdings nur Übungsmunition an Bord, weil er gerade erst zu Reparaturarbeiten in der Werft gewesen war. Die Garnison der Festung konnte keine rote Lampe finden, aber gegen 21.40 Uhr stieg endlich eine rötliche Leuchtrakete auf, und die Geschütztürme der *Aurora* eröffneten das Feuer. Die Kadetten antworteten mit Maschinengewehren, bis sie merkten, dass ihnen trotz allen Rauchs und Lärms keine Granaten um die Ohren flogen.

Das kerenskitreue Frauenbataillon erklärte, seine Aufgabe sei es, an der Front gegen die Deutschen zu kämpfen, und verließ den Palast. Gegen elf Uhr abends wurden die 150-Millimeter-Kanonen der Peter-und-Paul-Festung mit scharfer Munition zweimal auf den Palast abgefeuert. Die eine Granate verfehlte den Palast mit seinen 1500 Räumen um einige hundert Meter, die andere traf, richtete jedoch kaum Schaden an. Wenige Minuten später feuerten die 75-Millimeter-Kanonen der Festung zwanzig Schüsse ab. Die meisten Granaten fielen in den Fluss; nur ein Treffer wurde registriert; er durchschlug eine Dachleiste.

Um zwei Uhr nachts wurde Justizminister Maljantowitsch von einem

Freund angerufen, der sich nach seinem Befinden erkundigte. »Nicht schlecht«, antwortete der Minister, »ich bin guter Dinge.« Er sank auf seinen Diwan zurück, um zu schlafen, wurde jedoch wenig später von Lärm geweckt, der lauter wurde und näher kam. Ein kleiner Mann mit langen roten Haaren und breitkrempigem Künstlerhut fegte herein, gefolgt von einem bewaffneten Mob, der den Raum »füllte wie Wasser«. Der Mann rief mit schriller Stimme: »Mitglieder der Provisorischen Regierung, ich teile euch hiermit mit, dass ihr alle verhaftet seid. Ich bin Antonow-Owseenko, Vertreter des Militärrevolutionären Komitees.« Petrograd war in der Hand der Bolschewiki.

4

Rot gegen Weiß

In der Woche nach dem Putsch festigten die Bolschewiki zunächst ihre Herrschaft über Petrograd und dann über Moskau; zugleich forderten sie die russischen Armeen offiziell auf, sich mit den Deutschen zu verbrüdern. Die Gegner der Bolschewiki, unter ihnen der aus dem Gefängnis entlassene Kornilow, zogen sich nach Süden in die Täler des Don und des Kuban zurück. Die ersten Einheiten der konterrevolutionären Freiwilligenarmee der Weißen hielten am 26. November 1917 in Nowotscherkassk eine Parade ab. Am 2. Dezember nahmen die Freiwilligen in der ersten größeren Militäraktion des Bürgerkriegs nach heftigen Straßenkämpfen Rostow ein.

Die Rekrutierung der Weißen erfolgte zunächst informell. Als Sergei Obolenski, der eine kleine Gruppe Freiwilliger in Jalta befehligte, einem vornehm gekleideten Freund mit Filzhut, dunklem Anzug, hohen Stiefeln, Handschuhen und elegantem Spazierstock begegnete, drängte er ihn, sich den Weißen anzuschließen, und der Freund tat es, »mit Spazierstock und allem«. Die Roten rekrutierten Matrosen der Schwarzmeerflotte und Sträflinge aus den Gefängnissen von Jalta. Beide Seiten hatten Schwierigkeiten, einander zu identifizieren, denn zu diesem Zeit-

Organisator des Terrors: Felix Dserschinski war der Chef der Geheimpolizei Tscheka. »Mein Denken veranlasst mich, mitleidlos zu sein«, schrieb er an seine Frau. Seine Agenten nahmen ihn beim Wort. In Woronesch rollten sie ihre Opfer in einem Fass herum, in das sie Nägel geschlagen hatten. Schuld oder Unschuld spielten keine Rolle. »Wir wollen keine Gerechtigkeit, wir wollen abrechnen«, sagte Dserschinski. Für ihn konnten »nur Heilige oder Schurken« Tschekisten sein; wenige waren Heilige.

punkt trugen Weiße wie Rote noch die alten zaristischen Uniformen oder Zivil.

Die Roten entsandten große Matroseneinheiten aus Kronstadt und von der Baltischen Flotte in den Süden, um die Weißen zu bekämpfen. Felix Jusupow bekam auf seinem Gut auf der Krim Besuch von Matrosen, die ein Transparent mit der Parole »Tod der Bourgeoisie« trugen. Als die Matrosen entdeckten, dass sie es mit Rasputins Mörder zu tun hatten, gratulierten sie Jusupow und baten ihn, für sie zu singen und Gitarre zu spielen. Jusupow hatte Glück. In der Regel gingen die Roten mit dem Klassenfeind weniger zimperlich um. Als sie Jalta einnahmen, warfen sie 50 gefangene Weiße von der Mole, die in die Bucht hinausragte. Sie hatten den Gefangenen Steine an die Füße gebunden. Die *burschui,* die Bourgeois, lernten, ihre Hände in Alkohol zu tauchen, bis die Haut rissig wurde, und anschließend Dreck in die Risse zu reiben; denn es kam vor, dass die Bolschewiki an ihren Kontrollpunkten Passanten erschossen, nur weil sie weiche, glatte Hände hatten. Die Weißen waren nicht weniger grausam. Ein Offizier, der feststellte, dass ein Gefangener Obolenskis gestohlenen Mantel trug – erkenntlich am eingenähten englischen Etikett –, erschoss den Gefangenen an Ort und Stelle.

Die Rote Armee wurde formal durch eine Dekret gegründet, das Lenin am 28. Januar 1918 unterzeichnete. Die Luftwaffe der Roten ging aus dem russischen Fliegerclub von Petrograd hervor; Elektriker der Straßenbahn wurden für sie als Mechaniker eingezogen. Trotzki wurde im März Volkskommissar für Militärische Angelegenheiten. Zusammen mit Dserschinskis Tscheka war der Machtapparat der Bolschewiki damit komplett. Trotzki widmete sich seiner Aufgabe, »die Revolution zu bewaffnen«, in einem schäbigen Zimmer mit einem Schreibtisch und einigen billigen Stühlen im obersten Stockwerk des Smolnyj. Das Zimmer war »wie das Atelier eines armen Künstlers« durch Stellwände vom Rest des Raumes abgetrennt. Trotzki musste seine Armee völlig neu aufbauen. Da sich nur wenige ehemalige Offiziere freiwillig den Roten anschlossen, wurden sie von Trotzki als *wojenspezy,* als Militärspezialisten, zwangsrekrutiert. Am Ende zählte die

Rote Armee über 40 000 dieser bourgeoisen Offiziere in ihren Reihen, mehr als die Bolschewiki aus ihrem eigenen Anhang von Bauern und Arbeitern hatten rekrutieren können; dazu kamen 250 000 ehemals zaristische Unteroffiziere. Viele hielten die *wojenspezy* für nicht vertrauenswürdige Klassenfeinde. Um sie ideologisch zu überwachen und zu bespitzeln, berief man politische Kommissare; Trotzki nannte dieses Überwachungssystem »eisernes Korsett«. Jedem Berufsoffizier bis hinunter zum Kompanieführer war ein politischer Kommissar beigeordnet; kein Befehl war gültig, solange er nicht von ihm gegengezeichnet wurde. Ein Kommissar konnte einen Offizier schon beim Verdacht auf Hochverrat erschießen lassen. Offiziere trugen keine Rangabzeichen und bekleideten keinen offiziellen Rang. Strenge Disziplin und die Todesstrafe machten den Soldaten jedoch schnell klar, dass die lockeren Zeiten, in denen Soldatenräte die Einheiten geführt und die Mannschaften ihre Offiziere gewählt hatten, vorbei waren.

Im Sommer 1918 waren nur noch die Kernlande des europäischen Russland, ein Gebiet, das in etwa dem mittelalterlichen Großfürstentum Moskau entsprach, fest in bolschewistischer Hand. Die Deutschen hatten die baltischen Staaten überrannt und halfen dem Nationalisten Gustav Mannerheim, die Bolschewiki in Finnland zu schlagen. General Kornilow war im Kubangebiet bei Jekaterinburg von einer Granate getötet worden. Den Befehl über Kornilows Freiwillige hatte General Anton Denikin übernommen. Gruppen von Weißen gründeten provisorische Regierungen in Sibirien, wo die antikommunistische tschechische Legion ihr Unwesen trieb. Sie zählte 40 000 Mann und hatte ehemalige Kriegsgefangene und Deserteure in ihren Reihen, die an der österreichischen Front gefangen genommen, aber wieder freigelassen und bewaffnet worden waren, um für einen von Österreich unabhängigen tschechischen Staat zu kämpfen. Trotzki hatte ihnen erlaubt, mit der Transsibirischen Eisenbahn und über den Pazifik nach Frankreich zu fahren, um von dort gegen die Deutschen, Österreichs Verbündete, zu kämpfen. Die Deutschen protestierten natürlich dagegen. Als ein lokaler Sowjet im Mai 1918 eine Gruppe tschechischer Soldaten festnahm, die in Tscheljabinsk im Ural an Schlägereien teilgenommen hatte, schlugen die

Beziehungen zwischen Tschechen und Bolschewiki in offene Feindschaft um. Die Tschechen besetzten einen Teil der Eisenbahnlinie und verbündeten sich mit den weißen Truppen Admiral Koltschaks, eines früheren Befehlshabers der Schwarzmeerflotte. Auch die westlichen Alliierten halfen den Weißen in der Hoffnung, so wieder eine russische Front gegen die Deutschen herstellen zu können. Britische, französische, amerikanische und japanische Truppen landeten in russischen Randgebieten, im Norden bei Archangelsk, im Osten bei Wladiwostok und im Süden an der Schwarzmeerküste und im Kaukasus.

Die Tschechen waren deshalb ein Furcht erregender Gegner der schlecht organisierten Einheiten der Roten, und bei den Weißen gab es Bataillone, die nur aus kampferprobten Offizieren bestanden und in denen ehemalige Obristen als Zugführer und adlige Militärkadetten als Fähnriche dienten. Die Roten waren inzwischen an ihren fünfzackigen Sternen und den Schirmmützen erkenntlich, die Trotzki bei einem Wettbewerb aus verschiedenen Entwürfen ausgewählt hatte, die Weißen durch ihre Epauletten. Innerhalb von zwei Monaten hatten die tschechische Legion und ihre weißen Verbündeten fast die gesamte Transsibirische Eisenbahn unter ihre Kontrolle gebracht.

Ihr Erfolg bedeutete das Todesurteil für Zar Nikolaus und seine Familie. Die Bolschewiki hatten sie im April in sicheren Gewahrsam nach Jekaterinburg gebracht, eine Stadt auf der Ostseite des Urals, 1500 Kilometer östlich von Moskau. Die Partei wollte den Weißen »kein Banner hinterlassen, das sie vor sich hertragen können«, und ermordete deshalb jeden Romanow, dessen sie habhaft werden konnte. Großfürst Michail war in der Nacht des 12. Juni das erste Opfer dieser Politik geworden. Er und sein englischer Sekretär wurden von Agenten der Tscheka aus dem Hotel in Perm geholt, in dem sie interniert waren, und in einem nahe gelegenen Wald umgebracht.

Mitte Juni standen die Tschechen vor Jekaterinburg. Am 17. Juli um 2.30 Uhr morgens wurde die kaiserliche Familie, die von der Tscheka im Haus eines Kaufmanns interniert worden war, geweckt – angeblich, um sie vor den anrückenden Tschechen in Sicherheit zu bringen. Nikolaus und Alexandra, ihr kranker Sohn und ihre vier Töchter, ferner drei

Bedienstete, der Arzt der Familie und Anastasias Spaniel König Karl wurden ins Kellergeschoss geführt, wo sie auf Motorfahrzeuge warten sollten. Draußen fuhr ein Lastwagen vor; der laufende Motor übertönte die Schüsse und Schreie, als die Zarenfamilie von einem Exekutionskommando der Tscheka erschossen und bajonettiert wurde. Da die Frauen Juwelen in ihre Kleider eingenäht hatten, prallten einige Kugeln ab, weshalb die Hinrichtung wahrscheinlich mehrere Minuten dauerte. Anschließend wurden die Leichen zerstückelt und in den Schacht eines Bergwerks geworfen. Später fanden die Tschekisten den Schacht nicht mehr tief genug, um die Tat zu verbergen; sie kehrten zurück, um die Leichen zu einen anderen Schacht zu transportieren, aber ihr Lastwagen blieb im Schlamm stecken. Also tränkten sie die Leichen mit Schwefelsäure und warfen sie in ein flaches Grab. Als die Toten 1993 exhumiert und durch einen DNS-Test identifiziert wurden, fehlten die Leichen des Zarewitsch und Anastasias. Jekaterinburg fiel acht Tage nach den Morden.

Am selben Tag, an dem der ehemalige Zar starb, wurden 150 Kilometer entfernt in Alapajewsk weitere Mitglieder der Familie Romanow von der Tscheka festgenommen. Großfürstin Elisabeth, Großfürst Sergei Michailowitsch und die drei Söhne von Großfürst Konstantin wurden zusammengeschlagen und lebendigen Leibes in einen Minenschacht geworfen. Im Januar 1919 wurden vier weitere Großfürsten in der Peter-und-Pauls-Festung exekutiert. Maxim Gorki setzte sich für Nikolai Michailowitsch ein, einen Liberalen und angesehenen Historiker, doch Lenin entgegnete ihm: »Die Revolution braucht keine Historiker.« Karl I. von England und Ludwig XVI. von Frankreich waren vor ihrer Hinrichtung von Gerichten verurteilt worden. Die Romanows starben mit ihren Kindern und Haustieren wie Verbrecher in einem Bandenkrieg.

Am 6. August 1918 mussten die Roten Kasan räumen; zwischen den Weißen und Moskau lag jetzt nur noch offenes Land. Trotzki dampfte mit seinem gepanzerten Zug in die Schlacht. In den folgenden drei Jahren sollte er fast 100 000 Kilometer zurücklegen, während seine Armeen auf fünf Millionen Mann anschwollen. Der Zug war mit Maschinengewehren und leichten Geschützen bestückt und verfügte über eine Druckerpresse und ein Funkgerät, um Kontakt mit Moskau zu halten, ferner über einen Schlafwagen, Pferdeboxen, Munitionswagen und einen Plattformwagen, auf dem Trotzkis Dienstwagen, ein Rolls-Royce, transportiert wurde. Für Trotzki war der Zug das Mittel, mit dem er die bolschewistischen Amateure in echte Soldaten verwandeln wollte. »Wir brauchten gute Anführer, ein paar Dutzend erfahrene Kämpfer, etwa ein Dutzend zu jedem Opfer bereite Kommunisten, Stiefel für die Barfüßigen, ein Badehaus, eine energische Propagandakampagne, Nahrung, Unterwäsche, Tabak und Streichhölzer«, schrieb Trotzki. »Im Zug war das alles vorhanden.« Der Zug erreichte Swjaschsk, eine kleine Stadt am Westufer der Wolga gegenüber von Kasan. Rote Soldaten strömten vom Fluss nach Westen, ungekämmt, mit dreckigen Gewehren und Uniformen und mit mordlustigem Blick auf ihre Befehlshaber. Trotzki, mit seinem schwarzen Haarschopf, einem schwarzen Ledermantel und dem blitzenden Kneifer eine dramatische Erscheinung, trat vor sie und brüllte: »Ich spreche folgende Warnung aus: Wenn eine Abteilung ohne Befehl den Rückzug antritt, wird als erster der Kommissar und als zweiter ihr Befehlshaber erschossen.« Dann wurden die beiden Führer eines Regiments erschossen, das die Front verlassen hatte, außerdem Kommissar, Befehlshaber und jeder zehnte Soldat einer Einheit, die versucht hatte, sich auf einem Flussdampfer davonzumachen. Aber Trotzki setzte nicht nur auf die Peitsche, er hatte auch große Mengen Tabak und eine Blaskapelle dabei, um die Moral zu heben. Die durch das Wolgatal streifenden Truppen der Roten wurden zu »Armeen« zusammengefasst, die allerdings ihre Sollstärke nicht erreichten und schlecht ausgerüstet waren. Den Befehl über die Erste Armee bekam Michail Tuchatschewski, ein 25jähriger Aristokrat und früherer Gardeoffizier, dem im vorangegangenen Oktober beim sechsten Versuch die Flucht aus einem deutschen Kriegsgefangenenlager gelungen war. Mitte August ging Trotzki zum Angriff über. Er hatte so wenig Soldaten, dass auch seine in Lederjacken gekleideten Leibwächter an die Front mussten; doch mit Hilfe der Kronstädter Matrosen stürmten die Roten am 10. September Kasan, und zwei Tage später nahm Tuchatschewski Simbirsk ein.

Der Terror, dem die Romanows zum Opfer gefallen waren, wurde im September auf alle Gegner ausgedehnt, nachdem die junge Sozialrevolutionärin Dora Kaplan Lenin in Brust und Hals geschossen hatte. »Ich hatte schon lange vor, Lenin zu töten«, sagte sie vor ihrer Hinrichtung. »In meinen Augen hat er die Revolution verraten. Ich war für die Konstituierende Nationalversammlung, und das bin ich immer noch.« Dora Kaplan errang einen Teilerfolg: Lenin wurde nach dem Attentat nie wieder richtig gesund. Ihr Angriff aber lieferte den Vorwand für den roten Terror. In dem Dekret, das ihn am 5. September 1918 proklamierte, hieß es, jeder, der etwas mit den Weißen zu tun habe, werde erschossen. Beweise für die Schuld eines Verdächtigen waren unnötig. »Wir führen keinen Krieg gegen Einzelpersonen«, erklärte ein Kommandeur der Tscheka seinen Männern. »Wir rotten die Bourgeoisie als Klasse aus.« Dieser Vorgabe folgend, hatte ein Tscheka-Kommando unter dem späteren sowjetischen Ministerpräsidenten Nikolai Alexandrowitsch Bulganin in Jaroslawl bereits 57 Menschen erschossen.

Der Terror war allgegenwärtig, denn angesichts der unzähligen Vorschriften hatte, wie Pasternak es in *Doktor Schiwago* formulierte, »jeder Grund, sich an allem schuldig zu fühlen und sich für einen Betrüger und heimlichen Verbrecher zu halten ... Menschen verleumdeten und beschuldigten sich selbst, nicht nur aus Angst, sondern ganz freiwillig, einem morbiden, zerstörerischen Trieb folgend.« Im »dumpfen, finsteren, hungrigen Moskau« war der illegale Schwarzmarkt mit seinen *meschotschniki,* den »Sackträgern«, eine Lebensnotwendigkeit. Männer und Frauen der alten Oberschicht boten dort künstliche Blumen, schwarze Abendkleider und die Uniformen von Beamten an, deren Ämter abgeschafft waren. Einfachere Leute hatten nützlichere Dinge zu bieten: »raue, altbackene Krusten rationierten Schwarzbrots, Zucker in feuchten, schmutzigen Stücken und nach Unzen abgepackten groben Tabak«. Eine Fleckfieberepidemie dezimierte die hungernde Bevölkerung. Im Herbst verrottete das Getreide auf Millionen Hektar Ackerland ungeerntet, und das Land wurde von einer Mäuseplage heimgesucht. Die Industrieproduktion kollabierte durch die erzwungene Verstaatlichung und die Vorschriften, die »mit der Zeit immer lebloser, sinnloser und unerfüllbarer« wurden.

Was den Krieg betraf, sah es besser aus. Deutsche und Österreicher zogen sich nach dem Waffenstillstand an der Westfront aus Russland und der Ukraine zurück und verkauften ihre Gewehre für eine Mark und ihre Geschütze für hundertfünfzig Mark das Stück an die Roten. Die Alliierten dagegen unterstützten weiterhin die Weißen. »Nachdem ich all die Tiger und Löwen geschlagen habe«, sagte Winston Churchill, »will ich nicht von Pavianen besiegt werden.« Trotzkis Ansehen war nach dem Sieg von Kasan enorm gestiegen, zum Unwillen jener Roten, die weiter südlich an der Wolga die Stadt Zarizyn hielten. Ihr Befehlshaber Woroschilow und sein Kommissar Stalin hatten zwar einen Angriff der Weißen abgewehrt, aber Trotzki war davon nicht beeindruckt gewesen und hatte Stalin nach Moskau zurückbeordert. Diese Demütigung blieb unvergessen. Trotzki und zahllose »Trotzkisten« sollten einer der schlimmsten Hasskampagnen in der Geschichte der Sowjetunion zum Opfer fallen; Zarizyn wurde später in Stalingrad umbenannt.

Das Jahr 1919 brachte die Entscheidung. Die Weißen begannen vier Offensiven: von Süden aus unter den Generälen Denikin und Wrangel, von Sibirien aus unter Admiral Koltschak, von Estland aus unter General Judenitsch und von Archangelsk aus mit den britisch verstärkten Truppen von General Miller. Die Offensiven waren jedoch schlecht koordiniert, so dass Trotzki Zeit hatte, mit der Eisenbahn Truppen von einer Front an die andere zu verlegen. Außerdem waren die Verbindungswege der Roten kürzer, seit sie auf ihr Kernland zurückgedrängt waren, während die Weißen ihre Kräfte verzettelten. Die Kämpfe waren grausam, Desertion und Verrat alltäglich. Bei Charkow nagelten die Roten gefangenen Offizieren die Epauletten auf die Schultern. Der General der Weißen, Peter Wrangel, erschoss 300 von 3000 Roten, die er bei Sewastopol gefangen genommen hatte, um die Überlebenden zum Überlaufen zu bewegen.

Unabhängige Banden von Plünderern, so genannte »Grüne«, verwüsteten Landstriche, in denen weder Weiße noch Rote das Sagen hatten; einen »Kometen mit einem schmutzigen Schweif von Raub und Vergewaltigung« nannte Trotzki eine dieser Banden, die aus Donkosaken bestand. Anarchisten unter dem Ukrainer Nestor Machno gelobten, sowohl die »reichen Bourgeois als auch die bolschewistischen Kommissare auszurotten«. Regimenter und Städte wechselten die Seiten, Kiew über zehnmal. Verschiedene Regierungen der Weißen druckten eigenes Geld; Georgien, die Ukraine, die baltischen Staaten, Aserbaidschan und Armenien erklärten ihre Unabhängigkeit.

Trotzki hielt Koltschaks Vormarsch von Sibirien für die größte Bedrohung. Er schlug sein Quartier an der Front auf und kehrte nur einmal nach Moskau zurück; dort begab er sich direkt vom Zug in voller Uniform zum Gründungskongress der Kommunistischen Internationale und absolvierte einen kurzen, aber spektakulären Auftritt. Die Komintern, Instrument der weltweiten Ausbreitung des Kommunismus, wirkte auf der Moskauer Bühne freilich weit bedrohlicher, als sie in Wirklichkeit war.

Zur Zeit des Kongresses waren die Weißen an allen Fronten auf dem Vormarsch. Bis Spätfrühling aber hatte Koltschak seine Truppen zu sehr zersplittert, und die Roten hatten in einer Umfassungsbewegung die Pässe des Urals genommen. Sie befestigten ihre Stellungen mit Gräben, die sie von in Zügen herangeschafften Zwangsarbeitern ausheben ließen.

Koltschak zog sich, von Tuchatschewski verfolgt, nach Sibirien zurück. »Zwanzig- bis dreißigtausend entschlossene, erfahrene und gutbewaffnete Europäer hätten ohne größere Schwierigkeiten und Verluste entlang einer großen Bahnlinie schnell nach Moskau vordringen können«, klagte Churchill. Das stimmte zweifellos, aber Koltschaks Truppen waren durch Typhus, Hunger und mangelnde Motivation geschwächt.

Trotzki konnte sich nun dem Süden zuwenden. Die Briten reagierten, indem sie einen Bomber mit britischer Besatzung losschickten, der Trotzki auf einem Treffen in Zarizyn töten sollte. Doch der Volkskommissar kam an jenem Tag nicht in die Stadt. Am 30. Juni nahm Wrangel, unterstützt von britischen Tanks und Panzerwagen, das künftige Stalingrad und feierte seinen Sieg mit einem Te Deum in der Kathedrale, die die Roten als Vorratslager benutzt hatten. Am 13. Oktober zermalmte Denikin Trotzkis »barfüßige, nackte, hungrige, von Läusen geplagte Armee« vor Orel und eroberte die Stadt. Die Weißen standen keine 300 Kilometer vor Moskau.

Auch Petrograd kamen sie gefährlich nahe. Obwohl die Briten der Sowjetregierung nicht offiziell den Krieg erklärt hatten, waren sie laut Churchill entschlossen, den jungen bolschewistischen Staat »gleich nach der Geburt zu erwürgen«. Torpedoboote der Royal Navy versenkten den roten Kreuzer *Oleg* in der Ostsee, und sie versenkten, von den Bomben britischer Flugzeuge gedeckt, zwei Schlachtschiffe und einen Zerstörer in der Marinebasis Kronstadt, die den Zugang zu Petrograd schützte. Zwei Festungen gingen zu den Weißen über; Josef Stalin, der ranghöchste Bolschewik in der Stadt, ließ 67 Offiziere der Kronstädter Garnison hinrichten, um ein Exempel zu statuieren.

Auf einer Sitzung des Politbüros am 15. Oktober schlug Lenin vor, Petrograd zu räumen und die verbleibenden Kräfte um Moskau zu konzentrieren. Auch die Möglichkeit eines Rückzugs aus Moskau in den Ural wurde erwogen. Trotzki vertrat die Ansicht, man dürfe Petrograd, »die Wiege der Revolution«, nicht aufgeben. Als er am folgenden Tag mit seinem Zug nach Petrograd aufbrach, marschierten die Weißen bereits durch die lange, mit gelben Blättern übersäte Allee im Schlosspark von Gattschina rund 30 Kilometer südwestlich der Stadt. Am 20. Oktober gerieten die Verteidiger in Panik, als sie Judenitschs britische Panzer durch die Vorstädte rattern hörten. Die Weißen konnten bereits die ganze Stadt überblicken, sie sahen sogar, wie »Züge den Nikolaus-Bahnhof verließen und, weiße Dampfwolken hinter sich herziehend, durch die braune Landschaft auf Moskau zurollten«. Trotzki gab die Parole aus: »Das schöne rote Petrograd bleibt, was es war: die Fackel der Revolution.« Seine Männer kämpften mit einer Tapferkeit, die Judenitsch als »heroischen Wahnsinn« bezeichnete, die ihn aber binnen dreier Tage zum Rückzug über Gattschina zwang.

Auch im Süden mussten die Weißen zum Rückzug blasen. Anfang November wurde Kursk von den Roten genommen. Denikin zog sich Richtung Schwarzes Meer zurück; er hatte eine militärische und eine moralische Niederlage erlitten. In Gebieten unter der Kontrolle der Weißen fanden Judenpogrome statt. »Die Seele faulte in einer Atmosphäre des Hasses«, schrieb Denikin. »Der Hass zerstörte den Geist der Truppe, vernebelte die Gehirne und zerstörte die Disziplin.« Wrangel berichtete, seine Truppen hätten zwar noch Proviant der Alliierten und Brot der Kosaken gehabt, aber »die moralischen Grundlagen waren bereits zerstört«.

Die Briten gaben Koltschak auf. Premierminister Lloyd George sagte, dem Antibolschewismus in Russland stehe ein »langer und blutiger Kampf« bevor, an dem die Alliierten sich nicht mehr beteiligen sollten. Koltschak verließ Omsk mit seiner Geliebten und den russischen Goldreserven am 14. November. Er fuhr mit der Transsibirischen Eisenbahn nach Osten, kam jedoch nur langsam voran, da die Gleise immer wieder durch defekte Lokomotiven und Plattformwagen mit tschechischer Beute blockiert waren. Zwischen Weißen und Tschechen kam es wegen der Pumpen, in denen Wasser aufgetaut werden musste, bevor es in die Lokomotiven gefüllt wurde, zu Feuergefechten. Auf dem *trakt,* der holprigen Straße entlang der Bahnlinie, schleppten sich Flüchtlinge und Soldaten dahin, deren Reihen durch Fleckfieber und Kälte stark gelichtet wurden. Am 15. Januar 1920 war Koltschak erst in Irkutsk, und die Roten hatten ihn eingeholt. Sie gewährten den Tschechen freien Abzug nach Osten, und diese lieferten dafür Koltschak, seine Geliebte, seine Stabsoffiziere und das verbliebene Gold aus. Am folgenden Tag, als die Züge der Tschechen in Richtung Wladiwostok fuhren, hoben die Alliierten die Blockade Sowjetrusslands auf. In den frühen Morgenstunden des 7. Februar wurde Koltschak aus dem Gefängnis geholt und am Ufer der Angara im Scheinwerferlicht eines Lastwagens erschossen. Seine Leiche wurde durch ein Loch im Eis versenkt.

Zwölf Tage später brach die Front der Weißen bei Archangelsk zusammen, und General Miller verließ die Stadt auf einem Eisbrecher. Die Weißen in Murmansk flohen nach Finnland. Im Süden fiel am 7. Februar Odessa, und die Weißen wurden von Schiffen der Alliierten evakuiert. Im Kubangebiet hatte sich Denikin nach Noworossisk zurückgezogen; er hoffte, über das Meer auf die Krim zu entkommen.

Seine Kosaken erschossen ihre Pferde und verspeisten sie, während sie auf Schiffe der Royal Navy warteten. Der Hafen lag bereits unter Beschuss, als Soldaten versuchten, die überladenen Schiffe der Evakuierungsflotte schwimmend zu erreichen; sie wurden mit Gewehrkolben zurückgestoßen oder ertranken. Offiziere, die am Ufer zurückgeblieben waren, erschossen sich. 50 000 Mann entkamen auf die Krim. Noworossisk fiel am 27. März, und die Roten machten 22 000 Gefangene.

Die Überreste von Denikins Armee kämpften auf der Krim unter Wrangel, dem »schwarzen Baron« der bolschewistischen Agitprop, weiter. Wrangel schöpfte neue Hoffnung, als die unabhängig gewordenen Polen die Bolschewiki angriffen, wie ein Sturmwind durch die Ukraine fegten und am 7. Mai Kiew eroberten. Trotzki warf einen Großteil der Roten Armee nach Westen, wo sie unter Tuchatschewski die Polen zurückdrängte. Am 14. August standen die Roten knapp 25 Kilometer vor Warschau, und ausländische Diplomaten wurden aus der Stadt evakuiert. Doch dann fielen polnische Truppen Tuchatschewski in die Flanke, und die drei Armeen der Roten lösten sich in Panik auf. Der polnische Staatschef Jósef Pilsudski, der einst nach Sibirien verbannt worden war, trieb die Roten im September bis Minsk zurück, dann handelte er einen Waffenstillstand aus. Die Russen warteten bis 1939, um Rache zu nehmen.

Die gesamte Rote Armee wurde nun gegen Wrangel geworfen. Die Weißen, die sich die Hemden gegen die Kälte der Steppe mit Stroh und Moos ausstopften, zogen sich auf die Krim und die Landenge von Perekop zurück. Der Angriff begann am dritten Jahrestag des »Roten Oktober«. Obwohl die Maschinengewehre der Weißen einen schrecklichen Tribut forderten, gelang den Roten über die gefrorenen Marschen der Durchbruch auf die Krim. Eine Viertelmillion weiße Soldaten und Flüchtlinge entkamen per Schiff nach Istanbul, und am Abend des 4. November 1920 bestieg auch General Wrangel ein Motorboot, um an Bord eines Kreuzers zu gehen, der den Namen des toten Generals Kornilow trug.

Die Flucht ins Exil dauerte an, bis 1926 jede Emigration verboten wurde. Wie viele Millionen flohen, ist nicht bekannt, doch in Sowjetrussland drohte vielen Menschen Gefahr – Priestern, Grundbesitzern, Richtern, Polizisten, Beamten, Bankiers, Fabrikbesitzern, Offizieren, Börsenmaklern, Ladenbesitzern, Getreidehändlern, Ölbaronen, Bergwerkseigentümern und »Spekulanten«, ferner all denen, die als Bourgeois verdächtigt wurden, den Gegnern der bolschewistischen Politik und denen, die für die Weißen gekämpft hatten, ob als Adlige oder als Bauern.

Viele entkamen uber den Hafen von Odessa, bevor er den Roten in die Hände fiel, und gelangten nach Jugoslawien. Andere schlugen sich durch die baltischen Staaten nach Deutschland durch, wo das »russische Berlin« zur vitalen Hauptstadt der Emigranten wurde. Bei einer Inflation von einer Million Prozent konnten dort alle die Russen billig leben, die Gold oder Juwelen hatten mitnehmen können. Das erste Werk des emigrierten Schriftstellers Wladimir Nabokow wurde in Berlin veröffentlicht; sein Vater wurde in derselben Stadt von einem rechtsradikalen ehemaligen russischen Offizier ermordet. Als 1924 die Reichsmark eingeführt wurde, stiegen die Lebenshaltungskosten stark an; viele Russen gingen deshalb nach Paris, wo sie eine Generation von Taxifahrern und Künstlern stellten. »Die Praxis des Bolschewismus ist noch schlimmer als seine Theorien«, hatte der große Bass Fedor Tschaljapin nach seiner Flucht 1922 erklärt. »Inzwischen ist der Bolschewismus durchtränkt mit jener schrecklichen Intoleranz und Bigotterie, jener dumpfen Beschränktheit, die den russischen Spießer kennzeichnet.«

Eine geringere Zahl von Emigranten, darunter der junge Nabokow und der Flugzeugkonstrukteur Igor Sikorsky, gelangte schließlich nach Amerika und wurde berühmt. Auch Alexandr Kerenski und Sergei Rachmaninow sollten ihr Leben in den USA beschließen. Rachmaninow floh mit einem einzigen kleinen Koffer nach Schweden, der eine Partitur enthielt. Rote Zollbeamte, die nach Gold suchten, hielten die Manuskripte für Schulhefte und ließen ihn durch. Weiße aus Sibirien flohen in die Mandschurei; in der Eisenbahnstadt Harbin stieg der russische Bevölkerungsanteil drastisch. Die Flüchtlinge zogen nach China weiter, wo in Sinkiang große russische Kolonien entstanden, und schließlich nach Honkong, Nordamerika, Australien und Brasilien. Felix

Jusupow und überlebende Angehörige der Romanows entkamen an Bord britischer Kriegsschiffe, darunter die Zarinmutter Maria und ihre Töchter Xenia und Olga; Olga wohnte zuletzt über einem Friseur in Toronto und starb dort 1960. Auch Nikolaus' leiblicher Vetter Großfürst Cyril entkam; er erklärte sich in Frankreich zum »Zar aller Reußen« und residierte in einem bretonischen Dorf.

Kronstadt

Die Bolschewiki hatten wenig Grund zum Feiern; das Land lag in Trümmern. Die Inflation hatte dazu geführt, dass die Löhne in Naturalien ausbezahlt wurden. Banden von Waisenkindern machten die Straßen unsicher. Beute aus geplünderten Wohnungen wurde auf Diebesmärkten verkauft, darunter Bernsteinschmuck, Silberketten, Glas aus Bristol, Teppiche aus Buchara und Kameen. Auf dem Land beschlagnahmten »eiserne Abteilungen« von Bolschewiki Getreide sowie die Pferde und Karren, mit denen sie es in die Stadt transportierten. Im Wolgagebiet war 1919 ein Aufstand ausgebrochen. Auch in der Ukraine tobte ein Aufstand. Der Anarchist Nestor Machno hatte 40 000 Mann unter seiner schwarzen Fahne versammelt, mit denen er sich gegen die Roten wandte, nachdem die Weißen geflohen waren. Das Gouvernement Tambow wurde 1920 vom Antonow-Aufstand erfasst; die Aufständischen forderten die Wiedereinsetzung der Konstituierenden Nationalversammlung. Antonow hatte als ehemaliger Polizeichef ein Waffenlager angelegt und führte eine »grüne« Armee von 40 000 Mann gegen die Roten, die in den Augen der Bauern Russland zerstörten. Antonows Männer vergnügten sich damit, gefangene Bolschewiki und besonders Tschekisten zu foltern, indem sie sie bei lebendigem Leibe häuteten oder begruben, kreuzigten oder sie wilden Hunden zum Fraß vorwarfen. Sie zerstörten Bahngleise, um den Vormarsch der Roten aufzuhalten, und Lenin räumte ein, dass »wir gerade noch über die Runden kommen«. Er ernannte Antonow-Owseenko, den Eroberer des Winterpalastes, zum Volkskommissar für Aufstandsbekämpfung und schickte ihn aufs Land. Der neue Kommissar berichtete im Januar 1921, die Landbevölkerung sei am Verhungern und lebe von Eicheln und Brennnesseln.

Die Bauern glaubten 1917, ein langgehegter Traum habe sich erfüllt; sie hatten davon geträumt, »ohne Herren auf Land, das ihnen gehörte, von ihrer eigenen Hände Arbeit zu leben, in völliger Unabhängigkeit«, wie es Pasternaks Doktor Schiwago formuliert. Doch hatten sie erleben müssen, dass sie die alte Unterdrückung des Zarenregimes »nur gegen das neue, viel härtere Joch des revolutionären Superstaates« eingetauscht hatten. Die Bauern reagierten auf die Beschlagnahmung von Lebensmitteln, indem sie weniger anbauten, so dass 1921 nur noch knapp halb so viele Nahrungsmittel produziert wurden wie 1913.

Entlassene Soldaten der Roten Armee durchsuchten, mit Äxten, Knüppeln und Pistolen bewaffnet, das Land nach Nahrung und Beute; sie kampierten an Bahnlinien zwischen vermoderten, von wilden Erdbeeren überwachsenen Baumstümpfen. 1921 brach im Wolgagebiet eine Hungersnot aus; in diesem und dem folgenden Jahr sollten der Hunger und die ihn begleiteten Krankheiten Fleckfieber, Typhus, Ruhr und Cholera rund fünf Millionen Todesopfer fordern.

Auch die Städte waren in der Krise. Die Industrieproduktion war trotz der Arbeitsarmeen, die Trotzki geschaffen hatte, 1920 auf ein Fünftel des Vorkriegsniveaus gefallen. Im Transportwesen herrschten chaotische Zustände; Brücken waren im Bürgerkrieg gesprengt worden, Lokomotiven waren kaputt, weil man sie mit Holz statt mit Kohle gefahren hatte. Qualifizierte Metallarbeiter galten als verwöhnt, weil sie täglich 800 Gramm Schwarzbrot erhielten; die Norm betrug 200 Gramm. Städte wurden entvölkert, weil ihre Bewohner sie auf der Suche nach Nahrung verließen; verlassene Häuser wurden niedergerissen, um Brennholz zu gewinnen. Die Züge waren mit Familien auf der ziellosen Suche nach Nahrungsmitteln überfüllt. Hielt ein Zug an einer Station an, erhob sich in der draußen wartenden Menge ein Lärmen »so laut wie ein Sturm auf dem Meer«; die Leute rollten »wie Murmeln« die Böschung hinunter, sprangen auf die Puffer oder zogen sich durch die Fenster in den Zug. Zwischen dem Roten Oktober und dem Hochsommer 1920 halbierte sich die Moskauer Bevölkerung, in Petrograd ging sie sogar um zwei Drittel zurück: von 2,5 Millionen auf 750 000.

Schwere Unwetter hielten in den ersten Monaten des Jahres 1921 Güterzüge mit Nahrungsmitteln auf; die Nahrungsmittelrationen wurden um ein Drittel gekürzt. Kontrollpunkte wurden eingerichtet, um »Spekulanten« und »Sackträger« daran zu hindern, Nahrungsmittel in die Städte zu bringen und sie gegen goldene Ringe, Uhren und Schmuck einzutauschen. Sinowjew, der Parteichef von Petrograd, setzte Militärkadetten ein, um Demonstrationen von Hungernden zu zerstreuen. Viele Soldaten der Roten Armee, die als unzuverlässig galten, wurden entwaffnet und in Kasernen festgehalten. Es herrschte die gleiche Atmosphäre wie in den letzten Tagen des Zarenregimes, nur war die Hilflosigkeit größer.

Kronstadt ist eine Marinebasis an der Ostspitze der Insel Kotlin, die etwa 35 Kilometer von Petrograd entfernt im Finnischen Meerbusen liegt. Die Küsten der Insel waren und sind bis heute durch Forts und Batterien geschützt. Die Stadt selbst hat eine lange aufständische Tradition. Ein Kronstädter Marineoffizier hatte die Bombe gebaut, die 1881 Alexander II. tötete. Im Oktober 1905 war in Kronstadt eine Meuterei ausgebrochen, im Juli des folgenden Jahres ein regelrechter Aufstand, der freilich schlecht geplant war. Danach hatte Vizeadmiral Robert Viren mit Peitsche und Kerker ein hartes Regiment geführt, bis er in der Nacht des 1. März 1917 zusammen mit 50 der bestgehassten Marineoffiziere sowie 30 Polizisten und deren Spitzeln von einem Erschießungskommando hingerichtet wurde. Kronstadts rote Matrosen schließlich waren Trotzkis »Pracht und Stolz der Russischen Revolution« gewesen, schwarzuniformierte Helden, die im Bügerkrieg dort in die Bresche sprangen, wo die Front schwankte.

Jetzt aber standen sie kurz vor dem Aufstand, weil »das Leben unter dem Joch der kommunistischen Diktatur schrecklicher ist als der Tod«. Sie protestierten gegen die Abschaffung der Freiheitsrechte, gegen die Massenverhaftungen, die auf die großen Streiks in Petrograd gefolgt waren, und gegen das üppige Leben kommunistischer Kommissare und Funktionäre in einem hungrigen Land. Die Unterdrückung der Matro-

116

sen durch die Bolschewiki sollte die endgültige Unterwerfung der von der bolschewistischen Propaganda so hochgelobten »revolutionären Kämpfer« unter die Herrschaft der Partei bedeuten und damit die Unterwerfung der verarmten Industriearbeiter, in deren Namen die Matrosen protestierten. Die Niederschlagung des Aufstands bedeutete die Konsolidierung der Sowjetherrschaft. »Sozialistische Moral« erschöpfte sich von da an in der zum System erhobenen Gewalt.

Am 26. Februar 1921 schickten die Mannschaften der Schlachtschiffe *Petropawlowsk* und *Sewastopol* eine Delegation nach Petrograd, die über die Situation in den Fabriken von Kronstadt berichtete: »Man könnte meinen, dies seien keine Fabriken, sondern Zuchthäuser des Zarenregimes.« Zwei Tage später fand auf der *Petropawlowsk,* ein Name, der später konsequent aus dem Gedächtnis getilgt werden sollte, eine Versammlung der Matrosen statt. Die Männer verlangten Rede- und Pressefreiheit, freie Gewerkschaften und die Freilassung der politischen Gefangenen. Am 1. März fand auf dem Kronstädter Ankerplatz eine weitere Massenversammlung statt. Kalinin, der Präsident der sowjetischen Republik, wurde niedergeschrien, und am 2. März um Mitternacht hatten die Aufständischen in der Stadt und im Hafen die Kontrolle übernommen.

Eine dreiköpfige Delegation eines auf dem Festland in Oranienbaum stationierten Flugzeuggeschwaders der Marine überquerte das Eis und nahm mit den Meuterern Kontakt auf. Das Geschwader wählte ein eigenes Provisorisches Revolutionskomitee. In den frühen Morgenstunden des 3. März brachte ein Zug regimetreue Militärkadetten nach Oranienbaum; die Kaserne wurde umstellt, 45 Mann wurden hinausgeführt und erschossen.

Die Aufständischen in Kronstadt blieben zuversichtlich. Die Stadt verfügte über 135 Kanonen und 68 Maschinengewehre; die beiden Schlachtschiffe waren mit je einem Dutzend 300-Millimeter-Geschützen bestückt; drei schwere Kreuzer und fünfzehn Kanonenboote lagen ebenfalls im Hafen. Trotzki dagegen war weit weg; er war mit der Niederschlagung eines Bauernaufstands in Westsibirien beschäftigt. Angreifende Truppen hätten über eine weite, offene Eisfläche gegen schweres Artillerie- und Maschinengewehrfeuer aus stark befestigten Stellungen vorgehen müssen. Das Eis war entscheidend; es war der Weg, auf dem liberale Forderungen aufs Festland gelangen konnten, und der Weg, auf dem der Aufstand unterdrückt werden konnte. Artillerieexperten empfahlen den Kronstädtern, das Eis durch Granatbeschuss zu zerstören, um sich vor einem möglichen Angriff zu schützen. Doch nichts geschah. Die dicke Eisdecke blieb, und die Kriegsschiffe lagen weiterhin im vereisten Hafen fest.

Die Aufständischen blieben militärisch passiv, aber ideologisch waren sie aktiv, und damit besiegelten sie ihr Schicksal. Sie schickten die politischen Offiziere nach Hause und gründeten eine freie Gewerkschaft, einen Rundfunksender und eine Tageszeitung, die Kronstädter *Iswestija*. In der Zeitung wurde »die alptraumhafte Herrschaft der kommunistischen Diktatur« gegeißelt. »Lenin sagt, ›Kommunismus ist Sowjetmacht plus Elektrifizierung‹«, hieß es in einem Leitartikel. »Das Volk aber stellt fest, dass der bolschewistische Kommunismus der Absolutismus der Kommissare plus Erschießungen ist.« Die Kronstädter forderten die Legalisierung aller sozialistischen und anarchistischen Parteien und deren gleichberechtigte Teilnahme an gleichen und geheimen Sowjetwahlen. Sie forderten, der »Sklaverei« der Arbeiter und Bauern ein Ende zu machen und ihnen das Recht auf freie Berufswahl zu geben. Die kommunistischen politischen Abteilungen, Kommissare und Tschekisten und »all die Privilegien der Kommunisten« sollten abgeschafft werden. Die Lebensmittelrationen sollten für alle Werktätigen gleich sein, und die Arbeiter sollten »in Gold und nicht mit wertlosen Papierfetzen« bezahlt werden.

Am 5. März eilte Trotzki im Sonderzug nach Petrograd. Er ließ Flugblätter über Kronstadt abwerfen und warnte die Matrosen, er werde sie »abschießen wie Rebhühner«, wenn sie nicht binnen 24 Stunden kapitulierten. In Petrograd lebende Familienangehörige der Kronstädter wurden als Geiseln interniert, und eine mit Militärkadetten und Tschekisten verstärkte Einheit der Roten Armee machte sich unter dem Befehl Tuchatschewskis zum Angriff fertig. Trotzki griff an, als das Ultimatum abgelaufen war. Batterien auf dem Festland eröffneten am

6. März nach Einbruch der Dunkelheit das Feuer. Die 300-Millimeter-Geschütze der *Sewastopol* erwiderten es. Am nächsten Morgen in aller Frühe rückten bolschewistische Soldaten, deren Uniformen mit weißen Leintüchern getarnt waren, über das Eis vor. In ihrem Rücken waren Tschekisten mit Maschinengewehren postiert, um ihnen die Lust am Desertieren zu nehmen. Der Angriff scheiterte trotzdem. Einige Soldaten erreichten das Kronstädter Ufer und schlossen sich den Rebellen an; 500 blieben tot auf dem Eis liegen.

Tuchatschewski bekam die unangenehme Aufgabe, mit den Rebellen Schluss zu machen, bevor das Eis schmolz. Ein eisfreies Kronstadt war vom Festland aus nicht mehr angreifbar, umgekehrt aber wären seine Schlachtschiffe und Kreuzer manövrierfähig geworden und hätten Petrograd beschießen können. Tuchatschewski stellte eine Streitmacht von 50 000 Mann zusammen, darunter viele tatarische, baschkirische und lettische Soldaten, die für die überwiegend russischen Aufständischen keine Sympathie hegten. Der zweite Angriff begann in den frühen Morgenstunden des 17. März; es war noch Nacht, und der eiskalte Nebel reflektierte das Licht der Suchscheinwerfer der Verteidiger. Delegierte des 10. Parteitags in Petrograd halfen, die Truppen voranzutreiben. Im Lauf des Morgens löste sich der Nebel auf, und die Sonne brach strahlend durch. Granaten sprengten das Eis; viele Angreifer ertranken oder erfroren. Erst um ein Uhr morgens am 18. März, 24 Stunden nach Beginn des Angriffs, hatten Tuchatschewskis Truppen die Forts erobert und drangen in die Stadt vor, wo bis in den Nachmittag erbitterte Straßenkämpfe tobten. Die Verteidiger waren demoralisiert, weil ihre Anführer über das Eis nach Finnland geflohen waren und weil viele ihre Familien in Kronstadt hatten. Die Mannschaften der Schlachtschiffe weigerten sich, die Schiffe in die Luft zu sprengen, und so fielen die »Nester der Konterrevolution« Tuchatschewski in die Hände.

Der Angriff auf die gut befestigten Stellungen forderte einen hohen Preis. Auf dem Eis lagen so viele Leichen, dass die finnische Regierung offiziell verlangte, sie zu entfernen, aus Furcht vor dem Ausbruch von Seuchen, wenn das Eis schmolz und die Leichen an die Küste geschwemmt würden. Von den 50 000 Mann Tuchatschewskis wurden vielleicht 20 000 getötet oder verwundet. Am 24. März fand in Petrograd ein Massenbegräbnis statt. Unter den Toten waren auch 15 Parteitagsdelegierte. Bei den Aufständischen hatte es 600 Tote und 1000 Verwundete gegeben, etwa 2500 waren in Gefangenschaft geraten, und 8000 entkamen über das Eis nach Finnland. Es gab keinen öffentlichen Prozess. Dreizehn angebliche Anführer wurden hinter verschlossenen Türen verhört und hingerichtet; mehrere hundert Matrosen sollen noch auf der Insel kurzerhand erschossen worden sein, der Rest wurde auf dem Festland in Gefängnisse der Tscheka geworfen. Manche wurden gruppenweise erschossen, andere in Arbeitslager am Weißen Meer gesteckt. Die Streitmacht, die den Angriff geführt hatte, wurde aufgelöst, ihre Soldaten wurden in entlegene Gebiete versetzt. Noch im selben Monat zog Tuchatschewski gegen Antonows aufständische Bauern im Gouvernement Tambow ins Feld. Im Mai hatte er sie geschlagen, und auch diesmal wurden Gefangene gruppenweise erschossen. Für Kronstadt war Trotzki zuständig gewesen, Stalin hatte nichts damit tun gehabt, ein Umstand, der später eine Rolle spielen sollte, als die meisten Hauptbeteiligten des damaligen Geschehens den Tod fanden oder verschwanden – Tuchatschewski, Sinowjew, Trotzki und die Parteitagsdelegierten. Sogar Stepan Petritschenko, der Führer des Aufstands, der sich über das Eis nach Finnland gerettet hatte, wurde 1945 an Russland ausgeliefert und starb im Lager. Die Bolschewiki hatten ein langes Gedächtnis.

Der Mann aus Stahl

Viele Kronstadts oder Tambows konnte das Regime sich nicht leisten. Aus Angst vor der Konterrevolution entschloss sich die Partei zu einer relativen Normalisierung der Wirtschaft. Die Zwangsrequirierung von Nahrungsmitteln wurde abgeschafft; freier Handel war wieder erlaubt. Diese Neue Ökonomische Politik (NEP) wurde nur widerwillig in die Tat umgesetzt; Lenin nannte sie »einen Schritt zurück«, um sich besser auf den endgültigen Sieg des Sozialismus vorbereiten zu können. Die

»NEP-Leute«, kleine Ladenbesitzer, Händler und Zwischenhändler, die bis ins Mark antikommunistisch waren, sorgten für eine ausreichende Erhöhung des Lebensstandards, so dass die Bolschewiki überleben und sowohl NEP als auch »NEP-Leute« wieder liquidieren konnten. Die Liberalisierung der Wirtschaft ging zudem mit einer weiteren Einschränkung der politischen Freiheit einher. Der Parteitag verbot jegliche Opposition gegen die Parteilinie. Die noch existierenden unabhängigen Republiken im Süden, Aserbaidschan, Armenien und Georgien, wurden wieder an die Sowjetunion angeschlossen. Josef Stalin war als Volkskommissar für Nationalitätenfragen für 65 Millionen Nichtrussen zuständig, darunter feindselige katholische Ukrainer, primitive ostjakische

Stalin, der »Mann aus Stahl«, wie der Name übersetzt lautet, hatte zahlreiche Pseudonyme – darunter Koba, Nischaradse, Melikjanz und Tschischikow. 1927 war der Mann, der als Jossif Dschugaschwili in einer Hütte in Georgien geboren wurde, der eigentliche Herrscher Russlands. Seine Paranoia sollte Spaziergängen wie dem hier abgebildeten schon bald ein Ende setzen.   [Foto: G. Petrusow]

Pelzjäger und muslimische Nomaden. Er hatte keine Zeit für »bourgeoisen Nationalismus«.

Stalin fand damals keine große Beachtung, und das erleichterte ihm den Aufstieg. Nikolai Suchanow hielt ihn für einen »grauen Schatten, der sich ab und zu drohend erhebt und keine Spuren hinterlässt«. Der britische Geheimagent Bruce Lockart konnte sich nur an »sein fahles Gesicht, den schwarzen Schnurrbart und die dichten Augenbrauen« erinnern: »Ich schenkte ihm wenig Aufmerksamkeit.« Trotzki fand Stalin bei seinen öffentlichen Auftritten »einschläfernd«, monoton und flach. Freilich unterschätzte der quecksilbrige und brillante Trotzki den Ehrgeiz des Georgiers und sein Arbeitsvermögen. Die bolschewistische Bürokratie schoss nach dem Bürgerkrieg ins Kraut, und das Arbeitstier Stalin, das für die Himmelsstürmer neben ihm keine Gefahr darzustellen schien, arbeitete sich langsam an die Spitze.

Außer für Nationalitätenfragen war Stalin auch für die Arbeiter- und Bauerninspektion *(Rabkrin)* zuständig. Sie war theoretisch ein Instrument, mit dem die »Werktätigen« die Arbeit der sowjetischen Beamten überwachen sollten, aber in Stalins Händen wurde sie zu einem Apparat, mit dem er alle Bereiche der Bürokratie ausspähen und die Tätigkeit des Staatsapparates kontrollieren konnte. Und das war nicht alles. Im Politbüro war Stalin für die täglich anfallende Parteiarbeit zuständig, denn er fungierte als Verbindungsmann zwischen Politbüro und Organisationsbüro, das den Parteifunktionären ihre Anweisungen erteilte. Langweilige Routineaufgaben und die langweiligen Menschen, die sie erledigten, waren das Herz der Parteiorganisation; im Umgang mit beidem war Stalin ein Meister. Trotzkis gepanzerter Zug, »die unverzichtbare Schaufel Kohle, die ein verlöschendes Feuer am Brennen hielt«, war inzwischen im Museum gelandet. Die Rote Armee war nach Ende des

Ein gebrochener Mann: Lenin war nach einer Serie von Gehirnschlägen an den Rollstuhl gefesselt; als dieses Bild im Sommer 1923 aufgenommen wurde, war er nicht mehr arbeitsfähig. Ein Team von 40 Ärzten und Krankenschwestern versorgte ihn. Außerdem betreute ihn auch seine jüngere Lieblingsschwester Maria Uljanowa. Sie steht links neben dem Rollstuhl, der Mann rechts ist ein Neurochirurg. Das Bild wurde von einem Gärtner in Lenins Datscha aufgenommen.

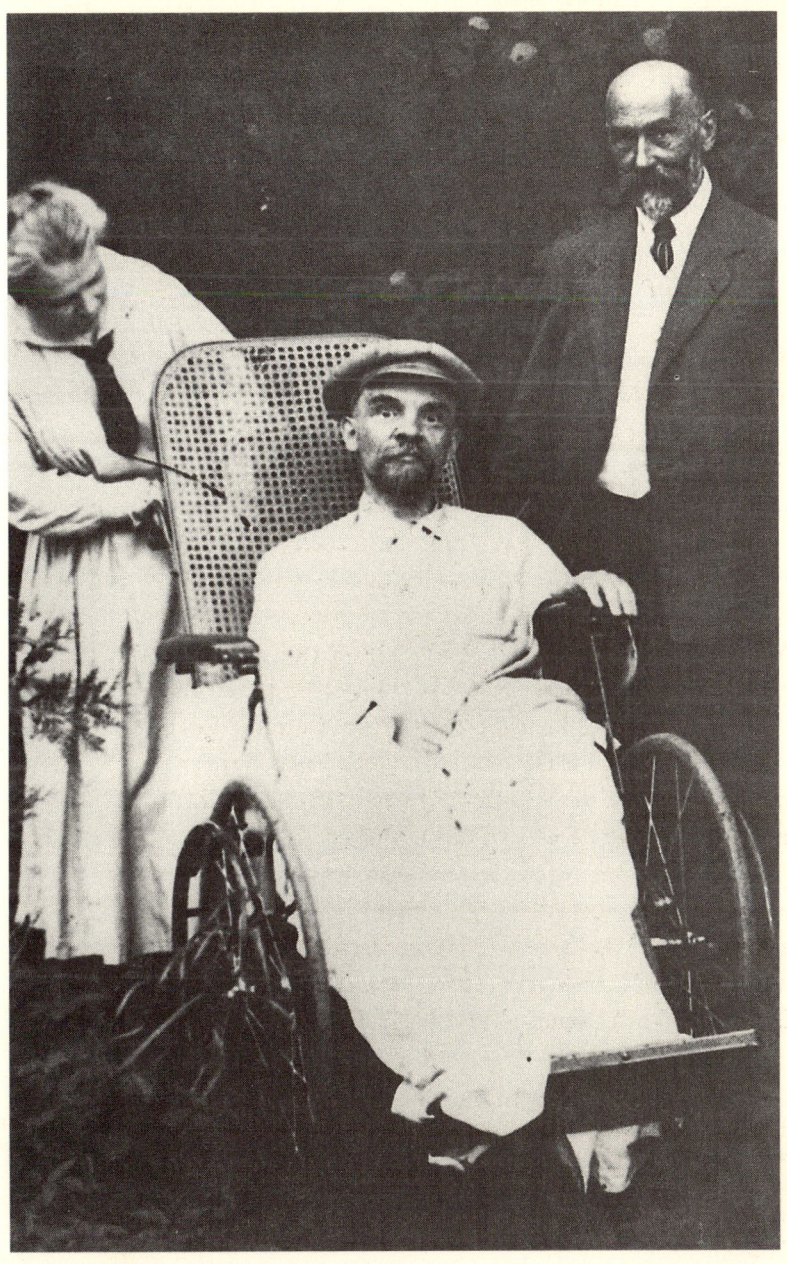

Bürgerkriegs auf ein Drittel verkleinert worden, und im Maschinenraum des Bolschewismus saß jetzt Trotzkis Rivale. Am 3. April 1933 wurde Stalin zum Generalsekretär des Zentralkomitees ernannt; damit konnte er die Karriere von Parteifunktionären und selbst die Entscheidungen des Politbüros kontrollieren.

Lenin, der bereits seit einigen Jahren von schweren Kopfschmerzen heimgesucht wurde, erlitt Ende Mai 1922 einen Schlaganfall. Nach einem Genesungsurlaub auf dem Land kehrte er Mitte Herbst an die Arbeit zurück, erlitt jedoch schon bald einen zweiten und im März 1923 einen dritten Schlag, der ihn an den Rollstuhl fesselte und fast völlig handlungsunfähig machte. In seinem Ende 1922 abgefassten, kurzen politischen Testament hatte Lenin an allen Mitarbeitern etwas auszusetzen. Trotzki und Stalin nannte er zwar die beiden fähigsten Führer, doch habe Trotzki »ein zu ausgeprägtes Selbstvertrauen«. Die giftigsten Pfeile schoss Lenin freilich auf Stalin ab. Er sei »zu grob« und müsse als Generalsekretär durch jemanden ersetzt werden, der »toleranter, loyaler, höflicher und den Genossen gegenüber aufmerksamer, weniger launenhaft usw.« sei. Lenins offene Feindschaft hätte Stalins Karriere beendet, wäre nicht der dritte Schlaganfall eingetreten, nach dem Lenin nicht mehr sprechen konnte. In der Folge verschärfte Stalin seine Kontrolle über den Regierungsapparat und dessen Funktionäre, was ihm den Spitznamen »Genosse Kartei« einbrachte, und er bildete im Politbüro ein Triumvirat mit den mächtigen Parteichefs von Petrograd und Moskau, Grigori Sinowjew und Lew Kamenew. Kaum jemand rechnete damals damit, dass Stalin die Führung an sich reißen könnte. Man wusste nicht, dass er im internen Telefonsystem des Kreml bereits die Gespräche seiner Kollegen abhörte.

Stalin pflegte das Image eines gemäßigten, warmherzigen Menschen, eines Pfeifenrauchers und guten Zuhörers, der »weder für Geld noch für Vergnügen, noch für Sport oder für Frauen etwas übrig hat« und der mit seiner kleinen Familie ein zurückgezogenes Leben in den ehemaligen Gesindekammern des Kreml führte. Trotzki dagegen ließ sich das Essen von einem früheren Bediensteten des Zarenhofs auf Tellern servieren, die noch immer den Doppeladler der Romanows trugen. Noch etwas wirkte sich zu Stalins Vorteil aus. Er verkörperte als oberster Bürokrat und Organisator die Partei. Und die Sowjetkommunisten mochten zwar das Land, in dem sie lebten, im Namen einer nebulösen »neuen Gesellschaft«, die dem Klassenhass frönte, mit Blut überschwemmt und durch Inkompetenz verwüstet haben, aber sie glaubten immer noch, dass die Zukunft ihnen gehörte, und waren der Partei deshalb absolut ergeben. Der Einheit der Partei musste alles geopfert werden – Freiheit und Toleranz, ja sogar die Vernunft. »Die Partei hat letzten Endes immer Recht« sagte Trotzki. »Ich weiß, man soll der Partei gegenüber nicht Recht haben wollen ... denn die Geschichte hat keinen anderen Weg gewiesen zur Verwirklichung dessen, was recht ist.« Die einzige Wahrheit war also die Partei; die Partei aber war zunehmend Stalin.

Lenin starb am 21. Januar 1924. Der Leichnam wurde im ehemaligen Versammlungshaus des Moskauer Adels aufgebahrt. Dann wurde eine Kommission gegründet mit der Aufgabe, den menschlichen Gott zu konservieren. In Ägypten war kurz zuvor das Grab des Tutanchamun entdeckt worden, also wurde Lenins Körper wie eine ägyptische Mumie einbalsamiert. Ein gewaltiges Mausoleum aus rotem Granit wurde auf dem Roten Platz errichtet, Petrograd wurde in Leningrad umgetauft, und die allgemeine Leninverehrung hätte fast dazu geführt, den Sonntag in Lenintag umzubenennen. Stalin, der als Jugendlicher ein Priesterseminar in Georgien besucht hatte, kannte das russische Bedürfnis nach Liturgie und Glauben und drängte die Partei, Leninreliquien zu sammeln. Er selbst wachte an der Totenbahre und war einer der Sargträger. Während die Faschisten Mussolini und Hitler, die Lenin und Stalin soviel verdankten, sich selbst zum Messias ausriefen, begnügte der gerissene Stalin sich mit der Rolle des Meisterschülers. Die Bescheidenheit nach außen war ein Deckmantel, unter dem er seinen Angriff auf Trotzki desto besser vorbereiten konnte. Stalin versuchte weiterhin, Trotzkis Machtbasis in der Armee zu schwächen; ein Viertel des Stabes waren Parteimitglieder, die ihre Beförderung Stalin verdankten und genau wussten, dass sie in seiner Kartei standen. Ende 1924 forderten Politkommissare Trotzkis Entlassung; im Januar 1925 wurde er als Volkskommissar für das Kriegswesen abgelöst. Den Oberbefehl über die

Rote Armee übernahm wenig später Stalins Kumpan Kliment Woroschilow, ein ehemaliger Berg- und Landarbeiter und in Trotzkis Augen ein inkompetenter »Hinterwäldler«. Nun brauchte Stalin seine Verbündeten nicht mehr. Sinowjew wurde im Juli 1926 aus dem Politbüro ausgeschlossen, und der von Stalin nominierte Sergei Kirow beerbte ihn als Leningrader Parteichef; im Oktober wurden auch Kamenew und Trotzki ausgeschlossen.

Stalin residierte im obersten Stock des langweiligen ZK-Gebäudes. Seine Räume waren vom Rest des Gebäudes hermetisch abgetrennt; er arbeitete gern allein, im Mund die mit Zigarettentabak aus der Herzegowina gestopfte Pfeife. Ein spezieller Mitarbeiterstab durchforstete zaristische Akten nach Material, das Stalin dann bei sich aufbewahrte – »alle Arten von Dokumenten, Anschuldigungen, verleumderische Gerüchte, die ausnahmslos alle bekannten Parteiführer der Bolschewiki belasteten«. Stalin wusste gern über seine Genossen Bescheid.

Im Jahr 1927 setzte Stalin sich endgültig durch. Am 7. November, dem zehnten Jahrestag des bolschewistischen Staatsstreichs, organisierten Trotzki und Sinowjew in Moskau und Leningrad Protestkundgebungen gegen Stalins Politik. Sie wurden von der Geheimpolizei aufgelöst; ein ausländischer Korrespondent, der dabei war, sagte, er werde »den bitteren Ausdruck auf Trotzkis Gesicht nie vergessen«. Beide Männer wurden sofort aus der Partei ausgeschlossen. Trotzki war zwar immer noch zu sehr eine Legende, als dass man ihn hätte umbringen können, aber er wurde schreiend von GPU-Agenten, den Nachfolgern der Tschekisten, aus seiner Wohnung geholt und in einen Zug nach Alma-Ata in Kasachstan nahe der chinesischen Grenze gesetzt. Im Februar 1929 wurde er in die Türkei abgeschoben. Sein Freund Jakow Bljumkin besuchte ihn auf der Insel Prinkipo und nahm eine Botschaft für Trotzkis Anhänger nach Moskau mit. Im Sommer 1929 wurde Bljumkin wegen Hochverrats erschossen. Es war das erste Mal, dass ein Parteimitglied offiziell zum Tod verurteilt wurde. Angehörige anderer politischer Richtungen hatten die Bolschewiki von Anfang an bedenkenlos erschossen, einander hatten sie jedoch verschont, die gegenseitige Vernichtung der französischen Jakobiner vor Augen. Von nun an sollten

Parteimitglieder freilich sterben wie die Fliegen. Nachdem seine Rivalen diskreditiert waren, konnte Stalin in Russland wie in einem riesigen Labor mit lebendem Material experimentieren, bis aus dem Land eine Supermacht wurde. »Wir hinken den fortgeschrittenen Ländern um fünfzig bis hundert Jahre hinterher«, sagte er. »Wir müssen den Rückstand in zehn Jahren aufholen. Entweder wir schaffen es, oder wir gehen unter.« Fünf Jahre nach der Überführung der Mumie Lenins ins Mausoleum brachte Stalin eine zweite Revolution über Russland, die unvergleichlich radikaler und blutrünstiger war als die erste.

5

Der Kulaken-
mörder

Wer heute ein russisches Dorf besucht, spürt die Nachwirkungen der Katastrophe immer noch. Maschinenteile rosten in feuchten Hinterhöfen vor sich hin, Unkraut sprießt auf den Feldern, Zäune sind umgeknickt; die einzigen Farbtupfer sind die kleinen privaten Grundstücke an der grauen Peripherie des Kollektivs. Die Menschen wirken lustlos, misstrauisch und lethargisch, die Häuser sind grau und freudlos. Selbst die Tiere machen einen niedergeschlagenen Eindruck. Vor über 60 Jahren wurden Höfe und Besitz der Bauern kollektiviert, und die so genannten Kulaken, tatkräftige und unternehmungslustige Bauern, wurden in Massen vernichtet. Dieses Trauma hat das Land bis heute nicht überwunden. Alexandr Solschenizyn hat beschrieben, wie kommunistische Freiwillige und Agenten der GPU wie »wilde Tiere« über die Kulaken und ihre Familien herfielen, ihnen alles nahmen und sie dann in die Tundra und Taiga im Norden trieben. Boris Pasternak, der das Land bereiste, um Material über die Kollektivierung zu sammeln, verstummte regelrecht vor Entsetzen. »Was ich sah, konnte nicht mit Worten ausgedrückt werden ... Das Elend war so unmenschlich, so unvorstellbar, dass es fast abstrakt erschien und die Grenzen des Bewusstseins sprengte.«

Die Hungersnot, die ab 1930 durch den im Namen des Sozialismus verübten Terror ausgelöst wurde, kostete wahrscheinlich 14 Millionen Bauern das Leben. Die genaue Zahl ist unbekannt, denn wie Chruschtschow schrieb: »Niemand zählte die Toten.« Die Todesrate war jedoch so entsetzlich, dass die Ergebnisse der Volkszählung von 1937 unterdrückt wurden. Die Mitglieder der Volkszählungskommission wurden verhaftet, weil sie »in hochverräterischer Absicht versucht hatten, die

Bevölkerung der UdSSR zu verkleinern« – ein Beispiel des schwarzen Humors, auf den sich der Kommunismus so gut verstand. Ganze Dörfer wurden entvölkert. Der amerikanische Gewerkschafter Fred Beal, der nach Russland geflohen war, weil ihm in den USA eine Gefängnisstrafe drohte, besuchte ein zwei Bahnstunden von Charkow entferntes Dorf. Er traf dort nur noch einen lebenden Menschen an – eine Frau, die wahnsinnig geworden war. »In den Häusern lagen nur noch Leichen«, schrieb er. In einer Hütte fand er einen Zettel: »Mein Sohn, wir konnten nicht warten. Gott sei mit Dir.« Auf Gräbern las Beal: »Ich liebe Stalin. Begrabt ihn hier sobald wie möglich.« Eine ganze soziale Klasse, die Kulaken, wurde ausgerottet, und eine neue, die *besprisornye,* die »Heimatlosen«, wurde geschaffen: Waisen und verlassene Kinder, die in Güterwagen und auf Baustellen lebten und sich von Katzen, Vögeln und Kartoffelschalen ernährten. Unter den Toten waren vielleicht vier Millionen Kinder. Arthur Koestler, der das Land »in eine Decke des Schweigens gehüllt« fand, schrieb, die hoffnungslosen Jugendlichen »hätten wie Embryos in Alkoholflaschen« gewirkt.

Die Kollektivierung war eine soziale und ökonomische Katastrophe. Die kommunistische Ideologie, die in den Lesesälen Westeuropas so hoch im Kurs stand, zerstörte die Dorfgemeinschaft und verwüstete die Felder. Die Getreideproduktion ging verhängnisvoll zurück. Bauern, die bei Strafe der Verbannung in die sibirische Einöde zur Mitarbeit in der Kolchose gezwungen wurden, unterzeichneten am Morgen die Beitrittserklärung und schlachteten am Abend ihr Vieh, zerschlugen ihre Maschinen und vernichteten ihre Ernte, damit der Staat nichts bekam. Sie fraßen sich an den geschlachteten Tieren so voll, dass sie »fettverschmierte Münder hatten und mit großen Eulenaugen vor sich hinstarrten, als seien sie vom Essen betrunken«. Das Abschlachten des Viehs geschah aus Protest, selbst wenn es zur Hungersnot führte. Drei Jahre nach Beginn der Kollektivierung war der Gesamtbestand an Schafen und Ziegen um zwei Drittel gesunken, Pferde und Rinder gab es nur noch halb so viele. Der Kommunismus mit seiner komplexen Ideologie und Sprache ist unbestreitbar intelligenten Köpfen entsprungen, und er hat einen großen Teil der Erde beherrscht; man muss ihn deshalb ernst

Traktorenparade für eine Propagandaaufnahme 1933 in der Lenin-Kolchose, einem landwirtschaftlichen Kollektivbetrieb. Lenin verachtete die Bauern als »kleinbürgerlich«, weil sie das Land besitzen wollten, das sie bearbeiteten. Die Kollektivierung besiegelte ihr Schicksal. Indem die Partei ihnen den Besitz nahm, sie in Agrarstädte steckte und Maschinen- und Traktorenstationen einrichtete, von denen die Bauern Maschinen und politische Aufklärung beziehen mussten, bekam sie sie völlig unter Kontrolle. [Foto: G.Petrusow]

nehmen; die Kollektivierung dagegen kann nur das Werk von Einfaltspinseln und Sadisten gewesen sein.

Der Getreideverbrauch lag 1935, nach dem angeblichen Triumph der Kollektivierung, unter dem Niveau der neunziger Jahre des 19. Jahrhunderts. Sogar heute, in den neunziger Jahren des 20. Jahrhunderts, liegen die Erträge der Kolchosen nur geringfügig über denen von 1913, der Zeit vor der Mechanisierung. Bauern arbeiten nicht gern für den Staat, und monströse Riesenbauernhöfe sind nicht effizient. Der Beweis dafür wurde schon unmittelbar nach der Kollektivierung geliefert. Im Jahr 1938 wurde auf den kleinen privaten Grundstücken, die die Bauern noch besitzen durften, über ein Fünftel der landwirtschaftlichen Produkte der

UdSSR erzeugt, obwohl die Grundstücke nur ein Fünfundzwanzigstel des landwirtschaftlich genutzten Landes ausmachten. Doch dieser Beweis für den Wahnsinn der »sozialistischen Landwirtschaft« wurde ignoriert. In der Partei entfesselten die schlechten Zahlen vielmehr vollends die Unmenschlichkeit, zu der Lenin bereits den Grundstein gelegt hatte. »Stufe für Stufe«, schrieb Ewgenia Ginsburg über die Akteure des bolschewistischen Terrors, »sanken sie bei der Befolgung routinemäßiger Direktiven aus dem Zustand von Menschen in den Zustand von Tieren herab.«

Die Landwirtschaft hatte sich unter der Neuen Ökonomischen Politik (NEP) in den zwanziger Jahren erholt. 1928 wurden mehr als vier Fünftel des Getreides von privaten Bauern geerntet, überwiegend Kleinbauern. 315 Millionen Hektar Land befanden sich in privater Hand. Die Agrarproduktion hatte das Vorkriegsniveau noch nicht ganz erreicht, aber sie war auf dem besten Weg dazu. Die Sowjetunion war noch immer ein extrem bäuerliches Land; in den rund 600 000 Dörfern und Weilern lebten über 80 Prozent der Bevölkerung. Aber die kommunistische Einstellung zur Landbevölkerung war mörderisch. Die Partei war auf dem Land nie beliebt; sie hatte in den Dörfern keine Basis und war gezwungen, Freiwillige aus der Stadt zu schicken, wenn sie Gehör finden wollte. Ihre Führer verstanden die bäuerlichen Massen nicht, sie fühlten nur deren Feindseligkeit und unverständliche Gier nach Land und Vieh. Lenin hatte sich kurze Zeit in der Landwirtschaft versucht und war gescheitert; Trotzki hatte das Gut seiner Familie verlassen, Stalin hatte in den Städten agitiert. Und der Lehrer der drei, Karl Marx, hatte seine Zeit überwiegend in einer Bibliothek verbracht.

Der tödliche Hass der Bolschewiki auf die Bauern mischte sich mit dem für sie so bezeichnenden Traum eines ländlichen Utopia. Für Lenin lag die Zukunft in gewaltigen marxistischen Agrarfabriken. Der Bauer eines solchen Kollektivs – Stalin sprach von »Getreidefabriken« mit jeweils 100 000 Hektar Land – war von einem Fabrikarbeiter nicht mehr zu unterscheiden. Die Dörfer sollten in »sozialistischen Agrarstädten« mit Apartmentblocks, Restaurants, Leseräumen und Turnhallen anstelle der alten bäuerlichen Holzhütten und Gemüsegärten aufgehen. Außerdem sollte die Mechanisierung der Landwirtschaft die Bauern in gefügige Proletarier verwandeln; Lenin behauptete, 100 000 Traktoren würden die russischen Muschiks zu Kommunisten machen. Die Maschinen sollten in Maschinen- und Traktorenstationen zentralisiert werden, die gleichzeitig als Zentren für politische Bildung dienen konnten. Hinter diesen Segnungen steckten freilich auch ganz handfeste Absichten. Bisher war das Land der Kontrolle der Partei weitgehend entzogen, kollektiviert dagegen würde es wie die Städte Staatseigentum werden. Das gleiche würde mit seinen Bewohnern geschehen. Die Bauern erkannten, dass sie versklavt werden sollten. Sie übersetzten die Abkürzung WKP für Allrussische Kommunistische Partei mit *Wtoroe Krepostnoe Prawo*, »zweite Leibeigenschaft«. Durch die Kollektivierung wurde jede Ähre Staatseigentum; wer auch nur eine unbefugt abschnitt, riskierte eine zehnjährige Haftstrafe.

Lenins Verachtung für die Landbevölkerung hatte eine besondere Qualität. Er hatte die Hilfsaktionen während einer 1892 im Wolga-Gebiet ausgebrochenen Hungersnot abgelehnt. »Psychologisch betrachtet«, schrieb er damals, »ist das Gerede vom Brot für die Hungernden nichts anderes als die für unsere Intelligenzija so typische zuckersüße Gefühlsduselei.« Im Bürgerkrieg schrieb er von dem »schönen Plan«, dass die Partei unter Berufung auf die Bauern die »Kulaken, Pfaffen und Landbesitzer« hängen würde. Was die Bauern selbst betraf, sollten auch sie ihrem Schicksal nicht entgehen. »Mit ihnen beschäftigen wir uns später«, schrieb Lenin. Die NEP war nie mehr als ein erzwungenes Zugeständnis gewesen, eine »Atempause«, wie Lenin es formulierte, »ein strategischer Rückzug, der uns in naher Zukunft erlauben wird, auf breiter Front vorzurücken«.

Durch die Revolution war der Landbesitz stark nivelliert worden. Die großen Güter und das Land der kleineren Grundbesitzer waren von Bauern besetzt worden, die jetzt über neunzig Prozent des Ackerlandes verfügten. Die Zahl der landlosen Bauern hatte sich halbiert, die Zahl der Bauern, die mehr als acht Hektar Land besaßen, ging noch stärker zurück. Die großen Güter, die die Städte versorgt hatten, waren verschwunden; der Großteil des Getreides wurde von Kleinbauern produziert – und konsumiert. Um 1928 bestand kaum ein Anreiz, es zu verkaufen. In den Städten gab es nur wenig, was die Bauern hätten brauchen können, und der staatliche Getreidepreis war nicht kostendeckend. Also wurde das Getreide auf den Höfen gehortet und verzehrt, während es in den Städten knapp wurde. Als die Regierung Ablieferungsquoten festsetzte und Kommandos zur Beschlagnahmung von Getreide ausschickte, versteckten die Bauern es oder verkauften es illegal an private Händler. Daraufhin wurde eine ideologische Offensive vorbereitet, um den Klassenhass im Dorf anzustacheln. Die Bauern wurden in arme Bauern, mittlere Bauern und Kulaken eingeteilt. Das russische Wort Kulak bedeutete »Faust« und war vor der Revolution die Bezeichnung für ländliche Geldverleiher gewesen. Obwohl das Wort theoretisch zunächst nur Bauern definierte, die wohlhabend genug waren, um Arbeitskräfte anzustellen, wurde es schnell zu einem Sammelbegriff. War ein Bauer ganz offensichtlich zu arm, um ein Kulak zu sein, konnte man ihn immer noch als *podkulatschnik,* als Kulakensympathisanten, behandeln. Molotow sagte, er werde den Kulaken »einen solchen Schlag« versetzen, dass auch die mittleren Bauern »vor uns strammstehen«.

Ab 1929 wurde auch Fleisch beschlagnahmt, und in den Städten wurden die Nahrungsmittel rationiert. In der Presse war von einer Kollektivierungskampagne »großen Stils« die Rede; Mitte 1929 arbeiteten erst etwa drei Prozent der Bauern in Kolchosen oder Sowchosen. Am 27. Dezember, sechs Tage nachdem Stalin seinen 50. Geburtstag mit einem Pomp gefeiert hatte, den Louis Fischer in *The Nation* als »Orgie der Selbstbeweihräucherung« beschrieb, gab er offiziell den Startschuss zu der neuen Revolution. Die Getreide produzierenden Gebiete des Landes sollten sofort kollektiviert und alle Kulaken liquidiert werden. »Wir müssen die Kulaken zermalmen, sie als Klasse eliminieren«, sagte Stalin. Am 30. Januar 1930 verabschiedete das Politbüro die Resolution »Über Maßnahmen zur Eliminierung der Kulakenhaushalte in Bezirken mit umfassender Kollektivierung«. Dieser Vernichtungsfeldzug erreichte zwar nicht den Bekanntheitsgrad der »Endlösung der Judenfrage«, aber er stand ihr an Umfang und Grausamkeit nicht nach. Die Kulaken wurden in drei Kategorien eingeteilt. Kulaken der ersten Kategorie wurden erschossen oder interniert, die der zweiten mit ihren Familien deportiert, die der dritten aus den Kolchosen ausgeschlossen und in Sumpf- oder Waldgebieten angesiedelt. In der Praxis konnten die Kulaken der dritten Kategorie auf dem schlechten Boden die staatlichen Ablieferungsquoten nicht erfüllen, deshalb wurden auch sie deportiert. »Besonders feindselige und reaktionäre Kulaken« kamen in Konzentrationslager in »abgelegenen Gebieten« des hohen Nordens.

Die ersten Verhaftungen fanden Ende 1929 statt. Sie wurden von GPU-Beamten vorgenommen und betrafen meist ehemalige Soldaten der Weißen. Diese wurden hingerichtet, obwohl sie geglaubt hatten, sie seien begnadigt worden. Massenaktionen setzten Anfang 1930 ein. Sie betrafen Hunderttausende von Familien, mehr als die GPU bewältigen konnte, so dass zusätzlich Parteiaktivisten aus den Städten herangezogen werden mussten. Der Schriftsteller Wasil Bykow lebte in einem weißrussischen Dorf, das so arm war, dass es dort keine Kulaken gab. Doch die »Entkulakisierung« war Pflicht; im Februar 1930 wurden geheime Schreiben verschickt, in denen als »Orientierungshilfe« die Zahl der Kulaken genannt wurde, die in jeder Region deportiert werden sollten. »Es darf kein Schwanken geben, keine Konzessionen an rechtsabweichlerische Haltungen und keinen Pazifismus«, warnte das Schreiben in sozialistischem Kauderwelsch. Es kam nur darauf an, die Kulaken zu finden. Also wurden manche Familien deportiert, weil sie eine Kuh und ein Kalb besaßen, andere, weil sie eine Stute und ein Fohlen ihr eigen nannten, und wieder andere, weil ihnen eine weibliche Verwandte bei der Ernte geholfen hatte. Ein Bauer, der drei Hektar Land besaß, wurde gezwungen, auf den Bahngleisen Schnee zu schippen; bei seiner Rückkehr war sein gesamter Besitz mit Ausnahme eines Kessels, einer Untertasse und eines Löffels beschlagnahmt. Dann wurde er als Holzfäller in den hohen Norden geschickt. In einigen Dörfern erschien ein Parteiaktivist aus der Stadt, zog eine Pistole und verkündete, jeder Bauer, der sich weigere, der Kolchose beizutreten, komme sofort nach Sibirien.

Manchmal konnte der Klassenhass erfolgreich geweckt werden. »Die armen Bauern des Dorfes machen eine Versammlung«, erzählte ein Kulak John Scott, einem Amerikaner, der als freiwilliger Helfer in dem großen neuen Industriekomplex in Magnitogorsk arbeitete. »Dann beschließen sie: ›Soundso hat sechs Pferde, die brauchen wir in der Kolchose unbedingt; außerdem hat er letztes Jahr einen Mann als Erntehelfer angestellt.‹ Sie informieren also die GPU. Soundso bekommt fünf Jahre. Sie beschlagnahmen seinen Besitz und übereignen ihn der neuen Kolchose. Manchmal wird die ganze Familie weggebracht. Als sie uns abholen wollten, nahm mein Bruder ein Gewehr und feuerte mehrmals auf die GPU-Leute. Sie schossen zurück, und mein Bruder wurde getötet.«

Die Denunziation, die in Russland Tradition hatte, blühte. »Es war so leicht, einen Menschen zu vernichten«, erinnerte sich ein Dorfbewohner. »Man brauchte nur Meldung zu erstatten. Nicht einmal unterschreiben musste man. Man musste nur sagen, er hat bezahlte Arbeiter beschäftigt oder besitzt drei Kühe.« Bauern wurden aufgefordert, ihre Nachbarn zu denunzieren und nach dem Vorbild des 14jährigen Pawlik Morosow zu handeln. Morosows Vater hatte angeblich Kulaken geholfen, und Pawlik hatte vor Gericht gegen ihn ausgesagt. Als er später andere Bauern anzeigte, weil sie Getreide horteten, lauerten diese ihm im Wald auf und ermordeten ihn. Die Geschichte entsprach nicht der Wahrheit. Der Vater, ein armer Bauer aus dem Ural, der es zum Vorsitzenden des Dorfsowjets gebracht hatte, wurde auf Pawliks Aussage hin verurteilt, weil er sich den Besitz von Kulaken selbst angeeignet hatte, anstatt ihn der neuen Kolchose zu übergeben. Pawlik war daraufhin von seinem erzürnten Großvater beim Sammeln von Preiselbeeren erstochen worden. Die Geschichte, er sei von Kulaken getötet worden, passte jedoch besser in die kommunistische Propaganda. Pawlik wurde zum kommunistischen Märtyrer stilisiert und der Palast der Jungen Pioniere in Moskau nach ihm benannt.

Die Kollektivierung war nur für die ärmsten Bauern attraktiv, die weder Land noch Vieh besaßen. Doch auch unter ihnen gab es viele Gegner der Entkulakisierung. Die Partei musste zahlreiche kommunistische Freiwillige aus den Städten einsetzen. Sie erhielten einen zweiwöchigen Vorbereitungskurs, bevor man sie aufs Land schickte, wo sie Dörfer verwalten und die neuen Kollektive leiten sollten. Die landwirtschaftliche Revolution im größten Land der Welt wurde von Fabrikarbeitern mit einer zweiwöchigen »Ausbildung« überwacht, in der sie hauptsächlich Propagandatechniken gelernt hatten. Wenn Städter einen Bauernhof führen konnten, fragten sich die Bauern, warum sollte ein Bauer dann nicht eine Fabrik leiten können? Die Grausamkeiten der Entkulakisierung ließ sogar einen GPU-Offizier zusammenbrechen. Der Biograph Isaac Deutscher begegnete auf einer Zugreise von Charkow nach Moskau einem GPU-Oberst, der ihm »den Tränen nahe« erzählte: »Ich bin ein alter Bolschewik. Ich habe im Untergrund gegen den Zaren agitiert und dann im Bürgerkrieg gekämpft. Habe ich all das getan, damit ich jetzt Dörfer mit Maschinengewehren umstelle und meinen Männern befehle, auf Haufen wehrloser Bauern zu schießen? Nein und nochmals nein!«

Kulaken mussten auf der Fahrt zu ihrem Bestimmungsort manchmal Wochen in den Waggons zubringen. Sie waren entweder in Viehwaggons oder in so genannte »Stolypin-Waggons«, fensterlose Gefängniswagen, gepfercht. Manche berührten mit den Füßen tagelang nicht den Boden, so vollgepackt waren die Wagen. Man gab ihnen Salzheringe oder getrocknete Karpfen zu essen, manchmal auch Sardellen aus dem Asowschen Meer, und ließ sie dann zum Teil stundenlang ohne Wasser. Manchmal erhaschten die Häftlinge einen Blick auf die Sonne, aus dem sie schließen konnten, ob die Reise nach Osten oder nach Norden ging. Sie waren unterwegs, um als Zwangsarbeiter in einem der vielen neuen Lager eingesetzt zu werden, die von einem Organ der GPU geleitet wurden, der so genannten Hauptverwaltung für Besserungs-Arbeitslager, auf russisch abgekürzt »Gulag«. In den Lagern saßen 1928 etwa 30 000 Häftlinge. Im Jahr 1931 betrug die Zahl bereits über 2 Millionen, und sie wuchs ständig, weil täglich neue »weiße Kohle«, wie die GPU-Wachen die Kulaken nannten, angeliefert wurde. »An schierer Größe übertraf diese Flutwelle, die nie zurückflutete (sie war ein Ozean), alles, was das Strafsystem selbst eines ungeheuer großen Staates verkraften kann«, schrieb Solschenizyn. Die Strafe traf nie nur einzelne Männer. »Sie brannten ganze Nester aus, ganze Familien, von Anfang an. Und sie wachten eifersüchtig darüber, dass ihnen keines der Kinder – im Alter von vierzehn, zehn, ja sogar sechs Jahren – entkam.

Alle bis zum letzten mussten sie denselben Weg gehen, zur selben gemeinsamen Vernichtung.

Manche Kulaken schufteten am Weißmeer-Ostsee-Kanal, hackten sich mit Hammer und Meißel durch den Fels und schleppten das Gestein auf dem Rücken weg. Halbnackt waren sie dem Winter in zugigen Baracken ausgesetzt; vielleicht 100 000 starben. Stalin besichtigte den fertigen Kanal, dessen Ufer mit 50 Meter hohen Porträts seiner Person geschmückt worden waren, per Schiff. Der Kanal war leider zu flach für die Schiffe, die ihn hätten befahren sollen, und verfiel bald ungenutzt.

Außer für Kanäle hatte Stalin eine Leidenschaft für Gold. Er hatte mehrere Bücher über den Goldrausch in Kalifornien gelesen. In Magadan wurde eine neue Abteilung der GPU für die Ausbeutung der Goldminen mit Zwangsarbeitern eingerichtet. Die Minen lagen im Kolyma-Becken, einer der kältesten Regionen der Erde. Ganze Lager gingen zugrunde, einschließlich der Wachen und Hunde. Im einem Lager am Jenissej lebten die Gefangenen in Erdhöhlen. Im Lager Nr. 205 in der sibirischen Taiga im Norden von Sewernoe bekamen die Minenarbeiter eine Tagesration von einem halben Liter Suppe und 150 Gramm Brot.

Zwei Millionen Kulaken wurden in so genannten »Spezialsiedlungen« auf einem 640 Kilometer langen Gebiet zwischen Grjasowez und Archangelsk gebracht. Lange Schlangen von Karren rollten, von Wachmannschaften flankiert, durch die Dörfer und verschwanden in der schneebedeckten Steppe. Bei Jemezk existierte ein riesiges Lager mit Frauen und Kindern, die von den Männern getrennt worden waren. 32 000 Menschen lebten dort in 97 Baracken ohne medizinische Versorgung. In Kasachstan wurden die Kulaken zu im Boden steckenden Pflöcken gebracht; an den Pflöcken hingen Zettel mit der Aufschrift »Siedlung Nr. 5«, »Siedlung Nr. 6« und so fort. Hier mussten sie selbst Löcher in den Boden graben. Viele starben an Hunger und Kälte, insgesamt etwa ein Viertel bis ein Drittel der Deportierten; viele Tote waren Kinder. Ein geflügeltes Wort lautete: »Moskau glaubt nicht an Tränen.«

Im Frühjahr 1930 war nach Angabe der Partei die Hälfte aller bäuerlichen Haushalte kollektiviert. Die Auswirkungen waren katastrophal. Ein Viertel aller Rinder, Schafe und Ziegen und ein Drittel der

Schweine in der Sowjetunion wurden 1930 geschlachtet, der größte Teil davon bereits im Februar und März von den Bauern selbst, die entschlossen waren, sie nicht an die Kolchosen abzutreten. Die produktivsten Bauern wurden als Kulaken davongejagt, den Verschwendern und Faulpelzen dagegen, die sie denunziert hatten, ging es gut. Die überlebenden mittleren Bauern waren eingeschüchtert und störrisch; sie hatten keine Lust, sich für den Staat zu verausgaben. Zu Beginn der Frühjahrsaussaat 1930 drohte der totale Zusammenbruch. Am 2. März 1930 veröffentlichte Stalin in der *Prawda* den Artikel »Schwindlig vor Erfolg«. Die Kollektivierung sei ein rauschender Erfolg, log er, aber einige lokale Funktionäre hätten sie zu schnell vorangetrieben; das Tempo solle verlangsamt werden. Fast die Hälfte der neuen Kollektive brach im März und April zusammen; Millionen von Bauern arbeiteten wieder für sich. Jedoch sobald die Ernte eingebracht war, wurde die Kampagne erneut gestartet.

Stalin beendete sie mit einem geheimen Rundschreiben im Frühjahr 1933. Das System der kollektiven Landwirtschaft habe nun gesiegt, schrieb er, deshalb sei es in der Regel möglich, »auf dem Land auf Massendeportationen und strenge repressive Maßnahmen zu verzichten«. Zu diesem Zeitpunkt waren zwei Drittel der Bauern der zweiten Leibeigenschaft unterworfen worden; in den Kornkammern Russlands waren sogar neunzig Prozent enteignet worden und arbeiteten jetzt in Kollektiven.

Eine Spezialbehandlung erfuhren Gebiete, die Stalin nationalistischer Neigungen verdächtigte. Am schlimmsten erging es der Ukraine, die unter Deportationen und Hungersnöten entsetzlich zu leiden hatte. Einen Vorgeschmack von Stalins schlimmen Absichten konnte man in einer Serie von Schauprozessen gewinnen, in denen Gelehrte, Priester und Juristen, nachdem sie gefoltert worden waren, »gestanden«, einer nationalistischen Untergrundbewegung anzugehören. 1932 hatte die angebliche »Verschwörung« auch die Dörfer »erfasst«. Die Kollektivierungskampagne und der Widerstand dagegen waren in der Ukraine besonders stark. Bis zur Jahresmitte waren fast drei Viertel der ukrainischen Bauern in Kollektive gezwungen worden, weit mehr als der russische Durchschnitt. Die ukrainischen Kolchosen waren größer und wurden brutaler verwaltet als die russischen. Das gleiche galt für die Beschlagnahmung von Getreide. 1931 beanspruchte der Staat 7,7 Millionen Tonnen Getreide von der ukrainischen Ernte, die durch die Kollektivierung auf 18 Millionen Tonnen gesunken war. Den Bauern blieben nur Hungerrationen. Im Juli 1932 sprach Stalin ein Todesurteil: Wieder sollten 7,7 Millionen Tonnen an den Staat geliefert werden. Doch inzwischen war die Ernte durch die Verwüstungen der Kollektivierungskampagne auf klägliche 14,7 Millionen geschrumpft. Obwohl die Forderung schließlich auf 6,6 Millionen reduziert wurde, waren Millionen zum Hungertod verdammt.

Requisitionskommandos kommunistischer Aktivisten schwärmten mit bis zu drei Meter langen Stahlruten in der Ukraine aus. »Sie suchten im Haus, unter dem Dach, im Schuppen und im Keller«, berichtete eines der Opfer. »Sie gingen hinaus und durchsuchten Scheune, Schweinestall, Getreidespeicher und Strohhaufen.« Auf den Feldern wurden primitive Wachtürme errichtet – Pfosten mit einer strohgedeckten Holzkabine. Die auf ihnen postierten, mit Gewehren bewaffneten Wachen hielten nach halbverhungerten Bauern Ausschau, die mit der Schere Ähren abschnitten. Wer erwischt wurde, kam für mindestens zehn Jahre ins Lager; einige wurden erschossen. Ende 1932 waren erst 4,7 Millionen Tonnen Getreide abgeliefert. Eine neue Kampagne wurde gestartet. Weitere 17 000 Aktivisten wurden in die politischen Abteilungen der Maschinen- und Traktorenstationen (MTS) beordert, 8000 in die politischen Abteilungen der Kollektivbetriebe. Es half alles nichts, denn es war nichts mehr da, das hätte beschlagnahmt werden können. Sündenbocke, landwirtschaftliche »Saboteure«, mussten gefunden werden, um das Defizit zu erklären. Meteorologen wurden verhaftet, weil sie angeblich falsche Wettervoraussagen gemacht hatten, um die Ernte zu schädigen. Veterinäre wurden erschossen, weil sie das Vieh krank gemacht hatten. Agronomen wurden als Kulaken nach Sibirien deportiert. »In fast jeder MTS wurde Sabotage an Traktoren aufgedeckt«, schrieb Solschenizyn. »Und damit wurden die Fehlschläge in den ersten Jahren der kollektivierten Landwirtschaft erklärt!«

Das Massensterben setzte im März 1933 mit der Schneeschmelze ein. Die Menschen aßen Ratten, Ameisen und Regenwürmer und kochten Suppe aus Löwenzahn und Brennnesseln. Ein Korrespondent des *New York Evening Journal* besuchte ein Dorf dreißig Kilometer von Kiew entfernt. »In einer Hütte brodelte in einem Kessel ein undefinierbarer Sud«, schrieb er. »Er enthielt Knochen, Gänsefuß und Tierhaut, und obendrauf schwamm etwas, das wie das Oberteil eines Stiefels aussah.« Fälle von Kannibalismus traten auf; Kinder und Fremde wurden umgebracht und gegessen. »Es gab Menschen, die Leichen zerstückelten und kochten; andere töteten ihre eigenen Kinder und aßen sie«, schrieb Wassili Grossman. »Ich sah eine solche Frau. Man hatte sie unter Bewachung ins Distrikt-Zentrum gebracht. Ihr Gesicht war das eines Menschen, aber sie hatte die Augen eines Wolfes.« Einige wurden erschossen, 325 ukrainische Kannibalen arbeiteten an Kanalprojekten. Die berühmten blinden Barden der Ukraine, die das alte Liedgut des Landes pflegten, waren weniger nützlich als Kannibalen; sie waren nicht als Zwangsarbeiter verwertbar. Sie wurden zu einem speziellen Kongress eingeladen und dort zusammen mit ukrainischen Filmemachern, Künstlern und Zeitungsleuten erschossen.

Die Aktivisten suchten noch immer nach Getreide, erschossen Mütter, die sie beim Ausgraben von Kartoffeln erwischten, und schlugen Menschen, die nicht schon vor Hunger aufgedunsen waren, damit sie ihre Nahrungsquelle preisgaben. »Wir verwirklichten die historische Notwendigkeit«, schrieb der ehemalige Aktivist Lew Kopelew. »Wir taten unsere revolutionäre Pflicht. Wir beschafften Getreide für das sozialistische Vaterland… Ich sah Frauen und Kinder mit aufgedunsenen Bäuchen, die schon blau wurden, und mit leeren, leblosen Augen. Und ich sah Leichen – Leichen in zerlumpten Mänteln aus Schaffell und billigen Filzstiefeln; Leichen in den Hütten der Bauern, im schmelzenden Schnee der alten Stadt Wologda, unter den Brücken von Charkow… Ich sah das alles und wurde nicht verrückt oder beging Selbstmord… Ich glaubte, weil ich glauben wollte.«

Die Hungersnot war politisch verursacht, denn es gab Nahrungsmittel in der Ukraine, der alten Kornkammer des Zarenreichs. Doch sie waren, von GPU-Leuten mit Maschinengewehren bewacht, in Lagern aufgehäuft, wo sie verrotteten und rauchten, wenn sie sich selbst entzündeten. Sie häuften sich auf den Tischen in den Kantinen der Parteifunktionäre, und sie waren für Devisen oder Edelmetall in den Geschäften der staatlichen Handelssyndikate erhältlich, so dass die römisch-katholischen Bewohner des Schitomir-Gebiets, die ihre Toten mit Goldringen und Schmuck zu bestatten pflegten, nun bei Nacht die Gräber wieder öffneten und so überlebten. Und es wurden Nahrungsmittel ausgeführt, um Devisen für die Industrialisierung zu beschaffen. 1932 wurden fast zwei Millionen Tonnen Getreide exportiert. Selbst im Hungerjahr 1933, auf dem Höhepunkt der Weltwirtschaftskrise, wurden auf dem Weltmarkt 1,7 Millionen Tonnen Getreide zu Dumpingpreisen losgeschlagen.

Die Greuel waren nicht auf die Ukraine beschränkt, deren Todesopfer Robert Conquest in seinem Klassiker über die Kollektivierung, *Die Ernte des Todes,* auf fünf Millionen schätzte: ein Fünftel bis ein Viertel der ukrainischen Landbevölkerung. Vielleicht ein Viertel der Kasachen starb gleichfalls während der Kollektivierung. Die Deutschen an der unteren Wolga, die von Katharina der Großen ins Land geholt worden waren, verloren an die 200 000 Menschen an den Hunger und den Gulag. Auch die Gebiete der Kosaken an Don und Kuban waren von Hunger und Deportation schwer betroffen; in einer *staniza,* einer Kosakensiedlung, in der einst 20 000 Menschen gelebt hatten, war nur noch ein nackter Mann übrig, der im Dreck mit Katzen um eine tote Taube kämpfte. Der Rest war deportiert oder in einem der vielen durch die Kollektivierung ausgelösten Aufstände getötet worden. Die Moral der Roten Armee verfiel, denn »in jeder Einheit desertierten massenhaft Soldaten, die in ihre Heimatdörfer eilten, um mit oder ohne Gewehr Rache an den Verwaltern der Kollektive zu nehmen«. In Teilen der Ukraine und des Nordkaukasus wurden Flugzeuge eingesetzt, um Aufstände niederzuschlagen. Eine Schwadron, die sich weigerte, Kosakendörfer mit Maschinengewehren zu beschießen, wurde aufgelöst, die Hälfte ihrer Männer hingerichtet.

Die Hungersnot nur zu erwähnen war bereits ein Verbrechen, das mit drei bis fünf Jahren Arbeitslager bestraft wurde. Ein Arzt, der sich beschwerte, dass seine Schwester an Hunger gestorben sei, wurde zu zehn Jahren »ohne das Recht auf Briefwechsel« verurteilt, ein Euphemismus für das Todesurteil. Die Zeitungen in der Ukraine waren, wie Arthur Koestler berichtete, voll mit Bildern lächelnder Kinder, während durch die Straßen menschliche Skelette schwankten. Nachrichten von der Hungersnot erreichten durch Diplomaten und Korrespondenten auch das westliche Ausland; besonders ausführlich berichteten Malcolm Muggeridge vom *Manchester Guardian,* W. H. Chamberlin vom *Christian Science Monitor,* die *New York Herald Tribune* und das jüdische New Yorker Blatt *Forwaerts.* Ein internationales Hilfskomitee unter Leitung des Erzbischofs von Wien wurde gegründet, konnte jedoch nichts tun, da die Sowjetregierung bestritt, dass es eine Hungersnot gab.

Mitläufer im Westen trugen dazu bei, die Lüge glaubhaft zu machen. George Bernard Shaw, der große Dramatiker, besuchte die Sowjetunion 1932. »Ich bin in Russland keiner einzigen unterernährten Person begegnet, weder alt noch jung«, sagte er, nachdem er in einem Wagen mit Chauffeur das Land bereist hatte. »Waren sie ausgestopft? Waren ihre hohlen Wangen mit Gummi gepolstert?« Die Kollektivierung wurde von Sidney und Beatrice Webb unterstützt, Pionieren der Sozialwissenschaften, die die London School of Economics gegründet hatten. Sie besuchten das Land 1932 und 1933 und zeigten Verständnis für die Vertreibung der »verhassten Kulaken«.

Als der zweimalige französische Ministerpräsident Edouard Herriot zu Besuch kam, wurden die Schaufenster in Kiew mit Nahrungsmitteln gefüllt und die verhungernden Waisen aus den Straßen vertrieben. Der prominente Radikale wurde in die Kolchose »Oktoberrevolution« in der Nähe von Kiew geführt. Ihre Gebäude waren mit Möbeln aus einem lokalen Theater sowie mit Teppichen und Tischtüchern dekoriert, die man aus Kiew herbeigekarrt hatte; die Bauern bekamen jede Menge Fleisch zu essen und durften es mit Bier hinunterspülen. Herriot konnte guten Gewissens sagen, er habe keinen Hunger gesehen. Walter Duranty von der *New York Times,* für Muggeridge der »größte Lügner unter allen Journalisten, die ich je getroffen habe«, schrieb im November

1932, »es gibt weder Hungersnot noch Hungertod, noch ist das in Zukunft zu erwarten«. Dabei wusste Duranty, für seine »sachlich interpretierenden« Berichte über Russland mit dem Pulitzer-Preis ausgezeichnet, ganz genau, was vorging. Unter vier Augen erklärte er dem britischen Geschäftsträger in Moskau, es sei »gut möglich«, dass bis zu zehn Millionen Russen verhungert seien. Die Sowjetunion hatte immer ihre Apologeten im Westen.

6

Das zweite
Amerika

Die neue Revolution veränderte die Bevölkerungsstruktur des Landes. Millionen starben, wurden in entlegene Regionen Sibiriens und Kasachstans verschleppt oder verschwanden in den Arbeitslagern, wie von Solschenizyn beschrieben (»Archipel Gulag«). Gegen die Kirche wurde eine Vernichtungskampagne geführt. Über Nacht verschwand die Kapelle der Iberischen Jungfrau am Eingang zum Roten Platz. Die große Erlöserkathedrale mit ihrer goldenen Kuppel, die anlässlich der Niederlage Napoleons 1812 an der Moskwa errichtet worden war, wurde gesprengt, um einem Palast der Sowjets Platz zu machen. Das neue Gebäude mit einem Standbild Lenins auf dem Dach sollte höher werden als der höchste Wolkenkratzer New Yorks; da sich der Baugrund als zu sumpfig erwies, wurde nur ein Freibad errichtet. Die zweite Revolution veränderte auch Kunst und Literatur. Angesagt war der neue Kult des »sozialistischen Realismus«, in dem muskulöse Werktätige unter roten Fahnen proletarische Großtaten vollbrachten. Eine Zeit lang galt sogar ein neuer Kalender; die siebentägige Woche wurde zugunsten einer fünftägigen Woche abgeschafft, die nur noch aus Werktagen bestand. Die Tage hatten keine Namen mehr, sondern waren von eins bis fünf durchnummeriert.

Was die Kollektivierung in der Landwirtschaft war, waren die Fünfjahrespläne in der Industrie. Der erste wurde unter Leitung der staatlichen Planungskommission Gosplan im Oktober 1928 in Kraft gesetzt. Ziel war die Schaffung eines »zweiten Amerika«. Stalin, der Trotzki und Sinowjew verächtlich »Superindustrialisierer« genannt und Pläne für einen großen elektrifizierten Bahnhof mit dem Hinweis abgelehnt hatte, ein Bauer kaufe auch kein Grammophon statt einer Kuh, setzte jetzt für die Industrie unrealistische und später fantastische Planziele fest. Das Land litt an *Piatiletka*, an der »Fünfjahreshysterie«. Innerhalb von fünf Jahren sollte die Produktion von Roheisen zuerst verdreifacht, später verfünffacht und schließlich versiebenfacht werden. An allen Gebäuden hingen Stalinporträts mit der obsessiven Parole: »Es gibt keine Festung, die Bolschewiki nicht erstürmen können.« Der ursprüngliche Plan basierte auf einem jährlichen Industriewachstum von 20 Prozent für die folgenden fünf Jahre. Die USA hatten in einem vergleichbaren Zeitraum bis dahin höchstens 8,7 Prozent erreicht, das beste russische Ergebnis aus der Ära Stolypin vor dem Ersten Weltkrieg hatte bei acht Prozent gelegen. Walerian Kuibyschew, der Chefökonom des Regimes, versuchte nächtelang, Statistiken so zu manipulieren, dass sie den fantastischen Zielen gerecht wurden. »Ebendies habe ich befürchtet«, schrieb er seiner Frau, »meine Rechnungen gehen nicht auf.«

Obwohl die Werktätigen bis zur physischen und psychischen Erschöpfung arbeiteten, erfüllten sie die Ansprüche nicht. Stalin gönnte ihnen keine Atempause. »Das Tempo darf nicht nachlassen!«, teilte er den Führungskräften 1931 mit. »Im Gegenteil, wir müssen noch schneller werden ... Wir hinken den fortgeschrittenen Ländern um fünfzig bis hundert Jahre hinterher. Wir müssen den Rückstand in zehn Jahren aufholen. Entweder wir schaffen es, oder wir gehen unter.« An den Wänden der Fabrikhallen tauchte eine neue Parole auf: »Den Fünfjahresplan in vier Jahren schaffen!«

Die Durchführung verschlang astronomische Summen. 1,5 Milliarden Rubel in Fremdwährung kosteten das Material, die ausländischen Führungskräfte und die Arbeiter. Zur Deckung wurden trotz einer Massenhungersnot Nahrungsmittel exportiert und verbliebenes privates Gold und Juwelen beschlagnahmt. Die Dörfer mussten Arbeitskräfte abtreten, und später verpflichteten sich die Kolchosen, den Fabriken eine bestimmte Anzahl von Arbeitskräften zur Verfügung zu stellen. Über 15 Millionen Bauern wurden in den Städten zu besitzlosen Proletariern, zu Menschenmaterial der neuen Elite. Sie saßen an ihrem neuen Wohnort fest: 1930 wurden Ausweise eingeführt, die einen Ortswechsel ohne polizeiliche Genehmigung unmöglich machten. John Scott, ein amerikanischer Freiwilliger in Magnitogorsk, verglich die Situation mit einem Krieg: »Zehntausende litten bitterste Not, um Hochöfen zu bauen ... Ich wette, allein Russlands Kampf in der Eisenverhüttung hat mehr Opfer gekostet als die Schlacht an der Marne.« Scott war Absolvent der University of Wisconsin und hatte bei General Electric im amerikanischen Schenectady eine Ausbildung als Schweißer gemacht. Enttäuscht über das Amerika der Depression, reiste er nach Russland, um beim Aufbau einer neuen Gesellschaft mitzuhelfen, »die Amerika mindestens einen Schritt voraus schien«. Magnitogorsk, ein gigantisches Hüttenwerk, wurde in einem bis dahin unberührten Gebiet im Ural aus dem Boden gestampft. Geleitet wurde das Riesenprojekt und als »Jahrhundertvertrag« gefeierte 800-Millionen-Geschäft von der Arthur C. Mackee Corportion aus Cleveland in Ohio. Scott arbeitete nach seiner Ankunft auf einem vereisten, im Wind schwankenden Gerüst. Vom oberen Rand des Hochofens, an dem er schweißte, stürzten Arbeiter an ihm vorbei in die Tiefe. »Die Monteure waren meist junge Bauern, die sehr unvorsichtig waren«, schrieb er. »Bei minus 37 Grad Celsius und ohne Frühstück arbeitet man nicht so konzentriert wie notwendig.« Seine Arbeitskollegen waren Ukrainer, Mongolen und Juden. Der Tatar Schaimat Chaibulin hatte zuvor weder ein Treppenhaus noch eine Lokomotive oder elektrisches Licht gesehen: »In einem Jahr hat sich sein Leben stärker verändert als das seiner Vorfahren seit Tamerlan.«

Ähnliche Verhältnisse herrschten bei der Eisenbahn. Einem Bericht über Zugführer zufolge, die an Zusammenstößen beteiligt waren, litten 80 Prozent an Tuberkulose, und alle waren überarbeitet und unterernährt. Die Arbeiter mussten in der roten Offensive zur wirtschaftlichen Überflügelung des Westens als »Kanonenfutter« herhalten. »Die

Die Hochöfen von Magnitogorsk waren für den kommenden Krieg lebenswichtig. John Scott, ein Abgänger der University of Wisconsin, der in der Stahlstadt als Freiwilliger arbeitete, schildert, wie Monteure mit erfrorenen Händen und unsicherem Tritt von den Laufstegen auf den Hochöfen an ihm vorbei in die Tiefe stürzten. Ungelernte Bauern und Zwangsarbeiter fanden so zu Dutzenden den Tod. [Foto: I. Schagin]

147

50 000 Traktoren, die ihr dem Land jedes Jahr gebt«, verkündete Stalin den Arbeitern des Traktorenwerks im umbenannten Stalingrad an der Wolga, »sind wie 50 000 Mörsergranaten zur Sprengung der alten Welt der Bourgeoisie.« Der futuristische Dichter Wladimir Majakowski, der sein Gesicht im vorrevolutionären Sankt Petersburg weiß angemalt hatte, schrieb 1930: »Kämpft heute für die Revolution auf den Barrikaden der Produktion.« Doch der Maler und Dichter litt unter Depressionen und hatte die propagandistischen Auftragswerke, die von ihm erwartet wurden, endgültig satt – er hatte Massen von Plakaten geschaffen, die in Geschäften von den leeren Regalen ablenken sollten. Einige Monate später tötete er sich mit einem Schuss ins Herz. »Das Schiff der Liebe ist an der täglichen Plackerei zerschellt«, hatte er geschrieben. Jetzt, da er tot war, schrieb Pasternak, wurde er »zwangsweise eingeführt wie die Kartoffel unter Katharina der Großen. Dies war sein zweiter Tod. An ihm war er nicht beteiligt.« Ein Dekret Stalins ordnete an, dass Museen, Plätze und ein Moskauer U-Bahnhof nach Majakowski benannt wurden. Bei schulischen Abschlussprüfungen lautete eine Standardfrage: Warum liebe ich Majakowski? Seine Stücke *Die Wanze* und *Das Schwitzbad* wurden wegen der bissigen Satire auf die bolschewistischen Bürokraten freilich totgeschwiegen.

Stalin, der Lohngleichheit als »kleinliches bourgeoises Vorurteil« abtat, führte die »Lohntüte der Partei« ein und verschaffte Mitgliedern der KP höhere Bezüge und Vergünstigungen, besondere Essensrationen und Kantinen, Wohnungen, Ferien am Schwarzen Meer und Besuche in Heilbädern. An der Moskwa entstand ein elfstöckiges Gebäude mit 500 großen, gut möblierten Wohnungen mit Zentralheizung, mit Geschäften, einer Klinik, einem Theater, einem Kino und einem Ableger des Kremlrestaurants. Dieses »Regierungshaus« wurde in zahlreichen großen Provinzstädten nachgebaut. Inbegriff des »Stoßarbeiters« war Alexei Stachanow, ein ukrainischer Bergmann, der in einer Schicht statt der Norm von sieben Tonnen Kohle 102 Tonnen gefördert hatte. Die Leistung war freilich Betrug: Die notwendigen Vorarbeiten, die der Hauer sonst selbst durchführte, hatten andere erledigt. Trotzdem war die Stachanow-Bewegung geboren, bei der sich Arbeiter selbst zur Steigerung der Produktivität verpflichteten und mit einem hohen Einkommen und einer schönen Wohnung belohnt wurden. Bei Kollegen waren diese Besserbezahlten nicht beliebt: Sie trieben das Plansoll in die Höhe und erhielten ihre Belohnung in Wahrheit oft für Dienste als Informanten und Spitzel. Manchmal wurden sie dafür gelyncht. Um die Rechte der Arbeiter stand es schlecht. Streiks waren illegal, die Gewerkschaften waren Sprachrohre der Partei, und Stalins engem Mitarbeiter Lasar Kaganowitsch zufolge sollte die Belegschaft zittern, wenn der Direktor durch die Fabrikhalle schritt.

Das riesige Stahlwerk in Magnitogorsk hatte 250 000 Beschäftigte, aber keine Kirche. John Scott hielt die Stadt für den weltweit einzigen Ort dieser Größe ohne den Tempel einer religiösen Gemeinschaft. Magnitogorsk war zwar das Produkt eines neuen, experimentellen Glaubens, in anderer Hinsicht aber eher konventionell. Die Bewohner setzten sich aus vier Klassen zusammen. Die unterste Klasse waren Zwangsarbeiter, so genannte »Spezielle«, und gewöhnliche Kriminelle, die zu fünf bis zehn Jahren verurteilt worden waren. Sie hausten auf gefrorenem Boden in Zelten, erhielten die halbe Essensration der freien Arbeiter und schufteten unter den Augen von GPU-Aufsehern. Sie scharrten mit bloßen Händen Baugruben aus, schaufelten Schlacke und karrten Beton. Viele waren als Kulaken verurteilt worden. »Die ›Speziellen‹ arbeiteten sehr oft besser als der Durchschnitt«, berichtet Scott, »denn sie waren in ihren Heimatdörfern meist die unternehmungslustigsten Elemente gewesen.« Dass sich unter den Mitgliedern der untersten Klasse besonders tatkräftige, gut ausgebildete und selbständig denkende Menschen befanden, war ein besonders seltsamer Aspekt der bolschewistischen Sklavenhaltergesellschaft. Die Kriminellen dagegen, die so genannten *Itekowzi*, mussten meist zur Arbeit geprügelt werden. Unter den politischen Gefangenen war eine Brigade von 40 bis 50 Popen und Patriarchen in »verdreckten, zerlumpten schwarzen Roben und schwarzen mitraartigen Hüten« und mit langen Haaren, die ihnen zum Teil bis zur Taille reichten. Sie arbeiteten hart mit Hacke und Schaufel und trugen, überwacht von einem »stupsnasigen Bauernburschen« der GPU mit einem Gewehr, einen kleinen Hügel ab.

Die gewöhnlichen Arbeiter lebten in Baracken und erhielten eine rationierte Mahlzeit mit 200 Gramm Brot pro Tag. Die Bezahlung war theoretisch nicht schlecht. Ein Schweißer bekam monatlich bis zu 300 Rubel. Bei einer Monatsmiete von zehn Rubel für ein Zimmer in einer Baracke und einem offiziellen Preis für 0,15 Rubel für das Pfund Brot reichte das für eine Familie. Im wichtigsten Geschäft von Magnitogorsk, für gewöhnliche Arbeiter das einzige, gab es im Winter 1932/33 freilich nichts als einige seidene Taschentücher und Sommerhemden.

»Von nun an«, berichtet Scott, »bestimmte nicht mehr die Dicke der Lohntüte und die Menge der Banknoten unter der Matratze den Lebensstandard. Was man aß oder auf dem Leib trug, hing fast ausschließlich vom Warenangebot in dem Geschäft ab, dem man zugeteilt war.« Und zugeteilt wurde nach der Klasse. Die mittlere Schicht – Ingenieure, Brigadeführer, Werkmeister und Ärzte – lebte in der so genannten *Sozgorod*, der »sozialistischen Stadt«, in Steinhäusern und bekam täglich ein Drittel mehr zu essen. In ihren Geschäften gab es einige wenige Kleider für den Winter, Fleisch und Brot. Die Elite aus Führungskräften, Politfunktionären, Parteibonzen, GPU-Leitern und einigen gefangenen »Spezialisten« lebte am Stadtrand in der so genannten »amerikanischen Stadt«. Rund 400 deutsche und amerikanische Ingenieure leiteten den Bau der gigantischen Anlage. Die Amerikaner wurden in Gold bezahlt. Wie die privilegierten Russen kauften sie in einem speziellen Geschäft für Ausländer. Dort gab es »Kaviar, kaukasische Weine, importierte Kleider und Materialien, Schuhe, Anzüge, Bücher und Lebensmittel zu einem Zehntel der russischen Preise«. Die Einfamilienhäuser der »amerikanischen Stadt« hatten fließendes Wasser und Heizung und waren Häusern aus amerikanischen Katalogen nachgebaut. Der Direktor des Werkes, Abraham Sawenjagin, vor dem die ganze Stadt zitterte, errichtete sich ein Herrenhaus mit vierzehn Räumen, einem Billardsalon, einem Musikzimmer und einem Wildpark.

Es gab so viele Geheimpolizisten, dass sie zum Teil in eigenen Stadtteilen lebten. Das große Industriezentrum Tscheljabinsk hatte eine *gorodok GPU,* eine GPU-Stadt, mit sechsgeschossigen Wohnhäusern, Kindergärten und -tagesstätten, Wäschereien und Kantinen. Die Geheimpolizisten forderten die Bürger der übrigen Stadt auf, über tatsächliche oder mutmaßliche Spionage und Sabotage zu berichten und jede »konterrevolutionäre Bemerkung« des Nachbarn zu melden. Unter die weitgefasste Definition solcher Fälle fielen auch Beschwerden über Stromausfälle und verspätete Züge. Wenn hochfliegende Planziele nicht erreicht wurden, weil Material fehlte, weil die Belegschaft nicht ausreichend geschult war oder weil die Arbeiter am Ende ihrer Kräfte waren – all dies fiel unter den Tatbestand der Sabotage.

Arbeiter an der Drehbank benutzten mangels Werkzeug als Präzisionsmeßgerät ihre Finger. Unsachgemäße Benutzung von Traktoren durch die Bauern sorgte oft für Motor- und Getriebeschäden. Die Bauern wussten lediglich, »dass man das Gaspedal niedertreten muss, damit sich der Traktor in Bewegung setzt. Das Schmieren oder Einstellen des Motors war ihnen völlig fremd.« Der überlastete Schienenverkehr brach 1933 fast völlig zusammen. Lokomotiven verunglückten wegen defekter Gleise oder weil Ersatzteile fehlten. Ein Engpass beim Transport von Öl und Kohle führte zu einem akuten Mangel an Treibstoff. Meist wurden Saboteure verantwortlich gemacht. »Klassenfeinde«, hieß es im Hausblatt der Gosplan, »Weißgardisten und Kulaken, betreiben in ›bescheidenen‹ und ›unbedeutenden‹ Anstellungen wie der eines Schmierers klammheimlich weiter Sabotage und organisieren Zusammenstöße und Unfälle.« Sabotiert wurde tatsächlich. John Scott berichtet von einer Turbine, die deportierte Kulaken mit zermahlenem Glas vollstopften. Aber solche Fälle waren so selten, dass Scott in drei Jahren keinen weiteren erlebte. Das Land trieb in den Wahnsinn. Ein Werkmeister in Magnitogorsk, der Dämpfe aus einem Hochofen eingeatmet und das Bewusstsein verloren hatte, wurde zu zwei Jahren Zwangsarbeit verurteilt. 1931 saßen 7000 der 35 000 ausgebildeten Ingenieure des Landes im Gefängnis. Da sie so dringend gebraucht wurden, richtete man in den Gefängnissen und Arbeitslagern »technische Büros« ein, in denen sie unter Aufsicht von GPU-Beamten an Projekten arbeiteten.

Die im Bürgerkrieg gescheiterten Imperialisten versuchten jetzt angeblich, den Bolschewismus durch Industriesabotage zu vernichten;

das wurde den Arbeitern von Zeitungen und Radios täglich eingehämmert. Theater führten Stücke zur Sabotage auf. Joseph Barnes von der New Yorker *Herald Tribune* erlebte in einer großen Industriestadt eine solche Aufführung mit; in einem Stück mit dem Titel *Die Konfrontation* traten ausländische Agenten auf, die für Sabotageakte in sowjetischen Fabriken ausgebildet worden waren. Das Publikum reagierte erregt. Nach Verlassen des Theaters sagte Barnes, es werde »eine Generation brauchen, um die Angst und das Misstrauen wieder abzubauen«. Trotzdem wurden weithin amerikanische Vorbilder nachgemacht. Der Traktor Stalinez 8 war eine getreue Kopie des amerikanischen Caterpillar D7; Taylors System der wissenschaftlichen Betriebsführung war für sowjetische Führungskräfte ein Evangelium. In den Fordwerken von Dearborn wurden russische Ingenieure ausgebildet; sie bauten Autos mit Forddesign in einer »neuen kommunistischen Musterstadt« in Gorki, die von Amerikanern entworfen worden war. Die sowjetische Asbestindustrie wurde von dem Amerikaner A. Ruckeyser aufgebaut. Man hatte ihn an einen geheimen, auf keiner Karte verzeichneten Ort namens Asbest im Ural gebracht und ihm einen hoch dotierten Vertrag zur Ausbeutung der dortigen Asbestvorkommen unterbreitet. Mit der Hilfe von Ford bauten die Russen 1932 140 000 Automobile; 1929, in den USA rollten bereits 26 Millionen Wagen über die Straßen, hatte es in der Sowjetunion erst 30 000 gegeben. Die meisten wurden von Parteifunktionären und Männern der GPU benutzt.

Rechnungen wurden nicht immer beglichen. »Obwohl ihre Traktoren in vielem den Maschinen von Caterpillar nachgebaut sind, sind für die benutzten Patente keinerlei Zahlungen vereinbart worden«, schrieb der amerikanische Journalist H. R. Knickerbocker nach einem Besuch des Werks von Tscheljabinsk. »Die Befreiung von ›bourgeoisen‹ Zwängen wie dem Privateigentum verschafft der sowjetischen Industrie einen bedeutenden Wettbewerbsvorteil.« Die Amerikaner wurden trotzdem als »Blutsauger« diffamiert. Der Bösewicht in Walentin Katajews Bestseller *Im Sturmschritt vorwärts!* ist ein amerikanischer technischer Berater, der an einem russischen Traktoren-Projekt arbeitet. Er denkt nur ans Geld, und der Industriemagnat Roy Roop schreit bei einem

Besuch aus Angst vor der in der Wildnis des Urals entstehenden neuen bolschewistischen Welt: »Babylon! Babylon!«.

Als die Kohleförderung im Donbass unter dem Plansoll blieb, wurde ein Komplott dafür verantwortlich gemacht. Angeblich hatten sich Führungskräfte und Ingenieure mit den früheren kapitalistischen Eignern der Zechen von Schachti verschworen. In der Moskauer Säulenhalle wurde ihnen der Prozess gemacht. »Tod den Saboteuren«, forderten lautstark die Schlagzeilen. Der Schachti-Prozeß, bei dem Geständnisse erzwungen und Angeklagte in den Wahnsinn oder Selbstmord getrieben wurden, war wie die Fünfjahrespläne der Auftakt künftiger Wellen des Terrors. Unter den lautstarken Befürwortern der Todesstrafe war auch der zwölfjährige Sohn eines Angeklagten. Als weitere Produktionsziele verfehlt wurden, gab es noch mehr Opfer. Beim »Industriepartei-Prozess« von 1930 ging es um ein vermutetes gigantisches »Sabotagezentrum«, dessen Tentakeln angeblich in den Schiffsbau, den Maschinenbau, die chemische Industrie, die Goldförderung und sogar die Ölförderung und die Munitionsproduktion reichten. Einige Angeklagte »starben während der Untersuchung«, und die GPU benutzte ihre »Zeugenaussagen« dazu, von den Überlebenden Geständnisse zu erpressen.

Eine »wissenschaftlich-theoretische Sabotage« gab es angeblich in der Hochspannungstechnologie, Mikrobiologie und sogar in der Fischerei: »Saboteure« behaupteten, die Ziele der Fünfjahrespläne für den Fischfang seien nach den Gesetzen der Fischvermehrung unerfüllbar. Naturschützer, die die Waldvernichtung auf den riesigen neuen staatlichen Bauernhöfen kritisierten, weil sie zur Dezimierung der Vogelbestände und damit zu vermehrtem Schädlingsbefall führten, wurden heftig angegriffen. Naturschutz galt als antisozialistisch und als Sabotage. Die »Kulturrevolution« erforderte »proletarischen Klassenkampfgeist« an der »kulturelle Front«. Historiker wurden als Mitglieder »historiografischer konterrevolutionärer Sabotagezentren« nach Sibirien verbannt. Romane erschienen nur dann, wenn sie einer eingehenden Prüfung durch den russischen Verband proletarischer Schriftsteller, RAPP, standhielten und dieser ihnen eine »dialektisch-materialistische Methode« bescheinigte.

Die Industrie begann unter der übertriebenen Zentralisierung und Bürokratie zu leiden, die ihr letztlich mehr schadeten, als es jeder Agent des Kapitalismus hätte tun können. Personalüberhang war weit verbreitet. Wurde ein Hochofen in den USA mit fünfzig Mann betrieben, so waren es in Russland mehr als doppelt so viele: Brigadiere, Unterbrigadiere, Werkmeister, Aufseher, Schichtleiter, technische Beobachter, sie alle »standen sich gegenseitig im Weg und waren größtenteils unproduktiv«. Eine Vielzahl war mit Büroarbeit beschäftigt. Das Volkskommissariat der Schwerindustrie in Moskau legte vom Schreibtisch aus ohne Rücksicht auf den Bedarf für entfernte Betriebe die Einrichtung neuer Abteilungen fest. Die Allunionsakademie der Agrarwissenschaften unterhielt einen Stab von 11 000 »Forschern«. Viele arbeiteten wegen übertriebener Geheimhaltung unabhängig voneinander an identischen Projekten. Stalin saß den Ideen des Scharlatans und Pflanzenzüchters Trofim Lysenko auf. Wer Lysenko durchschaute und auf die wissenschaftliche Genetik verwies, verschwand im Arbeitslager. Die Macht wurde aus den Republiken nach Moskau verlagert. Die Ukraine, in der vier Fünftel des landeseigenen Zuckers produziert wurden, hatte bei der eigenen Verwaltung kein Mitspracherecht. Alle Entscheidungen fielen in Moskau. Staatsämter wurden von Nichtproletariern gesäubert.

Stalins Porträt hing in jedem Geschäft, seine Parolen waren in aller Munde, seine Bücher – er hielt jede Woche Vorträge zur Dialektik und verfasste terminologisch überfrachtete Werke zur politischen Philosophie – standen in jedem Bücherregal. 1932 wurden fast 17 Millionen Exemplare gedruckt. Sein Buch *Probleme des Leninismus* wurde in 52 Sprachen übersetzt und war, wenn auch kaum gelesen, ein Jahrhundertbestseller. Der amerikanische Journalist Louis Fischer, sonst eher ein Schönredner, beklagte in *The Nation* die »Orgie des Personenkults«. Stalin, der sich den Artikel hatte übersetzen lassen, knurrte, »*swolotsch*«, »Schuft«. Sogar Tiere konnten ihn beleidigen. In seiner Wohnung im Kreml hielt er einen Papagei. Der Vogel sah ihm vom Käfig aus zu, wenn er, Pfeife rauchend und gelegentlich auf den Boden spuckend, durch das Zimmer ging. Eines Tages, erinnerte sich seine Tochter Swetlana, ahmte ihn der Papagei beim Spucken nach. Stalin steckte seine Pfeife durch die

Gitterstäbe und tötete ihn mit einem Schlag auf den Kopf. Der Dichter Ossip Mandelschtam schrieb 1933 über ihn:

Seine wulstigen Finger, wie Würmer so feist,
Seine Worte so schwer wie ein Wahrheitsbeweis,
Über'm Mund hockt als schäbiges Grinsen der Schnauz.
Seine Stiefel brillieren wie Spiegel – uns graut's.
Ihn umscharen Vasallen mit schmalem Genick,
Seine Macht ruht auf hälftigen Menschen – sein Glück.
Ob einer feixt, ob er greint und miaut – ganz egal,
Der dort oben bleibt immer, mit Faust oder Finger, am Ball.
Er schmiedet, als wären's Hufeisen, Dekret um Dekret.

Trotzdem herrschte ein ausgeprägter Stolz auf die sozialistischen Errungenschaften. »Die Menschen froren, hungerten und litten«, schrieb Scott, »aber die Bauarbeiten gingen ohne Rücksicht auf einzelne und unter einer heroischen Begeisterung der Massen, wie es sie in der Geschichte nur selten gegeben hat, weiter.« Allabendlich eilten Scharen bildungshungriger Arbeiter mit Lehrbüchern und Heften durch die Straßen von Magnitogorsk; sie alle wollten die »versäumten Jahrhunderte aufholen«. Sie besuchten nach zehn Stunden Arbeit Abendkurse, saßen mit leeren Mägen auf Holzbänken in eiskalten Räumen und paukten Mathematik und Mechanik in der Hoffnung auf bessere Berufsaussichten. Der Abendschüler Leonid Breschnew war damals in den Zwanzigern. Er studierte in der Ukraine an einem Institut für Metallverarbeitung.

Deutschland hatte sechs Millionen Arbeitslose, und Hitlers Aufstieg begann; in den USA herrschte die große Wirtschaftsdepression. In Magnitogorsk, Tscheljabinsk und Stalingrad dagegen entstanden, wenngleich zu einem unvorstellbar hohen Preis an menschlichem Leiden, riesige Industrieanlagen. Am Dnjepr entstand unter Leitung von Colonel Hugh, der bereits einen gewaltigen Staudamm im amerikanischen Tennessee gebaut hatte, ein Wasserkraftwerk, das zwei Jahre lang der Welt größte Baustelle war. Als es ans Netz ging, verfünffachte sich die sowjetische Stromerzeugung. In Kasachstan wurden neue Minen erschlossen, in Georgien siedelte sich Schwerindustrie an, in Moskau wurden die verwinkelten, gepflasterten Gassen durch breite, von Betonbauten gesäumte Boulevards ersetzt, unter denen sich ein U-Bahnnetz mit marmorenen Stationen erstreckte. Russland gedieh und mit ihm in einer Zeit, als der Kapitalismus am Ende schien, auch der Sozialismus.

7

Terror

An einem warmen Herbsttag im Oktober 1937 lief ein Frachter auf der Heimreise in den Hafen von Kronstadt ein. Oberst Ilja Starinow, der ein Jahr lang Verteidiger der spanischen Republik im Umgang mit Minen vertraut gemacht hatte, kehrte aus Barcelona nach Leningrad zurück. Er bezog ein Hotelzimmer und griff zum Telefon, um Kontakt mit Freunden aufzunehmen. Unter allen Nummern meldeten sich Fremde. Schließlich rief er das Büro des stellvertretenden Militärkommandanten am Hauptbahnhof an. Die vertraute Stimme, »für gewöhnlich laut und fröhlich«, meldete sich vorsichtig. »Guten Morgen, Genosse Tschernjugow«, sagte Starinow. »Hier spricht Starinow.« Er erzählte von Spanien und erkundigte sich nach Boris Iwanowitsch Filippow, einem alten gemeinsamen Freund. Tschernjugow sagte nach einer Pause: »Der macht eine Kur.« Dann hängte er ein. Starinow nahm an, der Freund sei auf Urlaub in den Süden gefahren. Er rief einen Bekannten vom Heerestransport an. Wo war Filippow? Die Antwort war kurz und schrecklich: »Man hat ihn abgeholt!« Gerüchte von Säuberungen, Verhaftungen und Liquidationen waren sogar nach Spanien gedrungen. Starinow durchstreifte Leningrad bis spät in die Nacht. Dann nahm er den Zug nach Moskau und suchte Iwan Georgiewitsch Sacharow auf, seinen früheren Befehlshaber: »Ihm konnte ich meine Befürchtungen mitteilen, er würde die Ungewissheit beenden.« Sacharows Frau war in Trauer. Ihr Mann hatte wochenlang nervöse Zustände gehabt, denn zwei direkte Vorgesetzte waren verhaftet worden. Dann hatte es eines frühen Morgens heftig an der Tür geklopft. Als Sacharow aufstand, versagte sein Herz. Der Mann an der Tür war der dienstha-

bende Offizier seiner Einheit gewesen; er hatte nur eine Botschaft über-
bringen wollen.

Starinow irrte durch die Straßen Moskaus und stand schließlich vor
der Wohnung eines Freundes, mit dem er acht Jahre im selben Regiment
gedient hatte. Er stieg die Treppe hinauf und klingelte. Der Freund
machte nervös auf. »Warum trägst du ausländische Kleider?« fragte er
argwöhnisch. »Ich war im Ausland«, sagte Starinow. »Ich hatte noch
keine Zeit, mich umzuziehen.« Wer im Ausland gewesen war, lebte
gefährlich. Starinows Freund starrte zu Boden. »Entschuldige, Ilja, aber
du weißt ja, wie die Zeiten sind ... Einige Kameraden aus unserem
Regiment sind kürzlich verhaftet worden. Jukow und Lermontow haben
sie auch abgeholt. Sie haben zu keiner Oppositionsgruppe gehört...« Er
senkte den Kopf noch tiefer.

Starinow ging. Die Nacht wurde kalt, und die Straßen leerten sich.
Nur vor den Kinos und Restaurants im Zentrum drängten sich noch
Menschen. Der Filmstar Ljubow Orlowa lächelte von einem Plakat herunter. Im Metropol wurde *Wolga-Wolga* gezeigt. Derselbe Film spielte
auch im Kreml, wo Stalin auf dem Platz des Wintergartens der Zaren
ein Kino hatte errichten lassen. Wenn er und seine Tochter es besuchten,
folgten ihnen zu ihrem Schutz Leibwächter und zwei gepanzerte
Limousinen im Schneckentempo.

Nach den Kulaken waren andere an die Reihe gekommen. An einem
grauen Nachmittag im Dezember 1934 wurde der Leningrader Parteichef Sergei Kirow in Leningrad von einem Mörder erschossen. Stalin
nahm den Nachtzug nach Leningrad. Auf dem Bahnsteig in Moskau
schlug er dem Polizeichef ins Gesicht. Stalin inszenierte seine Trauer. Er
trug Kirows Sarg, benannte das Leningrader Ballett nach Kirow und
überwachte das Verhör des Mörders. Das Verhör fand ohne Zeugen
statt. Stalin hatte den Mord aller Wahrscheinlichkeit nach selbst in Auftrag gegeben; der beliebte Kirow war sein Widersacher gewesen. Auf
dem Parteitag im selben Jahr hatte eine Gruppe ihn dazu bewegen wollen, sich gegen Stalin als Generalsekretär durchzusetzen. In der Atmosphäre der Angst und des Misstrauens nach dem Mordanschlag begann
die Jagd auf wirkliche und häufiger noch vermeintliche Gegner. 1966

Delegierte hatten an besagtem Parteitag teilgenommen, und nur ein Dutzend war an Kirow herangetreten. Doch bis zum nächsten Parteitag fünf Jahre später wurden 1108 Delegierte erschossen. Dies war charakteristisch für Stalins Terror: Die meisten Opfer waren Parteimitglieder. Zu den Säuberungen machte ein Witz die Runde: Ein Verhaftungskommando klopft an einer Tür und bekommt zur Antwort: »Falsch, der Kommunist wohnt einen Stock höher.« Im Frühjahr 1935 wurden Tausende von Parteimitgliedern aus Leningrad als Mittäter im Mordfall Kirow in nordrussische und sibirische Arbeitslager deportiert. Das reichte Stalin freilich noch nicht. Grigori Sinowjew und Lew Kamenew waren zehn Jahre zuvor seine Mitherrscher gewesen. Jetzt konnte ihr Ansehen als Altbolschewiki und Vertraute Lenins sie nicht mehr schützen: Sie wurden des Terrorismus, des Trotzkismus und des Mordes an Kirow angeklagt. Der Prozess wurde im August 1936 im früheren Ballsaal des Moskauer Adelsclubs eröffnet und von einer hysterischen Pressekampagne begleitet. Wenn die Angeklagten dieser Schauprozesse lange genug im Scheinwerferlicht geschwitzt und vor den laufenden Kameras der Wochenschauen Geständnisse abgelegt hatten, wurden sie hingerichtet. Mit großem Geschick schürte man in der Bevölkerung immer wieder paranoide Ängste vor Spionen.

Alle Angeklagten bekannten sich schuldig, obwohl ihre »Geständnisse« absurd waren. Ein Angeklagter gab zu, er habe sich mit Trotzkis Sohn in einem dänischen Hotel getroffen, einem Gebäude, das bereits zwanzig Jahre zuvor abgerissen worden war. Solche Geständnisse waren für die Säuberungen charakteristisch. Sie bestätigten Stalins Verfolgungswahn: »Er sah in allem und allen ›Feinde‹, ›Heuchler‹ und ›Spione‹«, sagte Nikita Chruschtschow später. Über die Betreffenden wurden Akten des NKWD angelegt und mit dem Vermerk »Für immer aufzubewahren« versehen. Den Geständnissen wurde durch Gummiknüppel, zermürbende Dauerverhöre und »Schwanentauchen« nachgeholfen, bei dem dem Opfer ein Tuch in den Mund geklemmt und um die Füße geschlungen wurde, das man dann anzog, bis die Wirbelsäule zu brechen drohte. Oft gestanden die Angeklagten auch von selbst. Die Partei verlangte es, erinnerte sich ein Überlebender, und »der Partei zu dienen war für einen Altkommunisten nicht nur Lebensziel, sondern innerstes Bedürfnis«. Obwohl Kamenew wusste, dass die Anschuldigungen haltlos waren und ihn ein Todesurteil als Handlanger des Kapitalismus erwartete, verkündete er auf der Anklagebank: »Egal wie das Urteil lautet, ich halte es von vornherein für gerecht.« Es war die Todesstrafe.

Ein zweiter großer Schauprozess fand im Januar 1937 statt. Eine Gruppe von siebzehn Männern, darunter der frühere Industrieminister Gregori Piatakow, sagte Geständnisse auf, denen zufolge sie mit Trotzkisten und Deutschen Sabotage begangen hatten. »Ich stehe im Schmutz vor euch, erdrückt von meinen eigenen Verbrechen«, sagte Piatakow vor dem Gericht, »als ein Mann, der seine Partei und sich selbst verloren hat.« 200 000 Menschen drängten sich bei 32 Grad Kälte auf dem Roten Platz, um Nikita Chruschtschow die Todesurteile verlesen zu hören. Nadescha Mandelschtam zufolge, der Witwe des Dichters Ossip Mandelschtam, der 1938 verhaftet worden und einige Monate später in einem Lager an der Kolyma ums Leben gekommen war, war die russische Bevölkerung während des Terrors »geistig verwirrt, nicht richtig krank, aber auch nicht ganz normal«. Der dauernden Hysterie konnte man sich kaum entziehen. »Jeden Tag forderte man uns in der Zeitung, im Radio und auf Treffen auf, mit dem NKWD zusammenzuarbeiten und jeden verdächtigen Vorfall sofort zu melden«, erinnerte sich John Scott an die Jahre der Säuberungen in Magnitogorsk. Der Terror überzeugte ihn, dass »für Leute aus dem Westen in Russland kein Platz« sei: »Ich habe Schwarzbrot, faulen gepökelten Fisch, Kälte und harte Arbeit ertragen. Die Säuberungen ertrug ich nicht. Mit ihnen konnte ich nicht leben.«

Nur wichtige Personen durften ihre Geständnisse in öffentlichen Prozessen verkünden. Die meisten Opfer verschwanden sang- und klanglos. Sie wurden heimlich und ohne Aufsehen nach Vorlesungen, auf der Straße, in einem Geschäft, in der Pause zwischen zwei Akten des Balletts *Schwanensee* im Bolschoi-Theater oder im Schlafwagen auf der Fahrt an die liebliche Küste des Schwarzen Meeres verhaftet. Unter ihnen waren Flugzeugkonstrukteure, zurückgerufene Diplomaten, Kü-

Schädel von Opfern der Säuberungen, entdeckt in einem Massengrab bei Tscheljabinsk. Die Opfer wurden wie Millionen andere mit einem Kopfschuss getötet. Die Henker des NKWD trugen bei der Arbeit zum Schutz vor Blutspritzern lederne Schürzen, Handschuhe und Hüte. [Foto: D. Grafow]

chenchefs, Sportler und der Leiter einer Militärkapelle. Niemand konnte sich sicher fühlen. Wladimir Antonow-Owseenko, der Erstürmer des Winterpalastes, wurden aus seiner Zelle im Moskauer Butyrka-Gefängnis geholt und erschossen. Der Direktor der Lenin-Bibliothek wurde ebenfalls hingerichtet. Stalins Schergen traten selbst im Ausland in Aktion. Der Bürgerkriegsheld Fedor Raskolnikow wurde in Südfrankreich ermordet, Leo Trotzki wurde im mexikanischen Exil von einem Agenten des NKWD mit einem Eispickel auf brutalste Weise umgebracht.

Die Verhaftungen wurden von Offizieren des NKWD mit roten Ausweisen durchgeführt; sie fuhren schwarze Limousinen und wurden »Raben« genannt. Mit Vorliebe schlugen sie zwischen elf Uhr nachts und drei Uhr morgens zu. Die Menschen hielten für den Fall, dass es an ihrer Tür klopfte, eine kleine Reisetasche bereit. Man schlief schlecht in Russland. Als eine junge Moskauerin, die bis spät nachts ausgegangen war, am frühen Morgen an der Tür ihres Vaters klingelte, erschien dieser voll bekleidet mit einer Tasche in der Hand. Als er seine Tochter sah, schlug er ihr ins Gesicht.

Stalin verlegte sein Büro zur besseren Abschottung vom Staraja-Platz in den Kreml. Er arbeitete mit Vorliebe nachts. Um fünf Uhr abends erloschen in Tausenden von Fenstern der Ministerien die Lichter, doch um zehn Uhr nachts gingen sie wieder an: Die Beamten kehrten für den Fall, dass sie einen Anruf aus dem Kreml erhielten, in die Amtsstuben zurück. Stalin hielt nach dem März 1937 zwei Jahre lang keine längere öffentliche Rede. Viele glaubten, die Verhaftungen geschähen ohne sein Wissen und seine Billigung. »Wenn nur Stalin davon wüsste«, sagte Boris Pasternak eines Abends, als er seinen Hund ausführte, seufzend zu einem Bekannten. »Das Leben ist besser geworden«, verkündeten stalinistische Parolen an jedem Arbeitsplatz. »Das Leben ist fröhlicher geworden.« Doch ein Spruch, der in aller Munde war, strafte die Parolen Lügen: »Heutzutage ist es gut, ein Telegrafenmast zu sein.« Stalin wusste alles. Er verbrachte gewöhnlich drei bis vier Stunden am Tag in Klausur mit dem nur 1,50 Meter großen Nikolai Jeschow, der keine Eltern gehabt und als stellvertretender Kommissar der Landwirtschaft als freundlicher Mensch gegolten hatte. Mit ihm arbeitete sich der Diktator durch endlose Listen möglicher Opfer und vorgesehener Strafen. Man weiß, dass Stalin 383 Listen mit 44 000 Namen abgesegnet hat. Dabei besprachen er und die Führung des NKWD nur die wichtigsten Fälle. Millionen weiterer Fälle wurden durch untere Chargen entschieden. Einige Verdächtige hat Stalin offenbar geschont. »Majakowskis Frau lassen wir in Ruhe«, teilte er Jeschow mit. Neben den Namen von Boris Pasternak hat er vielleicht geschrieben: »Lasst den versponnenen Träumer leben.« Er entschied sich jedoch zumeist für die Vernichtung und hatte Vergnügen daran, die Opfer kurz vor der Verhaftung noch in die Arme zu schließen. Dem Historiker Juri Staklow versicherte er mit herzlichem Schulterklopfen, er brauche sich keine Sorgen zu machen; in der folgenden Nacht wurde Staklow vom NKWD abgeholt. Das Kürzel für die Todesstrafe füllte die Ränder der Listen. In der Öffentlichkeit sagte man dafür »acht Gramm«: Gemeint war das Gewicht der Kugel, mit der die Verurteilten durch einen Schuss in den Hinterkopf getötet wurden.

Pasternak hatte Glück und kam davon. Über tausend Schriftsteller starben, und noch einmal so viele arbeiteten in den Lagern. Die Übriggebliebenen waren angesichts der Verhaftungswelle wie gelähmt vor Angst vor neuen Hiobsbotschaften, »die sie am Telefon bekamen, die sie auf der Straße überraschten, die zu ihnen ins Haus gepoltert kamen und die die Tür zu jeder Zuflucht aufbrachen«, schrieb Pasternaks Cousine Olga Friedenberg. Als die *Iswestija* Olga in einem Artikel kritisierte, wurde sie auf der Straße nicht mehr gegrüßt und von Freunden nicht mehr angerufen. Ebenfalls gefährdet waren Musiker, bildende Künstler und Kinodirektoren. Stalin liebte einfache Melodien und Volksmusik; mit Dmitri Schostakowitschs Oper *Lady Macbeth von Mzensk,* die er 1936 hörte, konnte er nichts anfangen. In einer vernichtenden Kritik in der *Prawda* wurde sie als »Wirrwarr statt Musik« gegeißelt. Die Oper habe mit sozialistischem Realismus nichts zu tun und verdanke ihren Erfolg im Westen dem »perversen Geschmack der Bourgeoisie am Neurotischen«. Es gab zwar ein staatliches Jazzorchester, aber die Leadsängerin der Band, die schöne Nina Donskaja, wurde entlassen, weil sie an einer Abendaufführung im Kreml vor Stalin unverfälschten Jazz mit schwierigen Melodien gesungen hatte. Einfachheit, Verständlichkeit und die Themen des bolschewistischen Heldentums waren für den Diktator auch in der Malerei Maßstab; künstlerische Abweichler waren »linke Schmierfinken«.

Im Film der zwanziger Jahre hatten meisterhafte Regisseure den Ton angegeben: Sergei Eisenstein mit *Panzerkreuzer Potemkin*, Wsewolod Pudowkin mit *Das Ende von Sankt Petersburg* und Alexander Dowschenko mit *Erde*. In den dreißiger Jahren kamen harte Zeiten auf sie zu. Eisenstein drehte zwischen *Die Generallinie*, seiner Saga der Kollektivierung von 1929, deren russischer Titel von Stalin stammte, und *Alexander Newski* von 1938 keinen einzigen Film. Der Diktator zensierte Kino und Theater persönlich. Filme begutachtete er in seinem Vorführraum im Kreml, und jedes Detail eines Drehbuchs musste von ihm oder dem Staatskomitee für Kinematographie abgesegnet werden. Geschmack fand er an den sentimentalen Musicals des Filmregisseurs Grigori Alexandrow. In dessen *Zirkus,* einer vernichtenden Kritik am amerikanischen Rassismus, bringt eine amerikanische Artistin ein schwarzes Kind zur Welt und muss deshalb aus ihrer Heimat fliehen. Sie reist nach Moskau und verliebt sich in einen Zirkusdirektor, der ihr den Schlager des Terrorjahres 1936 vorsingt:

Ich kenne kein anderes Land,
in dem der Mensch so frei atmet.

Alexandrow führte auch Regie in Stalins Lieblingsfilm *Wolga-Wolga,* einer leichten musikalischen Filmkomödie über zwei rivalisierende Gruppen von Volksliedsängern, die per Schiff auf der Wolga nach Moskau fahren und dort gemeinsam das »Lied der Wolga« singen. Die schöne Komponistin des Liedes verliebt sich in den Dirigenten, und sie gewinnen den ersten Preis in einem Volksliedwettbewerb. Stalin sah die Komödie im Terrorjahr 1938 so oft, dass er den Text schließlich auswendig konnte.

Den Säuberungen voraus gingen Denunziationen. Das NKWD unterhielt ein Netz von Millionen heimlicher Informanten. Sie saßen überall. Wenn sie keine Verräter entlarvten, wurden sie selbst angeklagt.

Ihre Opfer waren ein siebzigjähriger Lehrer, der ein altes Schulbuch mit einem Bild Trotzkis verwendet hatte, ein Mann, der wegen Malerarbeiten ein Porträt Stalins von der Wand genommen hatte, eine Frau, die sich beim Vorüberziehen eines Leichenzugs bekreuzigt hatte, und ein Philatelist, der eine Briefmarke Königin Viktorias besaß, die mehr wert war als eine Marke mit Stalins Porträt. Nachdem das Sammeln von Briefmarken als Verrat entlarvt worden war, kam 1937 jede organisierte Tätigkeit der Philatelisten zum Erliegen. In Kiew soll eine Frau 8000 Mitbürger denunziert haben, von denen die meisten ums Leben kamen. Wenn sie durch die Stadt ging, so erinnerte sich Nikita Chruschtschow, leerten sich die Bürgersteige. Die Leute mieden ihren Blick. Im Gefängnis gingen die Denunziationen weiter. »Wer hat dich angeworben?« lautete die erste Frage beim Verhör, und die zweite: »Wen hast du angeworben?« Mit Schlafentzug, Schlägen und Isolationshaft in kleinen Verschlägen wurden immer neue Namen erpresst. Besonders standhaft war I. I. Rubin. Beim Verhör wurde ein Unbekannter in den Raum geführt; er sollte erschossen werden, falls Rubin nicht gestand. Zwei Unbekannte starben vor Rubins Augen, bevor er den Widerstand aufgab. Mitte 1937 gab es so viele Denunziationen, dass das Strafvollzugssystem völlig zusammenbrach. Klöster und Badeanstalten wurden zu Gefängnissen umfunktioniert. Im »Empfangsloch« der Lubjanka im Moskauer Zentrum waren pro Quadratmeter mehr als drei Gefangene zusammengepfercht.

Opfer waren neben Parteifunktionären auch Militärs. Am 11. Juni 1937 wurde die Elite der Roten Armee ohne Verdienstmedaillen und Rangabzeichen in einen Gerichtssaal geführt. Unter ihnen war Marschall Tuchatschewski, der »Sieger von Kronstadt«, der glänzendste Soldat seiner Generation, der entscheidend zur Modernisierung der sowjetischen Streitkräfte beigetragen hatte. Ion Jakir, der Bahnbrechendes im Panzerbau geleistet hatte, war in der Nacht vor dem Prozess im Bett verhaftet worden. Die Festgenommenen wurden der Spionage für die Deutschen angeklagt, für schuldig befunden, erschossen und in einer Baugrube verscharrt, alles innerhalb von 18 Stunden. Sechs der acht Offiziere, die sie belastet hatten, wurden wenig später selbst erschossen.

Alle Kommandanten von Militärbezirken fielen dem stalinistischen Terror zum Opfer. Innerhalb eines Jahres verschwanden 57 von 85 Kommandeuren der Armeekorps; drei von vier Flottenkommandeuren wurden erschossen. Von den 100 000 Offizieren, die 1937 in der Roten Armee aktiv dienten, wurde etwa die Hälfte liquidiert. Stalin ermordete mehr sowjetische Offiziere im Rang eines Oberst, als später den Deutschen im Krieg zum Opfer fielen. Hitler entfernte zwar 16 Generäle aus seiner Armee, ließ sie aber nicht ins Gefängnis werfen oder erschießen.

Wer nicht zum Tod verurteilt wurde, kam in die Zwangslager des Gulag, die für die Kulaken eingerichtet worden waren. Die Kolyma-Goldminen waren »Zentren der Kälte und Grausamkeit«, schlimmer als die Todesstrafe. Als Stalin die »Verhätschelung der Gefangenen« rügte, wurden Filzstiefel durch Stoffschuhe ersetzt. Viele erfroren. Andere starben an Lungenentzündung, weil der eingeatmete Sprengstoff die Bronchien schädigte, oder an Erschöpfung beim Fortkarren der vereisten Erde und Steine. Immer wieder sank ein *sek,* ein Häftling, zu Boden. Zur Kälte kam der Hunger. General Karpunitsch-Braven sah unter seinen Mitgefangenen Offiziere, die »auf allen vieren knurrend im Boden wühlten. Halb wahnsinnig, ließen sie sich durch keine Prügel von den Abfallhaufen vertreiben.« Wer zum Arbeiten zu krank und zu schwach war, wurde von Aufsehern des NKWD erschossen. Traktorenlärm übertönte bei Massenerschießungen die Schreie.

Der letzte große Schauprozess fand im März 1938 statt. Zu den Opfern gehörten Nikolai Bucharin, Rykow und Jagoda, der Leiter des NKWD vor Jeschow; neben anderen Verbrechen gestanden sie die Vergiftung von 30 000 Pferden. Den kleinen Jeschow ließ Stalin erschießen und durch den Georgier Lawrenti Berija ersetzen. Gegen Ende 1938 ließ sich das Tempo der Säuberungen nicht mehr aufrechterhalten. Das NKWD hatte Akten über die Hälfte der erwachsenen Bevölkerung in den Städten. Es gab auch Akten über Kinder und von Kindern, die über Eltern und Freunde aussagten. Das Verschwinden qualifizierter Arbeitskräfte schadete der Industrie gewaltig. In den Gefängnissen wurden Laboratorien und Testanlagen eingerichtet, und »gefangene Experten« arbeiteten an militärischen und zivilen Projekten. Umgeben von einem doppelten Stacheldrahtverhau, entwarf der Sträfling V. M. Petliakow den Sturzkampfbomber Pe-2, das sowjetische Gegenstück zum Stuka der Nazis. Der Terror legte sich etwas.

Die durchschnittliche Zahl der Insassen der Lager Stalins wird auf acht Millionen geschätzt. Allein in Kolyma gab es 1938 rund doppelt so viele Häftlinge wie in den Gefängnissen des zaristischen Russland insgesamt. Und Kolyma war nur eine von vielen Strafkolonien des Gulag. Im Todeslager Serpantinka starben 1938 mehr Gefangene, als in den letzten 100 Jahren unter den Romanows hingerichtet worden waren. Laut Enthüllungen des KGB von 1993 forderte der Stalinismus 42 Millionen Opfer – eine unvorstellbare Zahl.

Stalin war für den Terror nicht allein verantwortlich. Lenin hatte die Tscheka geschaffen. Der Name änderte sich von GPU (1922–34) zu NKWD (1934–43), NKGB (1943–46), MGB (1946–53), MWD (1953) und KGB (1953–91), aber die Tätigkeit blieb die gleiche. Lenin war der Theoretiker des »roten Terrors«. Der Organisator war Felix Dserschinski, dessen Standbild den nach ihm benannten Platz vor der Lubjanka beherrschte, bis es 1991 vom Sockel gestoßen und zertrümmert wurde. Lenin billigte den Gulag. Den Kulaken hatte er einen »Krieg ohne Gnade« angesagt. Sie sollten »Latrinen im Gefängnis säubern ... damit das ganze Volk sie überwachen kann«. Einer von zehn Faulenzern sollte standrechtlich erschossen werden, und ehemalige Häftlinge von Arbeitslagern sollten gelbe Schilder tragen, die sich vom Judenstern der Nazis kaum unterschieden. Lenins Hasstiraden gegen Kulaken und Bürgerliche klingen wie die spätere Rassenhetze Hitlers: »... dieser Abschaum der Menschheit, ... diese Seuche und Plage, dieses Geschwür, das der Sozialismus vom Kapitalismus geerbt hat«. So hat auch der Mann, dessen Mumie auf dem Roten Platz ausgestellt war, seinen Teil zum Terror beigetragen.

8

Angriff

Während der Kommunismus zum blanken Terror ausartete, zerstörte der Nationalsozialismus die Nachkriegsordnung von 1918. Polen, die Tschechoslowakei, Finnland und die baltischen Staaten hatte es vor dem Krieg als unabhängige Staaten nicht gegeben, und ihr Fortbestand war weder von den Sowjets noch von den deutschen Faschisten vorgesehen. 1938 wurde die Tschechoslowakei Protektorat der Nazis. Dann wandte Hitler sich Polen zu. Sein Außenminister Joachim von Ribbentrop traf im August 1939 in Moskau ein. Die Hakenkreuzfahnen, die ihn beim Empfang begrüßten, waren Requisiten von Propagandafilmen gegen den Nationalsozialismus.

Stalin hieß Ribbentrop persönlich willkommen. Am 23. August wurde der Hitler-Stalin-Pakt unterzeichnet, in dem die Todfeinde von einst sich gegenseitige Neutralität zusicherten. Die Welt war fassungslos. Eine britische Karikatur zeigte, wie sich die beiden Diktatoren tief voreinander verbeugen. »Der Abschaum der Erde, nehme ich an?« sagt Hitler, und Stalin erwidert lächelnd: »Der blutige Mörder der Arbeiter, nehme ich an?« Eine Woche später marschierte Hitler in Polen ein. Ein geheimes Zusatzprotokoll zum Vertrag legte fest, dass der Kreml sich als Belohnung für seine Neutralität die nach der Revolution verlorenen Territorien zurückholen durfte. Während die Deutschen den Widerstand im Westen Polens niederwalzten, rückte die Rote Armee im Osten zur vereinbarten Demarkationslinie vor; mit ihr kam das NKWD und transportierte in Viehwaggons Tausende von Polen in die Arbeitslager ab. Die gefangenen polnischen Offiziere verschwanden für immer. Auf Stalins Befehl wurden sie in einem Wald bei Katyn ermordet.

Finnland war schwerer zu erobern. Die Russen griffen das Land im November 1939 an, hatten aber hohe Verluste, als sich die schlecht geführten Verbände durch die Schneewehen kämpfen mussten. Viele erfroren, weil die finnischen Ski-Einheiten sich auf die Zerstörung der russischen Feldküchen und Zelte konzentrierten. Die Führung litt unter dem Trauma der Säuberungen. Die Infanterie wurde in verhängnisvollen Frontalangriffen ins finnische Maschinengewehrfeuer getrieben. Doch im März 1940 zwang die erdrückende russische Überlegenheit an Menschen und Material die Finnen zum Friedensschluss. Der deutsche Geheimdienst war inzwischen zur Überzeugung gekommen, die Rote Armee sei unfähig und kinderleicht zu besiegen.

Im Juni 1940, einen Tag nach der Eroberung Frankreichs durch die Nazis, besetzte die Rote Armee mit den Schergen des NKWD im Schlepptau Litauen, Lettland und Estland. Wohlhabende Bauern, Priester, Juden, Hotel- und Ladenbesitzer, Diplomaten, Bankangestellte und Menschen, die Esperanto sprachen, wurden erschossen oder in den Gulag verschleppt. Das NKWD trieb allein in der Nacht des 14. Juni 10 000 Esten zum Abtransport nach Sibirien zusammen. Insgesamt verschwanden 1,2 Millionen Menschen aus den neu besetzten Gebieten in den Lagern. Die meisten kamen ums Leben. Einige Tage später erlitt die rumänische Provinz Bessarabien das gleiche Schicksal. Damit hatte Stalin sich die im Zusatzprotokoll versprochenen Gebiete geholt. Hitler hatte sein Wort gehalten, und die Russen hielten ihres: Russische Tankwagen und Güterwagons transportierten Öl, Gummi, Kupfer und Getreide von Moskau nach Berlin, um den deutschen Feldzug gegen die widerspenstigen Briten zu unterstützen. Die gegenseitige Rechnung schien aufzugehen.

Doch Stalin erhielt zahlreiche Warnungen, Hitler gedenke sich nicht an den Vertrag zu halten. Für Hitler war der Bolschewismus eine jüdische Erfindung, die an der Wurzel ausgerissen werden musste. Außerdem war er besessen von der Idee eines Russlands als riesigem Lebensraum, in dem deutsche Soldaten als Bauern angesiedelt werden und die Einheimischen als Fronarbeiter dienen sollten. Im April 1941 gab der Meisterspion Richard Sorge dem russischen Geheimdienst Einzelheiten des deutschen Invasionsplans bekannt. Am 13. Juni schickte Winston Churchill den Russen eine dringende Warnung. Der deutsche Botschafter in Moskau, der sich dem Krieg mit Russland widersetzte, verriet den Tag, ein deutscher Deserteur den genauen Zeitpunkt des geplanten Einmarschs. An der Grenze hörten russische Posten nachts Lärm von Panzermotoren; tagsüber flogen deutsche Aufklärer über sie hinweg. Stalin schlug alle Warnungen in den Wind und wies die Armee an, sich nicht provozieren zu lassen. Den Deserteur ließ er kurzerhand erschießen.

Für die Russen war der 21. Juni 1941 ein ganz gewöhnlicher Tag. In der Grenzfestung bei Brest, wo Trotzki 1918 den Frieden mit Deutschland unterzeichnet hatte, verbrachte man den Nachmittag mit einer Übung zu den Klängen einer Militärkapelle; abends sah man sich im ausverkauften Offiziersclub eine Aufführung der beliebten Komödie *Die Hochzeit in Malinkowka* an. Zur gleichen Zeit rückten deutsche Infanteristen durch Kohlpflanzungen und Getreidefelder in ihre Stellungen ein. Kurz nach Mitternacht ließen russische Grenzsoldaten am Bahnhof noch den Moskau-Berlin-Expreß passieren; drei Stunden später eröffneten die Deutschen das Feuer. Die Wachsoldaten, die halb bekleidet aus ihren Baracken stürzten, waren die ersten Opfer der Operation Barbarossa. Die Invasion der Nazis war die größte Offensive der Geschichte: 3,2 Millionen deutsche Soldaten rückten auf einer Frontlinie, die ungefähr der Entfernung Hamburg–Neapel entsprach, gegen 170 Divisionen der Roten Armee vor.

Die ersten deutschen Panzerverbände passierten am Sonntag, dem 22. Juni, um 4.45 Uhr den Bug bei Brest. Wiederholt fingen sie Funksprüche auf, in denen die Sowjets Befehle aus Moskau erbaten. Die Antwort lautete: »Genosse Stalin hat verboten, auf die Deutschen zu schießen.« Radio Moskau weckte die Hauptstadt um sechs Uhr mit Gymnastik und dem Wetterbericht. Erst gegen Mittag wurde die Invasion gemeldet. Am Abend hatte die Wehrmacht bereits an zwei Stellen die sowjetische Front durchbrochen, und ihre Panzer rollten ungehindert in russisches Territorium, begleitet von Staubwolken, die wie Kondensstreifen in der windstillen Luft standen. Motorradfahrer malten auf die

Flügel abgeschossener russischer Flugzeuge Wegweiser für die nachrückende Armee. Die Piloten der deutschen Luftwaffe meinten, sie begingen an ihren schlecht ausgebildeten Gegnern einen »Kindermord«. Minsk fiel am 30. Juni, dem neunten Tag der Invasion. Die westlichen Verbände der Roten Armee gerieten bei Bialystok und Minsk in zwei riesige Kessel. Sie verloren 3785 Panzer, mehr als die Deutschen besaßen, und 440 000 Mann. Am 16. Juli eroberten deutsche Panzerverbände Smolensk 320 Kilometer vor Moskau und machten weitere 300 000 Gefangene.

Die Deutschen überrannten die baltischen Staaten. Glockengeläut und Blumen werfende Mädchen in Nationaltrachten hießen ihre Marschkolonnen willkommen. Männer in den grünen Mützen des NKWD wurden bei hohen sowjetischen Offizieren vorstellig, die den Deutschen entkommen waren. Als die Serie der Niederlagen nicht abriss, wurden die Kommandeure von Frontlinien, Armeen und Divisionen von Exekutionskommandos erschossen. Das NKWD evakuierte, so weit möglich, die Gefangenen und Zwangsarbeiter. Straßen und Schienenwege waren durch die Transporte der polnischen, ukrainischen und baltischen Häftlinge nach Osten blockiert. War zum Abtransport keine Zeit, wurden die Gefangenen erschossen. In Lwow saßen in drei Gefängnissen tausende ukrainischer Nationalisten. Als die Wehrmacht am 29. Juni in die Stadt einzog, drängte sich eine Menge trauernder Angehöriger vor den Gefängnissen, aus denen es nach Verwesung stank. Maria Spiridonowa saß im Gefängnis von Orel. 1906 hatte sie als kleine, schmächtige Jugendliche auf einem Bahnsteig einen zaristischen Polizeichef ermordet. Ihr Todesurteil war in lebenslange Zwangsarbeit in Sibirien umgewandelt worden. Nach der Freilassung war sie für junge Revolutionäre eine Heldin, bis die Bolschewiki sie in Haft nahmen. Orel fiel so unerwartet, dass die Straßenbahnen noch fuhren, als die ersten deutschen Panzer in die Stadt einrollten. Doch den Aufsehern des NKWD blieb noch die Zeit, Maria in ihrer Zelle zu töten.

Die Deutschen konnten Kapital aus zahlreichen Ressentiments schlagen, aus der noch frischen Erinnerung an Säuberungen und Kollektivierungen, aus nationalistischen Sehnsüchten und aus der Treue zum christlichen Glauben. Landfrauen bekreuzigten sich vor den Invasoren und schenkten ihnen Salz und Brot. Doch die Deutschen kamen nicht als Befreier, sondern als Sklavenjäger. Wie das NKWD die Rote Armee begleitet hatte, so folgten der Wehrmacht die Mordkommandos von Himmlers Einsatzgruppen. Mit den »bolschewistischen Bonzen und Kommissaren« und der »jüdisch-bolschewistischen Intelligenz« wurde kurzer Prozess gemacht, andere wurden in deutsche Arbeitslager verschleppt oder zu Untermenschen im eigenen Land degradiert. Eine Befriedung war laut Hitler am besten dadurch zu erreichen, dass man jeden, der das Gesicht verzog, sofort an die Wand stellte. Die Russen antworteten mit dem Gegenterror des Partisanenkriegs.

Kiew erlebte die schlimmste Kesselschlacht des Krieges. Am 17. September umzingelte die Wehrmacht die intakten Verbände der Roten Armee; die Stadt fiel zwei Tage später. SS-Männer in schwarzer Uniform mit einem Totenkopf an der Mütze befahlen: »Kommissare, Kommunisten und Juden vortreten!« Die Opfer wurden mit nacktem Oberkörper abgeführt und erschossen. Die Beute war gewaltig. 665 000 Gefangene wurden mit dem Zug nach Deutschland in Arbeitslager und Fabriken gebracht, wo die meisten ums Leben kamen. Aber die Deutschen hatten nicht den Eindruck, in einem besiegten Land zu sein; überall schlug ihnen Widerstand entgegen. In den Schützengräben von Kiew wurde über Lautsprecher eine Rede Stalins übertragen. »Der hartnäckige Kampf dieser Männer, die auf dem Schlachtfeld in ohrenbetäubendem Kanonendonner und ununterbrochenem Lärmen der Lautsprecher einen schrecklich einsamen Tod starben«, beeindruckte die Deutschen als etwas zugleich Diabolisches und Naives. Eingeschlossene Russen griffen mit einigen wenigen Maschinengewehrsalven die deutsche Artillerie an und wurden dann wie Hasen abgeknallt. Der Horizont lag in alptraumhafter, unerreichbarer Ferne; die Deutschen marschierten »in ein finsteres Loch, in eine fahle, öde Landschaft«. Kaum war eine Einheit überrannt, tauchte die nächste auf. Die geschätzten 200 Roten Divisionen mussten von der deutschen Aufklärung nach oben auf 360 korrigiert werden.

Der deutsche Panzerkommandeur General Heinz Guderian begann

am 2. Oktober 1941 mit einem Vorstoß nach Moskau. Fast drei Millionen Soldaten kämpften in der Schlacht um die Hauptstadt. Hitler und die zusehende Weltöffentlichkeit glaubten, Moskau stehe kurz vor dem Fall. Deutsche Stabsoffiziere schätzten, dass die Rote Armee fast die halbe Stärke eingebüßt hatte. Am Vormittag des 5. Oktober meldeten sowjetische Jagdflieger, eine 24 Kilometer lange Kolonne deutscher Panzer und Lastwagen rolle auf die Stadt Juchnow 200 Kilometer vor Moskau zu. Der Kreml tat die Meldung als »Panikmache« ab. Weitere 600 000 Russen wurden vor Moskau eingekesselt und gerieten nach heftigem Granatfeuer und Luftangriffen in Gefangenschaft. In Berlin erklärte Goebbels auf einer Konferenz ausländischer Journalisten, der Krieg sei zum Abschluss gebracht worden.

Am 14. Oktober rollten deutsche Panzer in Kalinin 160 Kilometer nördlich von Moskau ein. Die Wehrmacht war erstaunt über den ungewohnten Wohlstand der Stadt, über die asphaltierten Straßen und Restaurants mit so viel sagenden Namen wie »Culinaria« oder »Lucullus« inmitten moderner Wohnblocks und hölzerner Baracken. In der Hauptstadt brach der *bolschoi drap* aus, die große Flucht. Regierungsbüros und diplomatisches Korps wurden ins östliche Kuibyschew verlegt. Stalins Tochter Swetlana zog in das nach Farbe und Mäusen riechende Museum der Stadt, in dem bereits Köche, Dienstmädchen und Leibwächter das Gefolge des Diktators erwarteten. Am 18. Oktober waren die Deutschen in Moschaisk; Napoleon hatte 1812 zu Pferd drei Tage gebraucht, um von dort nach Moskau zu gelangen. Doch die Panik in der Hauptstadt legte sich wieder. Die Wehrmacht stieß bei ihrem schnurgeraden Vormarsch nach Osten auf immer neue Kampfverbände der Roten Armee. Drei aneinander gelehnte Birkenäste mit einem Helm obenauf kennzeichneten im gelben Herbstgras die zahlreichen Gräber der gefallenen Deutschen.

Dann fiel der erste Schnee. General Georgi Schukow wurde aus Leningrad, das die Deutschen von der Versorgung abgeschnitten hatten, abgezogen und kommandierte jetzt die Moskauer Front. Der zähe und eigensinnige Mann, ein brillanter Stratege, war auf dem Land westlich der Stadt aufgewachsen, um die sich die Schlacht konzentrierte. Er duldete keine Einmischung Stalins und sprach mit dem Diktator »in scharfem Befehlston«. Schukow zeigte ein Koordinationsvermögen und eine Sparsamkeit der Mittel, wie sie den verschwendungssüchtigen Sowjets bisher fremd gewesen waren. Den Deutschen gingen die Kräfte aus. Sowjetische Stoßtrupps bezogen Stellung an Waldwegen, russische Reiter verminten sie. Die deutschen Tanks wurden auf dem Eis von sowjetischen T-34 mit breiteren Ketten ausmanövriert. Die deutschen Panzerbesatzungen waren entmutigt: »Man jagt den Motor hoch, aber der Panzer reagiert zu langsam. Die russischen Panzer sind sehr wendig, sie fahren schneller eine Böschung hinauf und durchqueren einen Sumpf schneller, als man den Geschützturm schwenken kann. Und durch den Lärm und die Vibrationen hört man immer wieder den Einschlag der Geschosse in die Panzerung... Sehr oft ertönt eine dumpfe, anhaltende Explosion, ein Krachen, wenn der Treibstoff in Flammen aufgeht, Gott sei Dank so laut, dass die Schreie der Besatzung untergehen.«

Allabendlich sahen die Deutschen Wolken über der fernen Steppe und über den Wäldern, dunkle Massen mit dem Regen, dem Eis und dem Schnee des kommenden Winters. Die Moskauer Frauen schleppten Sandsäcke zum Bau von Panzerfallen; nur stillende Mütter waren von dieser Arbeit befreit. Ende Oktober kamen die Deutschen im Schlamm nur noch im Schneckentempo voran. Guderian meldete, die Erschöpfung, die sich jetzt auch unter den besten Offizieren breitmache, sei »weniger physisch als moralisch«. Ein Unteroffizier klagte: »Die Russen greifen jede Nacht an. Die Bäume triefen noch im Nebel, und die Krähen schütteln das Gefieder... Wir reden darüber, was aus uns, aus Russland und aus Deutschland werden soll.« Bei der Parade zum 24. Jahrestag der kommunistischen Machtergreifung am 7. November herrschte auf dem Roten Platz dichtes Schneetreiben. Einige Truppen marschierten von der Parade direkt zur Front weiter. Stalin beschwor in seiner Ansprache vor den Soldaten die »großen Ahnen«: Alexander Newski hatte 1242 die deutschen Ordensritter besiegt, Dmitri Donskoi hatte 1380 die Tataren in die Flucht geschlagen, und Suworow und Kutusow hatten gegen Napoleon gekämpft. Die Wirkung der Rede wurde durch die vorbeirollenden Panzer noch gesteigert. Stalin stärkte das Einheitsgefühl der Soldaten.

Der Wind, der Sand und Staub vom Roten Platz fegte, verursachte bei den Deutschen erste schwere Erfrierungen. Am 7. Dezember, in einer strahlend klaren Nacht, fiel das Thermometer auf minus 29 Grad Celsius. In der Kälte rissen Filme, Stiefelsohlen, Stahlwinden und die Rinde der Bäume. Unbedeckte Körperpartien erfroren innerhalb von Sekunden, Tote waren in einer Stunde steif. Maschinen- und Dieselöl wurde zähflüssig und dann breiig. Der Schnee verringerte die tödliche Sprengwirkung einer Mörsergranate auf einen Radius von einem Meter. Nur Handgranaten und Flammenwerfer arbeiteten noch zuverlässig. Die Russen hatten wattierte Jacken, Filzstiefel, so genannte *walenki*, und Pelzmützen mit Ohrschützern. Die Deutschen, die nicht ausreichend mit Winterkleidung versorgt worden waren, zogen russische Gefangene und Tote aus. »Nur am Abzeichen waren sie noch als Deutsche erkennbar«, schrieb Guderian.

Am 16. November trat die Schlacht in die Endphase. Am 28. November erreichten die Deutschen Krasnaja-Poliana, 22 Kilometer nördlich von Moskau. Von den hohen Wohnblocks sah man die Türme und Kuppeln des Kreml. Die deutschen Soldaten waren an der Grenze ihrer Belastbarkeit angelangt. Sie hatten fast 750 000 Mann verloren; 200 000 waren gefallen, fast siebenmal so viele wie in allen Feldzügen des Vorjahres. Bataillone wurden von Leutnants befehligt. Russische Flieger bombardierten Dörfer und allein stehende Hütten, um den Deutschen jeden Unterschlupf wegzunehmen. Die Deutschen hausten in Feldlagern aus reisiggedeckten Jurten, urinierten zur Linderung über die Frostbeulen an ihren Händen und verschlimmerten dadurch die Entzündungen. Sie verbrannten die Balken der Häuser, die sie mit ihren Geschützen zerstört hatten. Herrenlose Pferde trabten durch den Schnee, tauchten »mit hängenden Köpfen in der Einöde auf und verschwanden wieder«. Am 1. Dezember um fünf Uhr morgens holte die 4. Armee der Deutschen an der Straße von Smolensk nach Moskau zum Vernichtungsschlag aus. Gegen Mittag war sie bis zu drei Kilometern in die Verteidigungslinien der Sowjets eingebrochen. Schukow warf alle verfügbaren Reserven in die Bresche und stoppte die 4. Armee am Ende der Wälder vor den Moskauer Vororten. »Uns fehlten nur noch zwölf Kilometer, um Moskau in Schussweite der Artillerie zu bekommen«, sagte ein Leutnant der Wehrmacht. »Wir haben es nicht geschafft.«

Am 5. Dezember starteten die Russen ihre Gegenoffensive. Drei Tage später griffen die Japaner Pearl Harbor an. Stalin hatte einen Angriff im Fernen Osten befürchtet; in der Mandschurei waren russische Truppen bereits mit den Japanern aneinander geraten. Da sich die Lage mit dem japanischen Angriff auf die USA für die Sowjetunion deutlich entspannte, konnte Schukow weitere Truppen nach Westen abziehen. Die geschwächten Deutschen, die durch Ruhr und Frost dezimiert wurden und deren automatische Gewehre wegen der Kälte Ladehemmung hatten, gerieten manchmal in Panik, wenn sie von warm gekleideten sibirischen Soldaten mit Panzern vom Typ T-34 angegriffen wurden. »Es ist so bitterkalt, dass mir die Seele einfriert«, klagte ein deutscher Infanterist in seinem letzten Brief an seine Frau. »Ich bitte Dich, schreibe mir nicht mehr von Seide und Gummistiefeln, die ich Dir aus Moskau mitbringen soll. Begreifst Du nicht, dass ich sterbe? Denn ich werde sterben, ich spüre es.« Nachts fiel die sowjetische Kavallerie auf flinken Steppenpferden mit gezogenen Säbeln über die versprengten Soldaten an den deutschen Flanken her.

Jetzt befreiten die Russen das Territorium. Was sie sahen, trieb sie weiter. »Von den Dörfern waren nur die Kamine und verkohlten Balken der Häuser übrig«, schrieb der Romancier Konstantin Simenow. »Zweimal sah ich in befreiten Dörfern Galgen, und neben einem lagen die Leichen der von den Deutschen gehenkten Bauern.« Schukows fernöstliche

Das Wasser aus den zugefrorenen Kanälen Leningrads führte zum Ausbruch von Seuchen. Die Stadt war voller Toter. »Die Menschen starben auf der Straße; sie brachen zusammen, und die Leichen blieben tagelang an Ort und Stelle liegen«, schrieb die Operndiva Galina Wischnewskaja. »Wenn in einer Familie jemand starb, wurde der Todesfall so lange wie möglich geheimgehalten, um an die Lebensmittelration des Toten zu gelangen. Für ein paar zusätzliche Brotkrumen legten sich Mütter zu ihren toten Kindern ins Bett. Erfrorene Leichen lagen bis zum Frühjahr in den Wohnungen.«

177

Divisionen erlitten schwere Verluste; vor den deutschen Geschützstellungen stapelten sich die Leichen ihrer Soldaten, »ineinander verschlungen, in ihrer armseligen Nacktheit grün und braun gefroren«. Mitte März stabilisierte sich die Front 65 Kilometer westlich vor Moskau.

Leningrad entging der Katastrophe nicht. Statt Straßenkämpfe mit hohen Verlusten zu riskieren, entschied sich Hitler für die Belagerung der Geburtsstadt des Bolschewismus. Drei Millionen Menschen saßen in der Falle. Im Dezember 1941 lag die offizielle Ration von Brot, gestreckt mit Zellulose und Ölkuchen aus Baumwollsamen, für Handarbeiter und Soldaten bei 250 Gramm pro Tag, bei allen anderen bei der Hälfte. Das Eis der »Straße des Lebens« über den zugefrorenen Ladogasee, den einzigen Versorgungsweg, war dünn, und Lebensmittel waren knapp. Aus den Apotheken waren Hustentropfen, Tabletten gegen Mundgeruch, Pfirsichkernöl, Rizinusöl, Haaröl und Glyzerin verschwunden. Im Januar und Februar 1942 starben 200 000 Leningrader an Kälte und Hunger, zum Teil auf der Straße oder während der Arbeit. Im Puschkin-Theater brach ein Schauspieler tot auf der Bühne zusammen; man zog ihn hinter die Kulissen, dann ging die Vorstellung weiter. Alkoholiker starben besonders schnell, aber auch die Geizkragen, die jahrelang Geld und Lebensmittel gehamstert hatten: »Zu oft siegte bei ihnen der Geiz, noch an der Schwelle zum Tod.« Die Menschen zogen ihre Angehörigen auf Schlitten zu den Friedhöfen, aber wenn die Kräfte versagten, ließen sie die Leichen mitten auf der Straße stehen. Erst wurden die Pferde gegessen, dann brachten Hunde und Katzen auf dem Schwarzmarkt einen Monatslohn. Leim und Einbände von Büchern wurden zu Suppe verkocht, verkochtes Kalbsleder wurde mit Nebenzwiebeln aromatisiert. Raben und Krähen verzogen sich aus der Stadt oder wurden verspeist. Banden von Kannibalen zerlegten in dunklen Winkeln frische Leichen. Wasser wurde aus Eislöchern an der Newa geschöpft und durch Gaze gefiltert; es schmeckte entsetzlich. Brennstoff gab es nicht mehr; die Straßenbahnen standen still, die Lichter waren erloschen.

Radio Leningrad wurde mit dem Generator eines Schiffes betrieben, das im Eis auf der Newa festsaß. Zwischen den Sendungen wurde das

Ticken eines Metronoms eingeblendet, um die Menschen daran zu erinnern, dass die Stadt noch lebte. Überlebende erschraken bei diesem Geräusch noch zehn Jahre später. Leningrad lag ständig unter Granatfeuer; die Frontlinie verlief quer durch die Vorstädte. Frauen und Kinder wurden über den See evakuiert. Mit der Abnahme der Bevölkerung und der Verbesserung der Versorgung ließ die bitterste Not etwas nach. Trotzdem starben bis zum 27. Januar 1944, dem Ende der zweieinhalbjährigen Belagerung, 900 000 Menschen.

Zur Zeit der Kämpfe um Moskau hatte die Sowjetunion ein Viertel des europäischen Teils von Russland verloren, den reichsten Teil des Landes, in dem 45 Prozent der Bevölkerung lebten. Die Kohlebergwerke und die chemische Industrie im Donbass waren dem Feind ebenso in die Hände gefallen wie die Stahlwerke der östlichen Ukraine, dazu ein Drittel der Weizenfelder und die Hälfte des Gesamtbestandes an Rindern und Pferden.

Schon vor dem Krieg hatte man im Osten riesige »Evakuierungsbasen« geplant. Innerhalb von zwei Wochen nach dem deutschen Überfall wurden die gefährdeten Stahlwerke von Saporoschje in der Ukraine zum Abtransport nach Magnitogorsk auf 8000 offene Güterwagen verladen. Das Rohrwalzwerk in Dnjepropetrowsk wurde im September demontiert und auf zahlreichen Güterzügen nach Osten ins 2000 Kilometer entfernte Perwouralsk im Ural verfrachtet; an Weihnachten nahm das Werk die Produktion wieder auf. Aus dem Flugzeugwerk für Jäger von Typ Jakowlew rollte alle acht bis zehn Stunden ein Zug mit 40 Waggons mit Menschen und Maschinen. Insgesamt wurden in vier Monaten 1360 kriegswichtige Industrieanlagen und 17 Millionen Menschen nach Osten in den Ural, nach Kasachstan und ins zentralasiatische Sibirien verlegt.

Auf die Arbeiter und Maschinen warteten im Osten keine Fabrikhallen, nur »Erde wie Stein, hartgefroren im strengen sibirischen Frost«, wie ein Zeuge anlässlich des Wiederaufbaus einer Fabrik sagte, die im November aus der Ukraine nach Swerdlowsk verlegt wurde. »Mit Äxten und Spitzhacken war dem steinigen Boden kaum beizukommen. Im Schein von Bogenlampen hackten die Leute die ganze Nacht hindurch.

Sie sprengten die Steine und die gefrorene Erde und legten Fundamente... Über die Karten und Baupläne, die auf Packkisten ausgelegt wurden, fegte der Schneesturm.« In einem nach Kuibyschew verlegten Flugzeugwerk wurden mangels Heizung Löcher in den Boden gehackt, mit Holz gefüllt, mit Heizöl übergossen und angezündet. Fenster oder ein Dach gab es nicht. Schnee bedeckte den Boden der Werkshalle, die zugleich als Schlafsaal diente. Die Arbeiter luden die eintreffenden Maschinen mit den Händen von den Waggons ab und nahmen ihr Essen, »etwas Suppenähnliches«, im Freien ein. Am 29. Dezember dröhnten Motoren. Die Evakuierten suchten am Himmel vergeblich nach feindlichen Flugzeugen und stellten dann fest: »Der Probelauf der Maschinen hat begonnen!«

Die Arbeiter, die das ebenfalls verlegte Traktorenwerk von Charkow wieder aufbauten, hausten in Höhlen und schraubten die ersten Maschinen im Freien zusammen. Es gab *woskresniks*, Sonntage mit freiwilliger Arbeit, und viele Arbeiter hatten deshalb eine Siebentagewoche. Die neue Arbeiterschaft im Steinkohlebergbau von Karaganda in Kasachstan bestand überwiegend aus Frauen und Jugendlichen. Für die Arbeit auf den Bauernhöfen blieben nur Frauen, Kinder und alte Menschen. Rinder dienten als Zugtiere, und manchmal spannten sich die Frauen selbst vor den Pflug. Die Mühe lohnte sich. Im Durchschnitt nahmen die Produktionsstätten den Betrieb drei Monate nach der Verlegung in den Osten wieder auf. Bis Juni 1942 war die Inbetriebnahme bei den meisten abgeschlossen. In Tscheljabinsk entstand ein gewaltiges neues Kraftwerk, das Dutzende von Rüstungsbetrieben mit Strom versorgte. Im Ural wurden die neuen Kohlegruben Kusbas und Karaganda eröffnet. Im Trockengebiet um den Balchaschsee in Mittelasien wurden Molybdänlager erschlossen. Im Juli 1942 war die monatliche Produktion von Flugzeugen bereits größer als 1941; die Produktion von Panzern verdoppelte sich 1942. Die Herstellung von Granatwerfern stieg auf das Dreifache, die von Dieselmotoren auf das Vierfache. Die Russen hatten sich darangemacht, die Deutschen waffentechnisch zu überflügeln.

Im Jahr 1942 bekam der Feldzug der Deutschen eine verzweifelte Note. Die Deutschen wollten den Krieg um jeden Preis zu Ende brin-

gen, sie waren demoralisiert von der »immergleichen Landschaft...
Man kann es nicht mehr sehen, den Regen, den knöcheltiefen Schlamm,
das ewige Einerlei der Dörfer. Man will nicht einmal ihre Namen wissen.« Bevor beurlaubte Soldaten aus Deutschland zurückkehrten und die
lange Zugfahrt durch das verheerte, verbrannte und durch Massen-
morde und Deportationen entvölkerte Land antraten, musterten ihre
Angehörigen sie mit »einem ganz bestimmten Blick«, »mit dieser tieri-
schen Neugierde, mit der man etwas dem Untergang Geweihtes an-
sieht... Und tief im Inneren glaubten es viele von uns: Auf jeden wartete ein schlitzäugiger Mongole.« Die Verluste wurden immer größer.
»Man sagt: Verdammt, er war ein feiner Kerl«, schrieb ein Deutscher.
»Und am nächsten Tag sieht man den Kranz, den die Kameraden ge-
flochten haben, mit roten Tannenzapfen, wie eine blühende Wunde.
Man sieht noch einmal sein Gesicht, wie es war, als er nach draußen
ging. Dann verschwimmt es.«

Stalingrad

Hitler beschloss, im Süden anzugreifen. Eine Eroberung des Industrie-
gürtels am Donez, der kaukasischen Ölfelder und Stalingrads hätte den
Lebensnerv der sowjetischen Wirtschaft getroffen. Am 28. Juni 1942
stießen die vorrückenden Verbände der Deutschen mit vier roten Armeen zusammen. Von der deutschen Luftwaffe verfolgt, irrten versprengte russische Einheiten durch die hochsommerliche Hitze, bis
ihnen das Benzin oder die Kräfte ausgingen und sie sich um einen
einsamen Hof oder ein Flussbett versammelten, um auf das Ende zu
warten. Am 5. Juli griffen deutsche Kampfgruppen die westlichen Vor-
orte von Woronesch an. Beiderseits der Stadt waren deutsche Panzer
bis an den Don vorgerückt. Der Russe sei am Ende, verkündete Hitler
seinem Generalstabschef am 20. Juli. Es sehe tatsächlich so aus, antwortete der General vorsichtig. Am 23. August, kurz vor Mitternacht,
funkte eine Panzereinheit der 6. Armee unter General Paulus, sie sei
bis zu den nördlichen Vororten von Stalingrad vorgestoßen und habe

Ein Stoßtrupp der Roten Armee stürmt durch die Ruinen von Stalingrad. Die anhaltenden Kämpfe in der Stadt waren so heftig, dass einzelne Gebäude oft mehrmals am Tag erobert und wieder verloren wurden. Soldaten bekam man nur selten zu Gesicht. Sie legten Laufgänge durch den Schutt an und gruben sich durch zerstörte Abwasserkanäle. [Foto: G. Zelma]

den Fluss zum Kaspischen Meer erreicht. Die Deutschen standen an der Wolga.

Stalingrad zog sich als langes Industriekonglomerat 40 Kilometer am hohen Westufer des Flusses entlang. Drei wichtige Industrieanlagen, das Traktorenwerk, die Geschützfabrik »Rote Barrikade« und der Metallbetrieb »Roter Oktober«, die Paradestücke der Industrialisierung in den dreißiger Jahren, beherrschten mit den umgebenden Gartenstädten,

Schulen und Wohnblocks den Norden der Stadt. Der Nachschub für die russischen Verteidiger der 62. Armee am Westufer wurde in kleinen Schiffen und Fähren über die Wolga herangeschafft, die an dieser Stelle zwischen drei und vier Kilometer breit war. Um ihn zu unterbinden, musste die Wehrmacht ans Ostufer gelangen. Sie war auf den Kampf im offenen Gelände und auf großräumige Operationen vorbereitet und entsprechend ausgerüstet. Doch der Krieg, so ein deutscher General, verlagerte sich jetzt »in die zerklüfteten Schluchten der Wolgahügel mit ihren Wäldchen..., in das Industriegebiet..., das sich über ein unebenes, löchriges, zerklüftetes und von Eisen-, Beton und Stahlbauten bedecktes Gelände erstreckte. Entfernung wurde hier nicht in Kilometern, sondern in Metern gemessen.« Deutsche Infanterie und Panzerverbände rückten in die Innenstadt ein, um den Widerstand der russischen Verbände zu brechen. »Die Deutschen«, schrieb der russische Kommandeur Wassili Tschuikow, »hielten das Schicksal der Stadt offenbar für besiegelt. Wir sahen betrunkene Soldaten, die von ihren Lastern sprangen, Mundharmonika spielten, wie die Verrückten schrien und auf dem Pflaster tanzten.« Sie näherten sich seinem Befehlsstand auf fast 200 Meter. Das Kriegstagebuch der 62. Armee dokumentiert für den folgenden Morgen den Kampf um den Hauptbahnhof Stalingrad-1: »8 Uhr: Bahnhof in Feindeshand. 8.40 Uhr: Bahnhof zurückerobert. 9.40 Uhr: Bahnhof erneut vom Feind eingenommen. 10.40 Uhr: Feind... 600 Meter vom Gefechtsstand der Armee... 13.20 Uhr: Bahnhof in unserer Hand...« Fünfzehnmal wechselte der Bahnhof so den Besitzer.

Erst wurde um Straßenzüge gekämpft, dann um einzelne Häuser und schließlich um Zimmer. Im Hauptbahnhof grub sich ein sowjetisches Wachbataillon hinter zerschossenen Waggons und Gleisen ein. Von Bomben und Granaten getroffen, »standen die Bahnhofsgebäude in Flammen, die Wände waren geborsten, das Eisen verbogen«. Die Überlebenden krochen zu einer nahen Ruine, wo sie, vom Durst gepeinigt, in der Hoffnung auf Wasser Löcher in Abflussrohre schossen. In der Nacht sprengten deutsche Pioniere die Wand, die den von den Russen gehaltenen Teil des Gebäudes von dem von der Wehrmacht besetzten Teil trennte, und griffen die Russen mit Handgranaten an. Das Bataillon der

Russen wurde in zwei Teile gespalten; die Stabsoffiziere wurden im Kaufhaus Uniwermag eingeschlossen, und der Kommandeur fiel dort im Nahkampf. Die letzten 40 Mann des Bataillons zogen sich in ein Gebäude an der Wolga zurück. Sie pflanzten im Keller ein schweres Maschinengewehr auf und rissen die Mauern im oberen Teil des Hauses ein, um sich gegen die Deutschen mit Steinbrocken und Holzbalken verteidigen zu können. Sie hatten kein Wasser, der ganze Proviant bestand aus ein paar Pfund versengtem Getreide. Nach fünf Tagen, berichtete ein Überlebender, »war der Keller voller Verwundeter; nur zwölf Mann waren noch kampftauglich«. Die Bataillonsschwester wurde tödlich an der Brust verwundet. Als ein deutscher Panzer auftauchte, zwängte sich ein Russe mit der letzten Panzerfaust aus den Trümmern. Er fiel deutschen Soldaten mit Maschinenpistolen in die Hände. Offenbar konnte er sie davon überzeugen, dass den Russen die Munition ausgegangen sei, denn die Deutschen wagten sich aus der Deckung, »standen auf und schrien«. Die Russen feuerten ihren letzten Maschinengewehrgurt auf sie ab. »Eine Stunde später wurde der Mann mit der Panzerfaust zu einem Trümmerhaufen geführt und vor unseren Augen erschossen.«

Die Gefechte wurden verbissener, als beide Seiten neue Truppen in die Schlacht schickten. Hitler zog Soldaten von der 300 Kilometer langen Front weiter im Westen ab und gefährdete damit die taktische Absicherung, Tschuikow konnte auf Reserven am Ostufer zurückgreifen. Am 27. September startete Paulus eine weitere Offensive. Tschuikows Soldaten führten im grellen Magnesiumschein der Leuchtfallschirme auf den zerklüfteten Anhöhen des Mamajew Kurgan im Zentrum der Stadt einen Gegenangriff aus. Die völlig abgekämpften Männer standen kurz vor dem seelischen Zusammenbruch oder waren dank Benzedrin, Schnaps und Wodka in einer Stimmung irrer Ausgelassenheit. Die Deutschen opferten ihre Divisionen in dem verzweifelten Versuch, die Schlacht vor Wintereinbruch zu entscheiden. Die Nächte wurden kälter, Wolkenbänke bauten sich auf. Die deutschen Flanken waren höchst verwundbar, da dort lange Abschnitte von verbündeten Rumänen und Italienern gehalten wurden, denen es an der Ostfront an Kampfmoral fehlte. Hitler lehnte es ab, auch nur einen Meter zu weichen. Paulus griff am 14. Oktober durch das Traktorenwerk und die »Rote Barrikade« hindurch an. Einzelne Schüsse und Explosionen gingen im allgemeinen Bombardement unter. Gegen Mitternacht hatten die Deutschen das Traktorenwerk von drei Seiten umzingelt und kämpften sich in die Werkstätten und Montagehallen vor. Als sie die Wolga in einem Abschnitt von über anderthalb Kilometern erreicht hatten, spalteten sie die 62. Armee in zwei Teile. Die Fabrik fiel am nächsten Tag. Dann zogen die Deutschen zur »Roten Barrikade« und zum »Roten Oktober« weiter.

Von Unterständen aus Stahlträgern und Betonbrocken ging der Krieg mit Messern, Maschinenpistolen und Handgranaten weiter. »Wir kämpfen seit fünfzehn Tagen um ein einziges Haus«, schrieb der Offizier einer Panzereinheit. »Die Front ist ein Flur zwischen ausgebrannten Räumen; sie ist die dünne Decke zwischen zwei Stockwerken... Von Etage zu Etage, mit rußgeschwärzten, schweißnassen Gesichtern bekämpfen wir uns mit Handgranaten inmitten von Explosionen, Staub- und Rauchwolken, Schutthaufen, Strömen von Blut und den Überresten von Möbeln und Menschen... Die Straße wird nicht mehr nach Metern, sondern nach Leichen gemessen... Stalingrad ist keine Stadt mehr. Bei Tag ist es eine gewaltige Wolke aus brennendem, dunklem Rauch; es ist ein großer Glutofen im Widerschein der Flammen. Und wenn die Nacht einbricht, eine dieser sengenden, schreienden und blutigen Nächte, stürzen sich die Hunde in die Wolga und schwimmen verzweifelt ans andere Ufer... Tiere fliehen aus dieser Hölle. Der härteste Stein hält ihr nicht lange stand. Nur Menschen halten das aus.«

Frühmorgens am 19. November hörten die Deutschen von Nordwesten her das Donnern schwerer Geschütze. Die schlecht bewaffneten Rumänen, die dort die Front hielten, wurden in einer Gegenoffensive von den Russen überrannt. Russische Panzerbesatzungen steuerten durch die Einöde am Don und schlossen sich mit den Verbänden zusammen, die vom Süden heranrollten. Die deutsche 6. Armee wurde mit 250 000 Mann in einem Kessel von 56 Kilometer Breite und einer Nord-Süd-Ausdehnung von 32 Kilometern eingeschlossen. Eine Panzerdivision, die über die gefrorene, mit Pferdekadavern, Panzerwracks und zerstörten Geschützen übersäte Steppe vorrückte, um den Einge-kesselten einen Rückzugsweg freizukämpfen, kam bis auf Sichtweite an die brennende Stalingrader Peripherie heran. Hitler verbot den Aus-bruch. Am ersten Weihnachtsfeiertag 1942 zog sich die Panzerdivision zurück. Die 6. Armee wusste, dass sie verloren war. Ein Militärgeist-licher las die Weihnachtsgeschichte nach Lukas vor; ein Soldat spielte auf einem Flügel, den man aus einem zerstörten Haus auf die Straße geschleppt hatte, Beethovens *Appassionata*. Die Temperaturen fielen auf minus 40 Grad Celsius. Wunden wurden zur Betäubung dem klirrenden Frost ausgesetzt. Ein Meteorologe informierte weiterhin Flugzeuge, die freilich nur noch spärlich kamen, über die Wetterverhältnisse. »Um mich herum«, schrieb er, »bricht alles zusammen, eine ganze Armee stirbt, es brennt Tag und Nacht.« Am 31. Januar ernannte Hitler Paulus zum Feldmarschall. Später am Tag funkte die 6. Armee ihre letzte Mel-dung: »Die Russen stehen vor unserem Bunker. Wir zerstören den Bahnhof.« Paulus wurde gefangen genommen. Mit ihm traten noch 90 000 Soldaten den Weg in die Kriegsgefangenschaft nach Osten an. Die Rote Armee dagegen rückte mit Lastwagen, Pferdekarren und von Kamelen gezogenen Schlitten nach Westen vor.

9

Sieg

In Stalingrad entschied sich für die Sowjetunion nicht nur der Kampf ums Überleben, dort begann auch ihr Aufstieg zur Weltmacht. Die Befreiung der viertgrößten Stadt des Landes gab der Parteiführung neues Selbstvertrauen; Stalin ernannte sich zum Marschall der Sowjetunion. Während der Niederlagen 1941 und 1942 hatten die Politiker klug geschwiegen, doch jetzt hielt die Partei mit ihrer ideologischen Botschaft nicht länger zurück. »Die Parteiorganisation ist das wahre Rückgrat der Armee«, verkündete der *Rote Stern* drei Tage nach der Rückeroberung Charkows stolz. »Die großartigen Erfolge unserer Soldaten sind darauf zurückzuführen, dass die Militärdoktrin der Roten Armee auf den erprobten Prinzipien der fortschrittlichsten Lehre der Welt beruht – der Lehre von Marx, Engels und Stalin.«

Charkow war ein grausames Beispiel für das Schicksal der großen Städte, die den Nazis in die Hände fielen. Als die Deutschen die Stadt Ende 1941 einnahmen, lebten in ihr rund 700 000 Menschen. Im Februar 1943 war nur noch die Hälfte davon übrig. Von den Vermissten waren etwa 120 000 als Zwangsarbeiter nach Deutschland gebracht worden; weitere 80 000 waren verhungert. Die Deutschen hingegen hatten es sich gut gehen lassen. Die Soldaten der Roten Armee fanden Vorräte ungarischen und französischen Weins, ferner portugiesische Sardinen, österreichische Schokolade und eingelegte Zitronen aus Italien. 30 000 Einwohner, die Hälfte davon Juden, waren umgebracht worden. Die Gestapo hatte Gefangene mit Stricken um den Hals vom Balkon des Hauptquartiers hinuntergeworfen. Die Juden waren in einer Ziegelei am Rande der Stadt zusammengetrieben und ermordet worden.

Während sich die Deutschen bei Wiener Operetten und in von Armeniern geführten Nachtclubs amüsierten, wurden in der Stadt alle höheren Schulen geschlossen. Charkow glich einer menschlichen Wüste. Die wenigen Überlebenden hatten allerdings kaum Grund zum Jubel; einige Stunden nach der Befreiung war auch das NKWD wieder da.

Die Deutschen waren noch nicht geschlagen. Sie eroberten Charkow in einem glänzenden Gegenangriff zurück, und der Erfolg verleitete sie zu einer letzten Offensive im Sommer. Mitte März 1943 stabilisierte sich die Front. Die Russen hielten die vorspringende Frontlinie westlich von Kursk, nördlich davon bei Orel und südlich bei Charkow standen die Deutschen. Der Kursk-Bogen war nur knapp 160 Kilometer lang und ragte etwa 130 Kilometer tief in die deutschen Linien hinein. Die Deutschen wollten ihre Front begradigen, und die Russen wussten das. Marschall Georgi Schukow konnte Stalin überzeugen, dass es besser sei, die deutsche Offensive abzuwarten, als verfrüht selbst anzugreifen. Das Gebiet um Kursk, eine wellige, von Flüssen und Tälern durchzogene Ebene mit Weizenfeldern und kleinen Wäldern, wurde zum waffenstarrenden Arsenal. Die Deutschen zogen dort annähernd 7000 Panzer und Geschütze auf Selbstfahrlafetten zusammen. Am nördlichen Frontabschnitt kam ein Geschütz auf alle 32 Meter, im Süden standen neun der besten Divisionen der deutschen Armee Schulter an Schulter. Alles in allem hatten die Deutschen beinahe eine Million Soldaten für die »Zitadelle« genannte Kursk-Offensive zusammengezogen. Während sie auf den Befehl zum Angriff warteten, traf eine persönliche Botschaft Hitlers ein, die ihnen den Rücken stärken sollte.

Die Schlacht der Schlachten zwischen Faschismus und Kommunismus begann am Morgen des 5. Juli 1943. Die genaue Angriffszeit erfuhren die Russen von einem Deserteur: Die Kursk-Offensive war eine der bestangekündigten Schlachten des Krieges. Die Russen sahen die Deutschen aufmarschieren, »dunkle, gebeugte Gestalten erschöpfter Männer in einer lang gezogenen Linie, die sich in der Dunkelheit verlor«. Minen machten viele deutsche Panzer schon auf den ersten 700 Metern unbrauchbar. Die Besatzungen, die ihre Panzer nicht verlassen durften, waren den Sprengladungen und Brandsätzen der ausschwärmenden Russen hilflos ausgeliefert. Rauchwolken über brennenden Feldern und Geschützen verdunkelten die helle Sonne, während die Deutschen im Kugelhagel der vorderen russischen Verteidigungszone standen. Die Russen gaben am ersten Tag bekannt, 586 feindliche Panzer seien zerstört oder kampfunfähig geschossen worden. Diese Zahl beschäftigte die Fantasie des ganzen Landes: So etwas hatte es noch nie gegeben.

Am folgenden Tag wurde die Reserve an die Front geworfen. Die Deutschen griffen in Verbänden von hundert und mehr Panzern an, »großen schwarzen Rhomben, die wie abgetrennte Stücke Wald« über die Buchweizenfelder vorrückten. Ein russischer Infanterist starrte wie gebannt auf die Tarnzeichnung eines Panzers, der auf seinen Schützengraben zufuhr, er sah darin »eine Landkarte mit dunklen Ebenen, gelben Wüsten und braun gezackten Gebirgen, und auf diesen Gebirgen das Hakenkreuz, dessen Spinnenbeine bis in die Täler reichten«. Als der Panzer den Graben überquerte, lag der Infanterist »völlig im Dunkeln, wie in einem Keller mit geschlossener Fensterluke«. Dann konnte er »die schwarzen Silhouetten der Soldaten mit ihren kantigen Helmen an den Maschinengewehren« sehen. Die Truppen kamen sich so nah, dass deutsche und sowjetische Panzer sich gegenseitig rammten und die Deutschen mit ihrem Feuer, das eigentlich für die sowjetische Infanterie gedacht war, die Panzer ihrer Kameraden trafen. Die Sanitäter wurden mit den Verwundeten nicht fertig, auch wenn es gelang, sie vom Schlachtfeld zu holen, auf dem es von Heckenschützen wimmelte.

Der 8. Juli war ein kritischer Tag, an dem die Deutschen die russische Panzerabwehr fast überwältigt hätten. Brennende Trümmerteile fielen in die Weizenfelder. Ein deutscher Soldat schrieb von »tragischen, unglaublichen« Bildern: »Fest vernietete Maschinen rissen auf wie der Bauch einer Kuh, der aufgeschlitzt wird, und brannten und ächzten. Bäume zerbarsten in kleine Teile ... die Schreie der Offiziere und Unteroffiziere, die in diesem Chaos versuchten, ihre Abteilungen und Kompanien zu sammeln.« Die Russen hielten stand. Das Wetter verschlechterte sich, und Regen und ein kalter Wind fegten über das Land.

Die Elite der deutschen Truppen war im Süden konzentriert; dort sollte in der Gegend des kleinen Dorfes Prochorowka und seiner Kolchose der entscheidende Durchbruch erzielt werden. Auf deutscher Seite rückten die schwarzuniformierten Soldaten der SS-Divisionen *Totenkopf*, *Adolf Hitler* und *Das Reich*, fünf Panzerdivisionen, die Division *Großdeutschland* und drei Infanteriedivisionen vor. Eine sowjetische Panzerarmee der Reserve, das 5. Garderegiment, eilte den Deutschen in einem 330 Kilometer langen Gewaltmarsch entgegen. Schukow erstattete Stalin stündlich Meldung über den Kampfverlauf. Die Panzerstärke beider Truppen war ungefähr gleich. Das Kampfgebiet war fünf auf sechs Kilometer groß, und die russischen T-34 konnten bis auf Kernschußweite an die deutschen Tiger heranfahren und so deren schwerere Geschütze wettmachen. Stahlteile und Fleischfetzen flogen durch die Luft, als die Panzer den Nahkampf eröffneten. Die Deutschen hatten »einen solch überwältigenden Eindruck russischer Stärke und Masse« bis dahin noch nicht erlebt; die T-34 »kamen wie die Ratten von allen Seiten«. Achtzehn Stunden lang wurde gekämpft. Als das *Prochorowka poboischtsche*, das Gemetzel von Prochorowka, vorüber war, war das 5. Panzergarderegiment zur Hälfte vernichtet. Dennoch waren es die Deutschen, die sich nach Einbruch der Dunkelheit vom Schlachtfeld zurückzogen und über 300 Panzerwracks zurücklassen mussten. In einer guten Woche hatten sie beinahe doppelt so viele Männer verloren wie die Amerikaner in den Jahren des Vietnamkriegs. Eine weitere deutsche Großoffensive im Osten sollte es nicht mehr geben.

Die russische Panzerstärke wuchs inzwischen um 2000 neue Panzer im Monat. Die Heeresstärke nahm ebenfalls zu, da in den befreiten Gebieten Männer zum Dienst in der Roten Armee gezwungen wurden. Ein russischer Nationalismus wurde geschürt, so dass die *New York Times* von »einer Rückkehr zum Zarismus« sprach. Stalin löste die Komintern auf, das Symbol der Weltrevolution. Garderegimenter und -divisionen wurden geschaffen, Armeevorschriften, die auf Peter den Großen zurückgingen, wiederbelebt und »Suworow-Schulen« nach dem Vorbild zaristischer Kadettenkorps eingerichtet. Stalin persönlich veranlasste die Produktion von Sergei Eisensteins Film *Iwan der Schreckliche*. Im September wurde der Patriarch von Moskau gekrönt und der

Heilige Synod wieder eingesetzt. Ein *ofizer* konnte wieder *pogon* tragen, Epauletten, die ihm vor zwanzig Jahren von den Bolschewiken an die Schultern genagelt worden wären. Er aß in einem separaten Offizierskasino, lernte als Kadett gutes Benehmen und Walzertanzen und durfte unter einem christlichen Kreuz beerdigt werden. Mit dem neuen Selbstbewusstsein der Rotarmisten kam die Etikette.

Obwohl Leningrad weiterhin unter deutschem Granatfeuer lag, verschob sich die Front von Orel zum Schwarzen Meer westwärts. Charkow wurde am 23. August endgültig zurückerobert. Einige Tage darauf brach die Rote Armee bis zum Asowschen Meer durch. Die Deutschen zogen sich rasch aus den zerstörten Produktionsanlagen und Steinkohlezechen des Donbass zurück. Am 22. September eroberte die Rote Armee südwestlich von Kiew einen Brückenkopf am westlichen Dnjepr-Ufer. Drei Tage später wurde Smolensk nach hartem Kampf zurückerobert. Die Tage wurden kürzer und kälter, die Sonne »glänzte wie Messing«. Die Kampfmoral der Deutschen sank, aber sie hatten das Land, das in nur einer Generation den Ersten Weltkrieg, den Bürgerkrieg, die Kollektivierung und die Säuberungen durchgemacht hatte, fast vernichtet. Zwei Sommer nach Beginn der Operation »Barbarossa« gab es nur noch wenige unversehrte Dörfer; meist zeigten lediglich Backsteinkamine an, wo die Häuser gestanden hatten. »Nun rauchen die letzten Trümmer«, schrieb Helmut Pabst, einer der deutschen Frontsoldaten, auf dem Rückzug. »Die Brücken faulen rasch, die Wege wachsen zu, wilde Möhren und Lupinen, die Melde und die fahlen Stauden des Wermut treten die Herrschaft an, und bald gehen nur noch die Pfade der Waldläufer durch die Wildnis.« In den Vororten von Brjansk färbte sich die Sonne noch vor dem Abend rot, weil die Deutschen die Stadt beschossen.

Unzählige Menschen waren geopfert worden. Drei Millionen Russen, Weißrussen und vor allem Ukrainer waren als Zwangsarbeiter nach Deutschland deportiert worden. Man hatte versucht, sämtliche Juden zu vernichten. Das Massaker von Babi Jar bei Kiew, bei dem rund 100 000 jüdische Männer, Frauen und Kinder umgebracht wurden, war nur das größte von vielen. Die Kriegsgefangenen auf russischer Seite wurden kaum besser behandelt. »Wir waren in Rowno stationiert«, erinnerte sich ein ungarischer Panzeroffizier. »Eines Morgens wachte ich auf und hörte in der Entfernung Tausende von Hunden heulen ... Ich rief meinen Burschen und fragte: ›Sandor, was ist das für ein Stöhnen und Heulen?‹ ›Nicht weit von hier‹, erwiderte er, ›haben die Russen ein großes Lager mit achtzigtausend Gefangenen. Sie stöhnen vor Hunger.‹« Die Zahl der Kriegsgefangenen, die in Gefangenschaft starben, beläuft sich möglicherweise auf drei Millionen.

Die angeschlagenen deutschen Einheiten fielen bis zum Djnepr östlich von Kiew zurück. Tausende Soldaten drängten sich in unbeschreiblicher Panik am sandigen Ostufer. Als die russischen Panzer, die in Richtung Kiew fuhren, in Sicht kamen, versuchten Offiziere zu verhindern, dass die Soldaten sich selbst im Wasser ertränkten. Am 5. November erreichten die sowjetischen Truppen das brennende Kiew, in dem nur 80 000 Menschen überlebt hatten, ein Fünftel der Vorkriegsbevölkerung. Kiew war innerhalb eines Vierteljahrhunderts nacheinander von der deutsch-österreichischen Armee, von Denikins Weißen, von den Polen, von den Rotarmisten und von den Nazis eingenommen worden.

Während am 27. Januar 1944 über Leningrad unzählige rote, weiße und blaue Raketen abgefeuert wurden, um das Ende der Belagerung zu feiern, bereiteten sich eine belgische SS-Einheit und acht deutsche Divisionen, die bei Korsun südlich von Kiew eingeschlossen worden waren, auf den Ausbruch vor. Sie schlachteten das Vieh im Dorf und machten sich mit einem Fass eingelegtes Kraut ein letztes Essen. Dann töteten sie ihre Verwundeten, damit sie nicht in die Hände der Russen fielen. »Sie erschossen sie«, berichtete Boris Kampow, ein russischer Offizier, »wie sie sonst Russen und Juden erschossen: durch den Hinterkopf.« Zwei Kolonnen mit je 14 000 Mann stiegen sodann zwei Schluchten im Westen hinunter. Nach Verlassen der Schluchten glaubten sie schon, entkommen zu sein; sie »brachen in Freudengeschrei aus und schossen mit ihren Gewehren in die Luft«. Doch dann wurden sie von russischen Panzern und russischer Kavallerie angegriffen. »Hunderte Kavalleristen hieben mit Säbeln auf sie ein«, schrieb Kampow. »Sie massakrierten die Deutschen, wie noch niemand von der Kavallerie massakriert worden war... Es war ein Schlachten, das erst zu Ende war, als keiner mehr lebte.« Belgische SS-Männer stürzten sich in den eisigen Tikitsch, um nach Westen zu entkommen. Sie erfroren oder ertranken. 20 000 wurden getötet, der versprengte Rest, der in den Tagen darauf in Verstecken in den Wäldern und Schluchten aufgespürt wurde, wurde gefangen genommen. Für die Russen war Korsun ein wichtiger psychologischer Sieg.

Die T-35-Panzer und Studebaker der russischen Angriffsspitzen rollten täglich bis zu 50 Kilometer westwärts. Zwei Drittel der Laster der Roten Armee waren amerikanische Produkte der Marken Studebaker, Dodge und, vereinzelt, Macks. Die USA hatten noch vor Kriegseintritt mit Hilfslieferungen begonnen; ein entsprechendes Abkommen wurde im Oktober 1941 mit Wodka und Champagner im marmornen, goldglitzernden Katharinensaal des Kreml begossen. Amerikanische Schiffsverbände kämpften sich zwischen feindlichen U-Booten und Bombern durch Treibeis, dichten Nebel und schweren Seegang. Die Russen leisteten keine Unterstützung, weder zu Wasser noch zu Luft. Im Sommer 1942 verlor der Konvoi PQ 16 auf dem Weg nach Russland ein Viertel seiner Tonnage, und der amerikanische Frachter *City of Joliet* wurde an einem Tag achtmal von Torpedos und achtzehnmal von Sturzkampfbombern angegriffen. Die amerikanischen Besatzungen war nicht willkommen; die Dockarbeiter der Russen waren Gefangene unter NKWD-Aufsicht. Die Leistung der Amerikaner war gewaltig; sie rüsteten die Rote Armee mit Stoffen, Stiefeln und Nahrungs- und Transportmitteln aus. Material für 54 Millionen Uniformen wurde zusammen mit Knöpfen im Wert von 1,5 Millionen Dollar nach Russland geschickt. Die Soldaten der Roten Armee marschierten in 14,5 Millionen Paar amerikanischer Stiefel, und sie aßen eine Viertelmillion Tonnen Tuschonka, Dosenfleisch, das nach einem russischen Rezept von Bauern aus dem amerikanischen mittleren Westen produziert worden war. Köche der Roten Armee benutzten Maisöl aus Cedar Rapids und Mehl aus Minneapolis. Die Russen wurden mit 409 526 Lastwagen und mehreren zehntausend Jeeps ausgerüstet. Frachter brachten Material für eine neue Transsibirische Eisenbahn. Hinter der Schnelligkeit der Russen, die die deutschen Einheiten immer öfter in Schrecken versetzte, stand die amerikanische Hilfe.

Der Dank der Sowjets war gering. Russischer Einschätzung zufolge kauften die Amerikaner die deutsche Niederlage mit russischem Blut und zahlten dafür mit Nahrungsmitteln. Vor der Landung der Alliierten in der Normandie sprachen die Soldaten der Roten Armee ironisch vom Dosenfleisch als der »zweiten Front«. »Die russischen Behörden scheinen die Tatsache verbergen zu wollen, dass sie von außen Hilfe erhalten«, sagte der amerikanische Botschafter und Admiral Standley verbittert auf einer Moskauer Pressekonferenz. »Offensichtlich wollen sie ihre Landsleute glauben machen, die Rote Armee kämpfe diesen Krieg alleine.« Molotow erwiderte scharf: »Jedermann auf der Straße weiß, dass unsere Verbündeten uns Material leihen.« – »Mag sein«, entgegnete Standley. »Aber wir haben keinen Kontakt zum Mann auf der Straße. Er wagt nicht, mit uns zu sprechen.«

Die Ukraine war von den Deutschen befreit. Hitler befahl, die Krim zu halten. Es hieß, er wolle sich später einmal in den Zarenpalast von Liwadija zurückziehen, die aus weißem Kalkstein erbaute Sommerresidenz, in der Nikolaus II. und seine Familie sich an Ostern Fabergé-Eier geschenkt hatten. Doch die Deutschen wurden nach Sewastopol zurückgedrängt. Als die Stadt am 9. Mai fiel, flohen sie über ein ödes Moor auf eine Landzunge. Rettungsschiffe wurden von russischen Flugzeugen vertrieben. Beim Leuchtturm am Ende der Landzunge kämpften 750 SS-Männer bis zum Tod. Das NKWD übte furchtbare Vergeltung an den Menschen, die es der Kollaboration mit den Deutschen verdächtigte. In Simferopol wurden Hunderte an Bäumen und Telefonmasten gehängt. Am 18. Mai wurden alle Krimtataren, Männer, Frauen und Kinder, in Viehwaggons gepfercht und vier Monate lang durch die staubige Steppe nach Zentralasien in die Verbannung transportiert. Anderen Minderheiten wie den Kalmücken, Karakalpaken, Tschetschenen und Inguschen erging es ähnlich. Die Wolgadeutschen, die seit der Einwanderung zweihundert Jahre zuvor staatstreue Bauern gewesen waren, wurden nach Kasachstan vertrieben.

Die Deutschen fühlten sich von mittelalterlichen Heerscharen ver-

folgt, die in endlosen Massen gegen sie heranwogten. Russische Soldaten hatten keinen Heimaturlaub. Nur Schwerverwundete durften aus
der Armee ausscheiden. Für Disziplin sorgte die drohende Versetzung
zu Strafbataillonen, deren Mitglieder zu Fuß Minenfelder räumen und
ohne Tarnung in Winterstellungen vorrücken mussten, um das gegneri-
sche Feuer auf sich zu lenken. Einen russischen Sturmangriff im Mor-
genlicht auf sich zukommen zu sehen war ein Furcht erregendes Erleb-
nis. »Im Nu wimmelte das Gelände vor unseren Stützpunkten vor Russen, sie schienen aus dem Boden zu wachsen«, schrieb der deutsche
General von Mellenthin. »Es sah so aus, als sei es unmöglich, sie aufzuhalten, und durch unser Feuer gerissene Lücken schlossen sich fast auto-
matisch wieder. Diese Angriffswellen brandeten ohne Unterlass heran,
bis endlich der Ersatz an Kämpfern erschöpft war... Die Abwehr solcher Art von Angriffen ist nicht nur eine Frage der verfügbaren Waffen
und Munition, sondern sehr viel mehr eine reine Nervenfrage.« Nur
intakte deutsche Einheiten konnten dem standhalten. Aber die Überlegenheit der Russen bei den Panzern und in der Luft wurde immer stärker, und hinter den deutschen Linien eskalierte der Kampf gegen die
Partisanen. Auch die Partisanen verübten dabei Gräueltaten, und die
Deutschen rotteten ganze Dörfer aus. In Weißrussland wurden während
der Besetzung durch die Nazis ungefähr eine Million Menschen ermordet. Die Partisanen hatten einzelne Waldstücke und Sümpfe unter ihrer
Kontrolle. Zwei Nächte lang, am 19. und 20. Juni, sprengten sie die
Eisenbahnschienen westlich von Minsk, um zu verhindern, dass die
Deutschen Verstärkungstruppen gegen Schukows Großoffensive »Bagra-
tion« holten.

Die Offensive begann am 22. Juni 1944, genau drei Jahre nach dem
Beginn der Operation »Barbarossa«. Schukow rückte mit 166 Divisionen und 1,6 Millionen Soldaten gegen 32 deutsche Divisionen vor. In
den entscheidenden Abschnitten kamen auf 1600 Meter 3209 Gewehre.
Eine Kolonne von 12 000 Lastwagen, die meisten aus Amerika, transportierte 25 000 Tonnen Material pro Fahrt. Innerhalb dreier Tage hatte
Schukow vier deutsche Divisionen beim zerstörten Witebsk in die Falle
getrieben. Am 27. Juni eroberten die Russen Orscha zurück, und die

Deutschen räumten Mogiljow, wo 27 Jahre zuvor das Hauptquartier Nikolaus' II. gewesen war. Im Süden wurden den Deutschen wie Napoleons *Grande Armée* die Beresina zum Verhängnis. »Die Nazis flohen aus den Wäldern auf die Lichtungen, und viele versuchten, durch die Beresina zu schwimmen, aber nicht einmal das konnte sie retten«, berichtete der Sowjetgeneral Konstantin Rokossowski. Minsk wurde am 3. Juli befreit; 57 000 Deutsche kamen in Kriegsgefangenschaft und mussten vierzehn Tage später durch die Straßen Moskaus marschieren. Am folgenden Tag brachen die Russen nach Polen ein. Am östlichen Weichselufer hörten die Einwohner Warschaus bald russisches Gewehrfeuer, und die polnische Heimatarmee erhob sich gegen die Deutschen. Die Russen konnten von ihren vorderen Beobachtungsposten aus das Scheitern des Aufstands deutlich verfolgen, aber sie hatten kein politisches Interesse, die Weichsel zu überqueren und den nichtkommunistischen polnischen Patrioten beim Kampf gegen SS-Männer, freigelassene Verbrecher und Partisanenjäger zu helfen, die die Polen in den Kellern und Kanälen Warschaus aufspürten. Die Rote Armee hielt sich heraus. Jeder tote Patriot war einer weniger, der gegen die erneute Hegemonie Russlands über Polen nach dem Krieg Widerstand leisten konnte.

Das Hauptgewicht der Kämpfe verlagerte sich jetzt auf den Balkan. Während Paris am 26. August von den Amerikanern und von französischen Widerstandsgruppen erobert wurde, flüchteten die Deutschen in Rumänien über die Karpaten, vom Westen angezogen »wie die Kompassnadel vom Norden«. Die restlichen Männer der einst so stolzen Armee flohen »zu Fuß, in Lumpen, mit vor Leid fahlen Gesichtern; sie zogen wie die Sioux Tragbahren aus Ästen mit grässlich Verstümmelten hinter sich her.« Am Ende des Monats erreichten die sowjetischen Panzer Bukarest. Die Stadt war die erste kapitalistische Metropole, welche die Russen unter dem Jubel der örtlichen Kommunisten einnahmen. Die nächste Etappe war Bulgarien, danach folgte eine gemeinsame Offensive mit Marschall Tito in Belgrad. Nach der Massenbeerdigung jugoslawischer und russischer Soldaten in Gemeinschaftsgräbern hielt Tito eine Siegesparade ab. Hinter ihm rollten russische T-34 in Richtung Ungarn.

Rund 1200 Kilometer weiter nördlich betrat die Rote Armee in Ostpreußen deutschen Boden. Die Soldaten wüteten wie die Berserker. Deutsche Fallschirmjäger, die Nemmersdorf zurückeroberten, entdeckten einen Karren, an den vier nackte Frauen mit den Händen festgenagelt waren. Im Ort selbst waren an den Scheunentoren des Gasthofs zwei Frauen gekreuzigt worden. Von der deutschen Zivilbevölkerung war niemand mehr am Leben. Im Osten waren jetzt nur noch lokale Gegenangriffe durchführbar; die letzte Offensive der Deutschen fand am 16. Dezember in den belgischen Ardennen statt und richtete sich gegen die Amerikaner. Beim Vormarsch auf Berlin war die Rote Armee weit überlegen; sie verfügte über das Zwanzigfache an Artillerie und Flugzeugen, die elffache Infanteriestärke und die siebenfache Menge an Panzern. Die Ardennenoffensive im Westen verlor an Kraft und scheiterte an der amerikanischen Gegenwehr, und auch im Osten stand das Ende bevor.

Die sowjetische Großoffensive startete am 12. Januar 1945 mit einem derart heftigen Artilleriesturm, dass laut dem sowjetischen Marschall Konjew »die Deutschen, die dies überlebten, nicht mehr sie selbst waren«. In der Nacht des 17. Januar begann die deutsche Besatzung im von der Einkreisung bedrohten Warschau, die Stadt zu räumen. Nach letzten Stunden der Plünderung und Zerstörung war das gequälte Warschau am folgenden Tag um die Mittagszeit endlich von den deutschen Truppen befreit. Die einrückenden Russen fanden »Leichen, die sich im Wind am Galgen drehten, verkohlte Menschenleiber und ausgemergelte Körper von Verhungerten«. Doch Polen stand unter der künftigen sowjetischen Vorherrschaft eine trostlose Zukunft bevor.

Ostpreußen war vom Reich abgeschnitten. Nach der Eroberung wurde es zwischen Russland und Polen aufgeteilt und hörte damit endgültig auf zu existieren. »In einigen Sektoren der russischen Zone gab es praktisch keine Deutschen mehr«, schrieb der britische Feldmarschall Bernard Montgomery. »Sie waren alle vor den heranrückenden Barbaren geflohen«, deren Verhalten »besonders den Frauen gegenüber wir verabscheuten«. Zwischen vier und fünf Millionen Menschen flüchteten aus den deutschen Ostgebieten Ostpreußen, Pommern, Schlesien und dem östlichen Brandenburg. Frauen, die nicht flohen, wurden vergewaltigt. »Die roten Soldaten vergewaltigten in den ersten Besatzungswochen alle Frauen und Mädchen zwischen zwölf und sechzig«, sagte ein britischer Kriegsgefangener aus einem Lager in Pommern. »Das klingt übertrieben, aber es ist die reine Wahrheit.« Alexandr Solschenizyn schrieb über den Einmarsch seines Regiments nach Ostpreußen: »Wir wussten alle ganz genau, dass wir deutsche Frauen vergewaltigen und anschließend erschießen konnten. Das galt geradezu als Auszeichnung im Kampf.«

Stalin fuhr im Februar mit dem Zug nach Jalta zum Zarenpalast in Liwadija. Er konnte sich mit seinen Gästen, dem britischen Premierminister Winston Churchill und dem bereits todkranken amerikanischen Präsidenten Franklin Roosevelt, allerdings nicht darüber einigen, welchen Einfluss Russland im Nachkriegseuropa ausüben sollte. Die Frage wurde zu Stalins Gunsten entschieden von den Männern, die sich an den Brückenköpfen der Oder zusammenzogen, Männern, die mit Panzervorstößen, Sperrfeuern und Luftangriffen der Wehrmacht das Rückgrat brachen. Zwei Tage nach Jalta fiel Budapest. In Berlin konnte man bereits den ganzen Tag über den Lärm der russischen Geschütze hören. Am 1. April betraten Marschall Konjew und Marschall Schukow, beide ehemalige Feldwebel der Zarenarmee, den Kreml. Stalin fragte: »Die *sojusnicki* [die kleinen Alliierten] wollen vor der Roten Armee in Berlin einmarschieren. Wer wird Berlin erobern, wir oder die Alliierten?« Vom Rhein kommend, rückten die Amerikaner und Briten täglich bis zu 60 Kilometer vor, ohne auf nennenswerten Widerstand zu treffen. Die Deutschen hatten an der Ostfront dreizehnmal mehr Opfer zu verzeichnen als im Westen, während dort zehnmal mehr Menschen kapitulierten. Es konnte kein Zweifel darüber bestehen, wem die Deutschen ihr Land lieber übergeben hätten. Konjew beantwortete Stalins Frage als erster: »Wir, noch vor den Briten und Amerikanern.«

Am 11. April erreichte die 2. Panzerdivision der Amerikaner die Elbe. Die Amerikaner waren Berlin so nahe wie Konjew. Am 12. April, dem Tag, an dem Roosevelt starb und Truman ihm im Amt folgte, überquerten drei amerikanische Bataillone den Fluss. Doch die Russen, die noch an den Brückenköpfen der Oder standen, warteten schon ungeduldig »wie Pferde vor der Jagd«. Der letzte Angriff begann am 16. April um fünf Uhr morgens. Die Deutschen wichen langsam zurück. Am 20. April, seinem 56. Geburtstag, empfing Hitler Goebbels, Bormann, Ribbentrop und Himmler in seinem Bunker. Blass und zitternd kam er noch einmal kurz nach oben wie »der Kommandeur eines U-Boots, der auftaucht, um Luft zu holen«. Schukows Truppen waren nur 25 Kilometer entfernt. Am 25. April kreisten die Russen Berlin ein. Die Stadt wurde zunehmend von den sowjetischen Angriffskommandos verwüstet.

Russen stürmen den Reichstag und hissen am frühen Nachmittag des 30. April die rote Fahne über Berlin. Nur wenige hundert Meter weiter haben Adolf Hitler und Eva Braun Selbstmord begangen. Ihre Leichen werden auf einem verwüsteten Grundstück zu einer Kanonade russischer Katjuscha-Raketen verbrannt. Als dieses Foto aufgenommen wurde, kämpften deutsche Soldaten noch im Keller des Reichstags. Sie hielten bis zum Tagesanbruch des 2. Mai aus. Die russischen Geschütze verstummten um drei Uhr nachmittags am selben Tag.

[Foto: J. Chaldei]

Kurz nach Mitternacht, am 29. April, heiratete Hitler seine Geliebte Eva Braun. Der Bunker war stickig vom Rauch des russischen Granatfeuers. Der Bräutigam war gebeugt, sein Kopf in die Schultern gesunken, seine Augen glänzten feucht. Die Braut trug ein Kleid aus schwarzem Taft. Während Hitler sein politisches Testament aufsetzte, feuerten die Russen vom Nilpferdhaus des Zoos und griffen die SS-Leute im Reichstag an. Im großen Affenhaus lagen ein Gorilla und ein großer Schimpanse zusammen mit zwei SS-Männern tot in den Käfigen. Am 30. April um ein Uhr mittags, Hitler nahm gerade seine letzte Mahlzeit aus Spaghetti und gemischtem Salat zu sich, wurde der Reichstag gestürmt. Um 14.15 Uhr schwenkten die Feldwebel Jegorow und Kantarija von der 150. Division vom zweiten Stockwerk aus das rote Banner. Eine dreiviertel Stunde später biss Hitler in eine Kapsel Zyankali und schoss sich durch die rechte Schläfe. Eva Braun vergiftete sich selbst. In den frühen Stunden des 1. Mai meldete ein deutscher General den Russen Hitlers Tod. Schukow nahm Verbindung zu Moskau auf, wo Stalin gerade zu Bett gegangen war. Auf Schukows Befehl wurde er aufgeweckt, so dass er ihm die Nachricht übermitteln konnte. »*Doigralsja, podlez!*« antwortete Stalin. »Das ist also das Ende des Schurken.«

Während auf dem Roten Platz in Moskau die Maiparade abgehalten wurde, rollten die T-34 die Prachtstraße Unter den Linden entlang, und auf dem Pariser Platz zwischen den Ruinen der amerikanischen und der französischen Botschaft grillten russische Soldaten einen Ochsen. In der Nacht unternahmen die letzten Insassen des Bunkers einen Ausbruchsversuch. Aus einem Krankenhaus hörten sie wilde Schreie; dort hatten russische Soldaten Äther getrunken. Am 2. Mai, kurz nach ein Uhr morgens, kapitulierte Berlin, die einstmalige Hauptstadt eines »tausendjährigen Reiches«. Im Morgengrauen füllten sich die Straßen mit deutschen Gefangenen. Ab drei Uhr nachmittags schwiegen die russischen Waffen.

Die Kriegsgefangenen, die nach Osten aus der Stadt getrieben wurden, begegneten auf dem Weg unzähligen Kolonnen von Hilfstruppen der Roten Armee. Auf den Strohballen von Pferdekarren saßen singende Soldaten in geplünderten Zivilkleidern. Sobald sie Deutsche sahen, feuerten sie wütend in die Luft. Unter ihnen waren Tscherkessen, Kalmü-cken, Usbeken, Aserbaidschaner und Mongolen. Im Gepäck hatten sie Betten, Toiletten, Schirme, Decken, Teppiche, Fahrräder, Waschbecken, Leitern und Käfige mit Hühnern und Enten. Ein gefangener deutscher General sagte: »Etwas von der ungeheuren Größe Russlands hinter dem Ural war auf die Straßen Berlins gedrungen ... Asien war an diesem Tag mitten nach Europa gelangt.«

10

Der Eiserne Vorhang fällt

Dem Triumph im Zweiten Weltkrieg folgten Ernüchterung und Not. Große Städte lagen in Schutt und Asche: In Kiew waren über die Hälfte der Gebäude zerstört, und drei Viertel der Einwohner waren tot oder nach Deutschland verschleppt worden; die Bevölkerung war auf ein Fünftel des Vorkriegsstandes geschrumpft. In Minsk sah es noch schlimmer aus; 80 Prozent der Gebäude waren dem Erdboden gleichgemacht. Auch das ländliche Russland war verwüstet. In den Wäldern Weißrusslands, wo die Deutschen ganze Gemeinden ausgelöscht hatten, waren weite Landstriche entvölkert; die Felder lagen brach, die Häuser waren zerstört. Jeder fünfte Weißrusse war tot oder hatte Zwangsarbeit verrichten müssen. Überall im westlichen Russland lebten Familien in Höhlen, in leeren Wassertanks und in mit Zeltplanen abgedeckten Löchern. Im Ural und östlich davon hausten Millionen im Krieg evakuierter Menschen in Baracken auf der nackten Erde, ohne Erlaubnis, in ihre Heimat im Westen zurückzukehren.

In den Vereinigten Staaten, die ihre GIs mit Universitätskursen ehrten und heimkehrende Kriegsgefangene an beflaggten Bahnhöfen mit musikalischen Paraden empfingen, setzte ein in der Geschichte beispielloser Kaufrausch ein. In Russland blieben die Rationen nahe der Hungergrenze: Es gab Kohl, Kartoffeln, aus deren Schalen dünne Suppen zubereitet wurden, und Rüben. Zehn Jahre nach dem Krieg lag die Ration für Städter bei einem halben Pfund Fleisch und 100 Gramm Fett pro Woche; das entsprach zwei Hamburgern. Die staatlichen Nahrungsmittelpreise zogen an, der Preis von Schwarzbrot verdreifachte sich. Die Arbeitszeit lag unverändert bei zehn bis zwölf Stunden am Tag bei sechs Tagen die Woche. Schwer- und Rüstungsindustrie hatten nach wie vor absoluten Vorrang; die Arbeiter bekamen für Trunkenheit und Abwesenheit wie zu Kriegszeiten zehn Jahre Arbeitslager.

Gefangene, welche die deutschen Lager überlebt hatten, wurden als Verräter verdächtigt und aus den Lagern des Deutschen Reiches postwendend in die des Gulag überführt, wie »eingelegte Heringe« in endlosen Zügen aus mit Stacheldraht verschlossenen Viehwaggons, auf denen mit Maschinengewehren bewaffnete Soldaten hockten. »Wer seid ihr?« fragten ihre Landsleute durch die Ritzen der Waggons, wenn die Züge auf Nebengleisen hielten. »Kriegsgefangene auf dem Weg nach Sibirien«, antworteten die Insassen. Die Alliierten wurden gedrängt, Kollaborateure, Kosaken und Ukrainer auszuliefern, die für die Deutschen gekämpft hatten; als britische Schiffe einige von ihnen in Odessa absetzten, wurden sie hinter Lattenverhaue geschleppt und noch auf den Kais erschossen.

Die Zeitungen wurden jetzt zweimal zensiert, vor und nach dem Satz. Marschälle und Generäle verschwanden aus der Öffentlichkeit. 1948 gedachte die *Prawda* mit einem langen Artikel des Falls von Berlin, ohne auch nur einmal Schukow zu erwähnen. Andrei Schdanow, der »Retter von Leningrad« und Parteichef der Stadt während der Belagerung, wandte sich jetzt den Überlebenden zu. Schostakowitsch und Prokofjew kamen an den Pranger, weil sie »bürgerliche« Musik schrieben, deren Melodien angeblich so kompliziert waren, dass Proletarier sie nicht pfeifen konnten. Anna Achmatowa fiel bei Schdanow in Ungnade, weil sie so »dekadent« war, Liebesgedichte zu schreiben. Boris Pasternak nahm die Arbeit an seinem *Doktor Schiwago* wieder auf, als er, nach seinen Worten, »bemerkte, dass unsere Hoffnung auf Veränderungen nach dem Krieg enttäuscht wurde«. Teile seines Werkes, das vernichtende Abschnitte über die Revolution enthielt, las er einem Moskauer Publikum vor. Seine schwangere Geliebte Olga Iwinskaja wurde in der Lubjanka verhört und ins Arbeitslager geschickt; sie verlor das Kind. Pasternak schrieb an dem Roman weiter und gab der Heldin Lara die Züge Olgas. »Ein erwachsener Mann muss die Zähne zusammenbeißen und das Schicksal seines Landes teilen«, sagt Schiwago.

Berija, »feist, grünlich und blass« und mit hervorquellenden Augen hinter einem Kneifer, widmete sich der Leningrader Partei. Sie galt als zu unabhängig und wurde deshalb nach dem plötzlichen Tod Schdanows 1948 gesäubert. Leningrad war jetzt keine Heldenstadt mehr; das Museum zur Verteidigung Leningrads wurde geschlossen, sein Direktor verhaftet. Swetlana Stalin glaubte, ihr Vater habe jetzt »die Grenze zum Pathologischen, zum Verfolgungswahn überschritten… Er sah überall Feinde.« Einige waren eingebildet, andere, wie die Amerikaner und Briten, nicht. Die Herzlichkeit des Treffens an der Elbe im Krieg hielt nur zehn Monate. »Wenn man Russland nicht mit eiserner Faust und klarer Sprache begegnet, gibt es einen neuen Krieg«, schrieb Harry S. Truman im Januar 1946. »Sie verstehen nur eine Sprache – ›Wie viele Divisionen habt ihr?‹« In jenem März hielt Winston Churchill eine Rede in Fulton im amerikanischen Bundesstaat Missouri, in der er vor dem »Eisernen Vorhang« warnte, der Europa teilen würde. Der offizielle Beginn des Kalten Krieges folgte dann im März 1947: Der amerikanische Präsident formulierte eine gegen die kommunistische Expansion gerichtete Politik, die zur »Truman-Doktrin« wurde und die Weltpolitik vierzig Jahre lang beherrschte. Vier Monate später wurde der National Security Act verabschiedet, mit dem die CIA ins Leben gerufen wurde. In Westeuropa wurden die zerstörten Länder durch die Marshallplan-Hilfe wieder aufgebaut. Dreizehn Milliarden Dollar halfen, die mächtigen kommunistischen Parteien Italiens und Frankreichs am Boden zu halten. In ganz Osteuropa dagegen, wo mit der alten Ordnung Könige, Kirchenmänner und nationalistische Politiker hinweggefegt worden waren, regierte die Rote Armee. Aus Ostdeutschland wurden Maschinen und Menschen weggebracht. In der Nacht des 26. Oktober 1946 wurden in der sowjetischen Zone 6000 deutsche Militärspezialisten zusammengetrieben und mit 92 Sonderzügen nach Russland geschickt. Die Einrichtungen der Zeiss-Werke in Jena wurden nach Monino bei Moskau verfrachtet; die Maschinen der Autofabrik Opel in Brandenburg kamen nach Moskau, wo der Moskwitsch, eine Kopie des Opel Kadett, produziert wurde. War die Sowjetunion am Ende des Krieges noch das einzige kommunistische Land gewesen, gab es inzwischen Polen, Ostdeutschland, Rumänien, Bulgarien und die Tschechoslowakei: Dort kam es unter dem Schutz der Roten Armee zu Deportationen, Einschüchterungen, Volksfrontgründungen, Verbannungen, »Selbstmorden« und manipulierten Wahlen. Die Tschechoslowakei war zuletzt dran. Am 10. März 1948 wurde Außenminister Jan Masaryk tot auf dem Gehweg vor seiner Amtswohnung gefunden. Er war ein Demokrat, dessen Ideal es war, »jederzeit mit der Straßenbahn zum Wenzelsplatz fahren und dort sagen zu können, dass ich von der gegenwärtigen Regierung nicht viel halte«. Die offizielle Untersuchung konstatierte Selbstmord auf Grund von »Depressionen, die durch westliche Anschuldigungen verstärkt wurden«. Ein paar Tage später begannen die Russen mit der Blockade Westberlins. Auf Stalins Befehl wurden alle Verkehrswege in die Stadt unterbrochen. Dies war ein tollkühner Schachzug, da Stalin zwar über die mächtige Rote Armee verfügte, die Amerikaner aber die Atombombe hatten. Wäre aus der Blockade ein Krieg entstanden, hätte General Lucius Clay nach seinen eigenen Worten nicht gezögert, die Bombe einzusetzen und »Moskau und Leningrad zuerst anzugreifen«. Berlin wurde durch eine Luftbrücke der Briten und Amerikaner versorgt, und im Mai 1949 hob Stalin die Blockade auf.

In den russischen Bergwerken und Holzfällerlagern arbeiteten Osteuropäer. 400 000 Litauer, Letten und Esten wurden nach Sibirien deportiert; 1950 waren 15 Prozent der baltischen Bevölkerung verschwunden. Ein deutscher Arbeiter, der 1951 in einem Kohlebergwerk unter der kargen Tundra von Workuta arbeitete, erinnerte sich, dass in seinem Lager, Grube 29, Menschen 30 verschiedener Nationalitäten zusammengepfercht waren. Ein anderer Deutscher, der einen fünfjährigen Aufenthalt dort überlebte, berichtete: »Frauen der verschiedensten Nationalitäten wurden Tag für Tag hinausgetrieben, um bei minus 30 oder 40 Grad Straßen in Workuta zu bauen.«

Obwohl die industrielle Leistung Russlands im Krieg den Westen tief beeindruckt hatte, glaubte man dort, man habe von sowjetischer Wissenschaft und Technologie wenig zu befürchten, da beides von der Paranoia der Partei infiziert sei. Wenn die Partei behauptete, die Russen hätten die Glühlampe vor Edison erfunden, den Telegrafen vor Morse, das

Radio vor Marconi und das Penizillin vor Fleming, schien das nur ein Beweis ihrer Unterlegenheit. Die Amerikaner glaubten, die Russen würden »bei normalem Tempo« noch zehn bis zwanzig Jahre benötigen, um eine Atombombe zu bauen. Doch das sowjetische Tempo war nicht »normal«. Man setzte intensiv Spione wie Nunn May, Pontecorvo, Fuchs und die Rosenbergs ein sowie deportierte Wissenschaftler aus Ostdeutschland. Ein Großteil der sowjetischen Forschung wurde in Gefängnislaboratorien durchgeführt, und der Chef der Geheimpolizei, Berija, war für das Atomprojekt mit dem Decknamen Borodino verantwortlich. Zwangsarbeiter förderten Uran aus Minen im Altai und in Turkestan im sowjetischen Zentralasien. Dabei handelte es sich um offene, ungeschützte Gruben; in einigen von ihnen betrug die Lebenserwartung nur wenig mehr als einen Monat. Zum Projekt Borodino gehörten unzählige Minen, Fabriken, Testgelände und Flugplätze, und alles stand unter strengster militärischer Geheimhaltung. Amerikanische Flugzeuge flogen ständig entlang den sowjetischen Grenzen Patrouille, um Luftproben zu sammeln, und im September 1949 fing ein Flugzeug über dem nördlichen Pazifik eine Probe ein, die sich in der Analyse als radioaktiv erwies. Präsident Truman, davon unterrichtet, dass es sich wahrscheinlich um einen Laborunfall, nicht um eine Bombe handelte, erklärte nur, in der Sowjetunion habe es eine »atomare Explosion« gegeben. Die Russen erwiderten, es habe sich um eine Bombe gehandelt; sie sei am 29. August um vier Uhr morgens in Kasachstan detoniert.

Jetzt hatten beide Supermächte ihre Superbomben. Die USA entwickelten mit der Wasserstoffbombe ein Kernfusionswaffe. Die Russen folgten. »Ich fand mich gefangen im Teufelskreis einer eigenen Welt von Waffenbauern und -erfindern, Spezialinstituten, Forschungsfabriken und Testgeländen«, schrieb Andrei Sacharow, Physiker und Dissident und Schöpfer der russischen Wasserstoffbombe. »Jeden Tag sah ich riesige Mengen an Material und geistigen Ressourcen und die Lebenskraft Tausender von Menschen in die Werkzeuge der totalen Zerstörung fließen.« Die Kosten der Wasserstoffbombe waren gewaltig, selbst für das reiche Amerika, und in Russland drückte diese Last dem gesamten Leben ihren Stempel auf.

Das Leben Stalins wurde immer bizarrer. Seine Tochter hielt ihn für einen Gefangenen des eigenen Systems, »erstickend durch seine Einsamkeit, die Leere und den Mangel an menschlicher Gesellschaft«. Stalin war allgegenwärtig – ein gigantisches Porträt von ihm hing an seinem siebzigsten Geburtstag 1949 an einem Ballon über dem Roten Platz; den Geburtstag feierte er im Bolschoi-Theater zusammen mit dem soeben siegreichen Mao Zedong und einem neuen Stern am Politbürohimmel: Nikita Chruschtschow. An jenem Tag widmete die *Prawda* ihm jede Zeile ihrer zwölf Seiten außer einer schmalen Spalte über Frauenschach. Nacht für Nacht ließ man in einem Fenster des Kreml Licht brennen, um jedem, der über den Roten Platz ging, zu zeigen, dass die »Säule des Friedens« unaufhörlich für die proletarische Sache arbeitete. Wo Stalin jedoch in seinem Wagen mit den verhangenen Fenstern vorbeikam, wurden die Straßen geleert; wenn er einen Zug nahm, hatten auf den Bahnhöfen, die er passierte, keine anderen Reisenden Zutritt, und auf dem Bahnsteig war er mit seiner Tochter allein. Nach dem Sommer 1951 entfernte er sich nicht weiter aus Moskau als bis zu seiner Datscha. Sie war von zwei Mauern umgeben, zwischen denen Hunde wachten. Seine Privaträume waren durch gepanzerte Türen geschützt und hatten Schiebefenster, durch die Tabletts mit gesalzenem Lachs, Gurken, Suppen, Bärenfleisch, georgischen Weinen, Weinbrand und Wodka gereicht wurden, wenn er mit seinen Kumpanen zechte: mit Berija, Malenkow, Bulganin und dem neuen Mann, Chruschtschow. Im Januar 1953 wurde ein neuer Anschlag aufgedeckt, die »Ärzteverschwörung«. Neun Kremlärzte planten angeblich, die Führung zu vergiften. Sieben waren so genannte »wurzellose Kosmopoliten«, in der Sowjetsprache Juden. Der Antisemitismus war in Russland nach dem Krieg erneut an die Oberfläche gekommen; der große jiddische Schauspieler Solomon Michoels war in Minsk ermordet worden, und alle jiddischen Publikationen und Theater wurden verboten. Man verschaffte sich Geständnisse über eine »Verschwörung« mit einer amerikanischen zionistischen Organisation; zwei der Ärzte starben während des Verhörs. Die Menschen gingen nicht mehr zum Arzt, aus Furcht, vergiftet zu werden. Der Mob bewarf die Tochter eines Verhafteten mit toten Mäusen und beschuldigte ihren

Vater, mit dem Eiter von Leichen gesunde Russen infiziert zu haben. Gerüchten zufolge sollten alle Juden nach Sibirien deportiert werden.

Am 28. Februar 1953 aß und trank Stalin mit seinen vier Kumpanen bis fünf oder sechs Uhr morgens. Nach dem Mahl war er gut gelaunt. »Er machte viele Witze«, erinnerte sich Chruschtschow. »Er boxte mich in den Magen und nannte mich ›Mikita‹… Wir gingen in guter Stimmung, denn während des Essens war nichts passiert, und diese Essen endeten nicht immer so fröhlich.« Am nächsten Abend wartete Chruschtschow auf den üblichen Anruf, doch er kam nicht. Stalin hatte den Dienern noch bedeutet, Tee zu machen, aber es erfolgte keine Aufforderung, den Tee hereinzubringen. Die Leibwächter wagten nicht, in Stalins Privaträume einzudringen; als ein Diener schließlich hineinging, fand er den Diktator bewusstlos am Boden liegend. Die vier Parteigenossen wurden zur Datscha gerufen, wo Stalin im Koma auf einem Sofa lag.

Stalin hatte einen Schlaganfall erlitten und starb vier Tage lang. Er erstickte langsam, sein Gesicht lief dunkel an und verzerrte sich, die Lippen wurden schwarz. Im letzten Moment, sagte seine Tochter, öffnete er die Augen mit einem »schrecklichen Blick, wahnsinnig oder vielleicht wütend und voller Todesangst«. Er hob den Arm, als wolle er jemanden verfluchen, dann starb er.

Der Tod wurde am 6. März 1953 bekanntgegeben, die Leiche in der Moskauer Säulenhalle feierlich aufgebahrt. In den langen Schlangen draußen wurden mehrere Moskauer Bürger zu Tode gedrückt. Die Lichter in den Arbeitslagern des Gulag erloschen als Zeichen der Trauer und Achtung; die Lagerinsassen freilich feierten den Tod und begannen eine Reihe von Aufständen. Der Kremlpathologe Dr. Jakob Rapaport telefonierte vom Erdgeschoss aus mit seiner Familie, bevor er die Treppen zu deren Wohnung emporstieg; wegen Beteiligung an der »Ärzteverschwörung« hatte er in der Lubjanka auf seine Hinrichtung gewartet, und er wollte nicht, dass seine Angehörigen jetzt bei seinem plötzlichen Erscheinen in Ohnmacht fielen.

Nikita

Chruschtschow war der Sowjetmensch in Person, der vollkommene Proletarier, geboren 1894 in einer Hütte nahe Kursk. »Immer wenn ich Schäfer ihre Schafe hüten sehe«, schrieb er, »fällt mir meine Kindheit ein.« Er hütete Vieh und ging in eine Schule, die aus einem einzigen Raum bestand, bis er fünfzehn war. Sein Vater, der bitter arm war, zog mit der Familie in eine neue Kohlenstadt im Donbass in der Ukraine und riskierte als Bergarbeiter seine Gesundheit. Das Leben war hart, und die Unterkünfte waren voller ehemaliger Bauern, die dort ihr rußiges Glück suchten. Chruschtschow bekam Arbeit als Schlosser in einer Fabrik deutscher Unternehmer.

Sein Aufstieg in der Partei hatte klassische Züge: Lektüre einer geliehenen Ausgabe des *Kommunistischen Manifests* mit sechzehn und sofortige Bekehrung zur revolutionären Sache; Streikführer in der Fabrik und Entlassung 1912, als der Streik gebrochen wurde. Die Gruben des Donbass hätten ihn erzogen, sagte er später; sie seien »das Cambridge des arbeitenden Menschen, die Universität der Besitzlosen Russlands« gewesen. Obwohl Chruschtschow auf der schwarzen Liste der Fabrikbesitzer stand, fand er Arbeit in einer Chemiefabrik und als Schlosser in einem Bergwerk. Anfang Zwanzig hatte er schon einen Ruf als Führer der radikalen Bergleute. Nach der Februarrevolution wurde er in den örtlichen Sowjet gewählt, nach dem bolschewistischen Putsch schloss er sich der Partei an und wurde Vorsitzender der Metallarbeitergewerkschaft. Im Bürgerkrieg kämpfte Chruschtschow als Freiwilliger und politischer Kommissar einer roten Division in Südrussland. Seine Frau starb im Typhusjahr 1921; der Donbass war verwüstet, die Bergwerke waren geflutet, die Fördermaschinen zerstört. »In den Bergwerken wurde gehungert«, schrieb er, »und es gab sogar einzelne Fälle von Kannibalismus.«

Chruschtschow wurde Organisator der Partei für sechzehn Minen; die Minen mit kaum des Lesens mächtigen, ausgehungerten Arbeitern wieder aufzubauen war eine harte Aufgabe, wie er eingestand, und sie

»erforderte es manchmal, moralische Prinzipien und materiellen Komfort zu opfern«. 1925 kam der ehemalige Kuhhirte als ukrainischer Delegierter zum 14. Parteitag nach Moskau. Die Partei in Charkow war der Auffassung, in der örtlichen Führung seien zu viele Intellektuelle vertreten und zu wenige »proletarische Elemente«; Chruschtschow wurde deshalb zum Gebietsorganisator befördert, obwohl er den Papierkrieg verabscheute. »Ich bin ein Mann der Erde, ein Mann des Handelns, ein Bergarbeiter«, sagte er. »Ich hasse es, wenn ich mich durch einen Wust von Formularen und Akten wühlen muss, bevor ich die Welt in Fleisch und Blut sehe.«

Ehrgeizig und impulsiv, aber auch ausdauernd, zog er nach Kiew. Von dort kam er an die Industrieakademie in Moskau. Er kam zur richtigen Zeit. Der Fünfjahresplan brachte reihenweise Beförderungen für qualifizierte Parteileute mit sich, besonders wenn sie wie Chruschtschow überzeugte Stalinisten waren. Stalins Frau war eine Studienkollegin an der Akademie, bis sie sich das Leben nahm. Sie und Chruschtschow verstanden sich gut, und so lernte er auf Familienfesten Stalin kennen. »Das war der Grund, weshalb ich überlebte, während die meisten meiner Zeitgenossen sterben mussten, weil sie als Volksfeinde galten«, schrieb er später. Ein weiterer nützlicher Gefährte war Lasar Kaganowitsch, der damals Erster Parteisekretär von Moskau wurde. 1934 wurde Chruschtschow Mitglied des Zentralkomitees und übernahm den Posten von Kaganowitsch. Er war zäh, arbeitete hart und bewunderte Stalin: »Ich war Stalin als unserem Führer absolut ergeben. Ich glaubte alles, was Stalin im Namen der Partei sagte, sei von Genialität inspiriert.«

Moskau war in den dreißiger Jahren ein einziger Bauplatz; klobige Wolkenkratzer, breite Prachtstraßen und Straßenzeilen mit Büros und Wohnungen wurden in fieberhafter Hast aus dem Boden gestampft. Das gleiche galt für die Moskauer Metro; über tausend Arbeiter wurden beim Bau dieser großartigsten U-Bahn der Welt, dieses unterirdischen Marmorpalastes des Kommunismus, verletzt oder getötet. Und über

Nikita Chruschtschow 1959, auf dem Höhepunkt seiner Macht, in einem ukrainischen Hemd und mit weißem Hut.

allem präsidierte Nikita Sergejewitsch, rundgesichtig, mit wachen kleinen Augen über dem ukrainischen Pelzkragen. Giftig ließ er sich über in
Ungnade gefallene Genossen aus: »Diese gemeinen Verräter haben den
Parteiapparat infiziert.« Als Moskauer Parteichef besuchte er mit
NKWD-Offizieren Todeskandidaten, mit denen er zusammengearbei-
tet hatte und die er gut kannte. Die Schauprozesse fanden in Moskau
statt, in seinem Herrschaftsbereich. Fast zwanzig Jahre lang hielt
Chruschtschow den Mund. »Ich war durch Stalin buchstäblich wie ver-
zaubert«, rechtfertigte er sich. »Alles was ich sah oder hörte, wenn ich
mit ihm zusammen war, faszinierte mich.« Er sei vom »Charme« des
Massenmörders »absolut überwältigt« gewesen. Auch er selbst habe einmal fast den kalten Lauf eines Gewehres im Nacken gespürt: Stalin sagte
ihm eines Tages, Nikolai Jeschow, der Chef des NKWD, habe ihn als
verkappten Polen ausgespäht, zu einer Zeit, da polnische Kommunisten
der Reihe nach als Klassenfeinde von Hinrichtungskommandos elimi-
niert wurden. Chruschtschow überlebte und wurde 1938 Parteichef der
Ukraine. Während der sowjetischen Invasion Polens 1939 war er damit
beschäftigt, die westliche Ukraine zu »säubern« und zu kollektivieren.

Der Krieg meinte es gut mit Chruschtschow. Er war politischer
Kommissar in Stalingrad; als Generalleutnant marschierte er am 5. November 1943 in das befreite, noch brennende Kiew ein und blieb dort als
erster Mann der Ukraine, allein Stalin rechenschaftspflichtig. Wieder
fanden Deportationen in den Gulag statt, darunter Katholiken, Polen
und Guerillas der ukrainischen Aufständischenarmee, die noch bis in die
fünfziger Jahre Patrouillen der Roten Armee bekämpfte.

Nach Stalins Tod gab es unter seinen engsten Mitarbeitern keine
dominierende Figur. Für Chruschtschow war Berija die größte Gefahr.
Berija schlug Malenkow zum Ministerpräsidenten vor, während Malenkow im Gegenzug Berija zum Chef von MWD (Staatssicherheit) und
MGB (Innenministerium) nominierte. Die Handlanger Berijas bewachten die Grenzen, den Kreml und die Atomwaffen, und Berija gebot über
zehn Divisonen des MWD. Persönlich pervers veranlagt – er verhörte
viele Gefangene selbst und weidete sich an ihren Schmerzen, und er
hatte eine Vorliebe für minderjährige rothaarige Mädchen und schwarze

Bettwäsche –, war er politisch nach den Maßstäben des Kreml ein Liberaler: Er sympathisierte mit den Nationalisten in den Republiken und den Reformern in Osteuropa, verabscheute Kollektive und trat dafür ein, den Bauern größere private Grundstücke zu geben; außerdem war er um Entspannung mit dem Westen bemüht und bewunderte die USA.

Berija war gerissen; als Stalins oberster Henker und Verwalter des Gulag hatten Millionen Menschen Grund, sich an ihm zu rächen, Vorsicht war ihm deshalb zur zweiten Natur geworden. Am 17. Juni 1953 wurde er nach Ostberlin geschickt, um den dort ausgebrochenen Aufstand niederzuschlagen. Als ihm zu Ohren kam, dass am 18. Juni eine routinemäßige Präsidiumssitzung im Kreml stattfinden sollte, wurde er misstrauisch und flog für diesen Tag nach Moskau zurück. Doch konnte ihn seine Vorahnung nicht mehr retten. Chruschtschow hatte sich der Unterstützung Malenkows versichert, und Berija sollte bei einem Treffen im Kreml am 10. Juli verhaftet werden. Chruschtschow erschien zu dem Treffen mit einer Pistole in der Tasche. Marschall Schukow wurde beauftragt, Berija festzunehmen. Er wartete mit zehn Männern in einem Nebenraum, während Chruschtschow den schockierten Berija einer Reihe von Verbrechen beschuldigte, darunter Spionage für die Briten. Auf ein Zeichen Malenkows stürmten Schukows Männer in den Raum und brachten Berija in einen Luftschutzbunker, wo er verhört wurde. Um Befreiungsversuche zu vereiteln, fuhren die Panzer zweier Panzerdivisionen mit schussbereiten Kanonen an den wichtigen Kreuzungen Moskaus auf. Berijas Männer wurden aus ihren Datschen, Stadtwohnungen oder Krankenbetten geholt. Wer versuchte, den Chef zu schützen, wurde erschossen.

Der Geheimprozess gegen Berija war ebenso bizarr wie die Prozesse gegen Berijas Opfer. Wie sie wurde er gemäß einer Verordnung von 1934 angeklagt, die dem Angeklagten Rechtsbeistand vor Gericht verweigerte und die standrechtliche Exekution vorsah. Auch die Anklagen waren ähnlich fantastisch: Spionage für ausländische Geheimdienste, terroristische Morde, Verschwörungen und anderes. Berija hatte sich zwar tatsächlich unzähliger Verbrechen schuldig gemacht, aber viele davon – die Ermordung jüdischer Künstler, die Deportationen aus dem

Kaukasus und der Krim nach dem deutschen Rückzug, die noch nicht lange zurückliegenden Morde in Leningrad – wurden nicht erwähnt, denn die Finger, die auf Berija zeigten, waren mit dem gleichen Blut befleckt. Nur eines seiner Opfer wurde namentlich genannt.

A. W. Snegow, ein Hauptzeuge der Anklage, kam direkt aus einem sibirischen Lager in Kolyma in den Gerichtssaal. Die Nachricht von Berijas Verhaftung hatte den Gulag erreicht, und Snegow kannte viele Verbrechen des Geheimdienstchefs und hatte sie detailliert in Briefen beschrieben, die an Chruschtschow und Mikojan in Moskau geschmuggelt worden waren. Als Berija ihn im Gerichtssaal sah, rief er: »Was, du lebst noch?« Und Snegow sagte barsch: »Deine Organisation hat ihren Auftrag nicht richtig erledigt.« Er wurde ausführlich zu Berijas Vergangenheit befragt; über den Gulag, dem er eben entronnen war, fiel dabei kein Wort. Nach Berijas Geständnis wurde die Todesstrafe verhängt, und Berija erlag seiner Feigheit: Der Folterer bettelte um Gnade. Es heißt, er sei mit geknebeltem Mund erschossen worden, weil man fürchtete, er könne Chruschtschow und dessen Mitverschwörer vor dem Erschießungskommando kompromittieren.

Berijas Tod war das Werk eines Verbrecherstaates, aber jetzt wurden Reformen in Angriff genommen und die Opfer nach und nach »rehabilitiert«. Begnadigt konnten sie nicht werden, da sie meist keine Verbrechen begangen hatten, aber sie wurden aus den Lagern entlassen oder, wenn es dafür zu spät war, öffentlich rehabilitiert. Molotows Frau Polina kehrte aus den Lagern zurück, in die sie wegen Spionage für die USA und Israel verbannt worden war: Spitzel hatten beobachtet, wie sie mit Golda Meir sprach, Israels erster Botschafterin in Moskau. Auch Chruschtschows Schwiegertochter, als »schwedische Spionin« verhaftet, nachdem sein Sohn gefallen war, kehrte aus dem Lager zurück.

Der Kreml wurde der Öffentlichkeit zugänglich gemacht. Unter Stalin war es ein Verbrechen gewesen, ihn auch nur zu fotografieren. Jetzt konnte jeder eine Eintrittskarte kaufen und die Schätze des Palastes bewundern. Chruschtschow mit seinem Sinn für öffentlichkeitswirksame Aktionen lud junge Leute zu einem Silvesterball mit Fähnchen und bunten Lampions ein. Er agierte politisch geschickt und manövrierte Malenkow aus, der im Februar 1955 als Ministerpräsident zurücktrat.

In Ungnade gefallene Politiker wurden nicht mehr hingerichtet; Malenkow überlebte als Direktor eines sibirischen Kraftwerks. Molotow wurde nach seiner Entmachtung durch Chruschtschow als Botschafter in die Mongolei geschickt. Auf dem 20. Parteitag verlas Chruschtschow in einer geschlossenen Sitzung am 25. Februar 1956 eine Rede »Über den Personenkult und seine Folgen«. Obwohl »Geheimrede« genannt, wurde ihr Inhalt im sowjetischen Block und im Westen rasch bekannt. Chruschtschow rechnete schonungslos mit Stalin ab. Er gab zu verstehen, dass Stalin die Ermordung Kirows geplant habe. Er beschrieb ausführlich die Verhaftungen und Morde während der Säuberungen. Er machte Stalins Terror für die anfänglichen Desaster im Krieg gegen die Deutschen verantwortlich, eine Folge der »Vernichtung vieler Armeekommandeure durch Stalin auf Grund seines Misstrauens und haltloser Anklagen«. Er enthüllte, dass nur Stalins Tod eine neue Säuberungswelle verhindert hatte. Chruschtschows Behauptung, von Stalins Verbrechen »überrascht« gewesen zu sein, war freilich Unsinn: Er hatte genau gewusst, was in den Jahren der Säuberungen geschah. Aber er war ein gefühlsbetonter Mensch mit einem Anflug von Idealismus. Die Rede und die darauf folgende Freilassung von Millionen Häftlingen waren Akte elementarer Menschlichkeit. Sie lösten einen Schub dichterischen und literarischen Schaffens aus, der in Umfang und Qualität beachtlich war.

Die Liberalisierung eines kommunistischen Regimes war allerdings ein riskantes Unternehmen; die Rede Chruschtschows verursachte mit den Volksaufstand in Ungarn. Am 23. Oktober 1956 marschierten Tausende von Menschen zum Denkmal des Dichters Petöfi, um dessen patriotisches Gedicht »Erhebt Euch, Ungarn!« zu lesen. Viele trugen die Nationalfarben Rot, Weiß und Grün. Gegen Abend, als die Menge aufgefordert wurde, sich aufzulösen, »hatte jemand eine Idee und zündete eine Zeitung an«, berichtete ein ungarischer Emigrant, der für die BBC arbeitete. »Innerhalb von wenigen Minuten brannten rund 100 000 Zeitungen, und auf dem Parlamentsplatz züngelte ein Meer gelber, bedrohlicher Flammen.« Die Menge zog zu einem anderen Denkmal weiter – dem Denkmal Stalins. Es wurde umgestürzt und in kleine Stücke gehauen. Nur die Stiefel blieben stehen. Die Rebellen übernahmen schnell die Kontrolle über das Land. Bei der Jagd auf die von den Sowjets ausgebildeten Geheimpolizisten wurden zum ersten Mal die Mechanismen der Repression aufgedeckt. Györ, eine Provinzstadt, hatte ein Polizeihauptquartier, wie es auch in Russland überall zu finden war. Dort wurde eine Folterkammer entdeckt, ein Backsteinloch, das mit einem angrenzenden Dampfkessel durch ein Rohr verbunden war, mit dem man Menschen wie mit einem Farbentferner häuten konnte. Kleine, modrige Zellen wurden aufgerissen, um den »Gestank vieler Jahre herauszulassen«. Ein großer Raum war wie eine Fernmeldezentrale mit Geräten ausgestattet, die vierzig Telefongespräche gleichzeitig aufzeichnen konnten. Auf den Regalen lagerten reihenweise Tonbänder, jedes mit einem Etikett zur Bewertung des Gesprächs versehen, auf dem etwa »interessant«, »verdächtig« oder »weiter verfolgen« stand. Auch die Geheimpolizei war einem Fünfjahresplan unterworfen und musste alle drei Monate sechs neue Informanten verpflichten.

Was immer Chruschtschow von seinem Vorgänger hielt, er dachte nicht im entferntesten daran, den Kommunismus abzuschaffen. Sowjetische Panzer wurden nach Ungarn entsandt. Begleitet von Gewehrschüssen und Molotowcocktails, rollten sie im Morgengrauen des 4. November 1956 durch die Straßen von Budapest. Gegen Nachmittag telegrafierte ein ungarischer Reporter nach Wien: »Helft uns … SOS … Die Menschen laufen zu den Panzern und werfen Handgranaten hinein … Nur leider können wir nicht durchhalten. Was tun die Vereinten Nationen? Die Panzer kommen in Massen … « Ministerpräsident Imre Nagy wurde aus seiner Zuflucht in der jugoslawischen Botschaft gelockt, festgenommen und später gehängt.

Um im eigenen Land für Frieden zu sorgen, versprach Chruschtschow, man werde die Amerikaner in der Pro-Kopf-Produktion von Fleisch, Milch und Butter innerhalb von drei bis vier Jahren einholen. Das war unmöglich – die amerikanische Rindfleischproduktion lag um das Dreifache über der russischen –, aber Chruschtschow glaubte vehement daran. Schließlich gab es im nördlichen Kasachstan, in Westsibirien, im Nordkaukasus und im Ural riesige Flächen ungenutzten Landes; es brauchte nur gepflügt zu werden – Chruschtschow, kein Kleingeist, dachte an zwölf Millionen Hektar –, und man hatte die Amerikaner überflügelt. Für den enormen Zuwachs an Rindern würde man Futter benötigen, doch auch dafür hatte Chruschtschow ein Wundermittel: Mais. Dass Mais damals nur in einigen Gebieten der Ukraine angepflanzt wurde, wo er ausreifen konnte, war unwichtig. Es wurde die Order ausgegeben, Mais anzupflanzen. Hatte nicht auch Katharina die Große die Bauern zum Anbau von Kartoffeln zwingen müssen? Als Chruschtschow 1959 in den USA die endlosen Maisfelder von Iowa sah, war seine Begeisterung grenzenlos. Er wurde *kukurusnik* genannt, der verrückte Maispflanzer, der sogar auf dem Grundstück seiner Moskauer Datscha Mais anbaute. Tausende junger Kommunisten wurden dazu überredet, jungfräuliches Land in Kasachstan und Sibirien zu kultivieren. Sie hatten keine Erfahrung in der Landwirtschaft und keine Geräte und bekamen kaum Unterstützung. Viele der Gebiete, in die sie kamen, hatten nur mageren, unfruchtbaren Boden. Die Einheimischen verachteten sie. Die Bewohner Kasachstans, die in den endlosen Weiten im Norden ihrer Republik Vieh züchteten, fürchteten, die Russen könnten sie ethnisch erdrücken und ihre Weiden umpflügen.

In sechs Jahren wurden 40 Millionen Hektar umgepflügt. Chruschtschow reiste durch das Land, um die Moral der Bevölkerung zu heben, und reformierte unablässig im klassischen Sowjetstil an der Bürokratie herum. Er löste das staatliche Komitee zur Förderung der Landwirtschaft auf und schuf das Allunionskomitee für Landwirtschaft, das über eine neue Hierarchie territorialer Produktionsgemeinschaften wachte. 1958 waren neun von zehn Vorsitzenden einer Kolchose Kommunisten, und das durchschnittliche Kollektiv hatte eine zwanzig Mitglieder starke Parteizelle. Auf Konferenzen im Moskauer Sportpalast versammelten sie sich zu Zehntausenden. Chruschtschow war ein Gläubiger, ein Überzeugungspolitiker, für den eine solche Masse von Kommunisten allein schon die Erfolgsgarantie war. Agrarexperten warnten, dass Mangel an Regen und Herbiziden es erforderlich mache, die Felder lange Zeit brachliegen zu lassen und spät auszusäen. Trofim Lysenko dagegen propagierte die frühe Aussaat und den Intensivanbau ohne Brachperioden. Chruschtschow war entzückt und sagte den Experten, sie bräuchten Flöhe in ihren Hemden, um aufzuwachen. Ein guter Kommunist kann die Amerikaner schlagen! Seht euch die Felder in Iowa an, und zeigt es ihnen! Einzelne Kolchosen, Regionen und Republiken gelobten, die Produktion zu verdoppeln und zu verdreifachen. Chruschtschow verwies auf die Region Rjasan, die 1959 ihr Versprechen eingelöst und die an den Staat verkaufte Fleischmenge auf 150 000 Tonnen verdreifacht hatte. Er machte den dortigen Ersten Parteisekretär Alexei Larjonow zum Helden der sozialistischen Arbeit. Larjonow erschoss sich im darauf folgenden September. Er hatte sein Ziel erreicht, indem er Zuchtvieh und Milchkühe ins Schlachthaus schickte und Vieh von den Bauern kaufte, es ihnen zurückverkaufte und wieder aufkaufte, um die Zahlen in den Büchern aufzublähen. Die Kollektive von Rjasan waren ruiniert. Der Viehdiebstahl wurde zur gängigen Praxis, mit der Kolchosen und Regionen versuchten, ihre Planziele zu erreichen. Die Fleischproduktion sank. Die frühe Aussaat ohne Brachzeiten führte zu verstärktem Wachstum von Unkraut, wodurch das Getreide erstickte. Unkrautvertilgungsmittel gab es nicht. Eine Dürre trocknete die Erdkrume des neuen Ackerlandes in Kasachstan aus, und sechs Millionen Hektar Land wurden durch die sommerlichen Staubstürme, die ganze Lagen von Erde zum Fuß der Sajan-Berge wehten, ruiniert. Auf Chruschtschows persönlichen Befehl wurden 35 Millionen Hektar Mais angepflanzt. Nur sechs Millionen konnten reif geerntet werden; der Kommunismus konnte das Klima nicht besiegen. Ganze Heuernten verschwanden unter dem Pflug, und der dadurch verursachte Mangel an Nahrung für das Vieh führte dazu, dass die Preise von Fleisch- und Milchprodukten 1962 um ein Drittel anstiegen. In Nowotscherkassk im Nordkaukasus marschierten Arbeiter vor dem örtlichen Parteibüro auf, und Soldaten schossen in die Luft. Daraufhin fielen Kinder wie Früchte von den Bäumen: Sie waren hochgeklettert, um das Spektakel besser sehen zu können, und erschossen worden. Die Arbeiter stürzten sich auf die Soldaten, diese schossen direkt in die Menge.

Das Sowjetsystem bezahlte für die Zwangswirtschaft und die Ignoranz in landwirtschaftlichen Dingen einen hohen Preis. Mit der Raumfahrt hatte es mehr Erfolg. Chruschtschow und die Russen setzten auf die Rakete, die Amerikaner auf den bemannten Bomber. »Wir waren wie die Bauern auf dem Markt«, erzählte Chruschtschow über die Raketenfabriken. »Wir gingen um die Rakete herum, berührten sie und beklopften sie, um zu sehen, ob sie stabil genug war – nur an ihr geleckt haben wir nicht.« Bereits im November 1947 berichteten Agenten nach Washington, auf einem Testgelände in Kasachstan sei eine Rakete gestartet worden, eine Weiterentwicklung der deutschen V-2. Um das russische Raketenprojekt zu leiten, wurde in jenem Jahr eine Kommission von Ingenieuren eingerichtet. Ihre Mitglieder sind nicht so berühmt, wie sie es verdient hätten: Sergei Korolew, Entwickler der ersten Interkontinentalrakete, V. P. Gluschkow, Erbauer des ersten Flüssigkeitstriebwerks, und A. N. Piljugin, Spezialist für Kontrollsysteme. 1955 erhielten die Amerikaner laufend Berichte über große Fortschritte des russischen Raketenprogramms. Am 4. Oktober 1957 wurde der erste Satellit namens Sputnik in die Umlaufbahn geschossen. Die USA lagen über ein Jahr zurück. Der Sputnik sendete ein deutliches Funksignal. In den Straßen Moskaus traten Russen auf Amerikaner zu und grinsten triumphierend: »Biep, Biep«. Einen Monat später wurde ein Satellit mit der Hündin Laika in den Orbit gebracht; das System war nicht rückholbar, und Laika starb nach einer Woche in der Umlaufbahn, als ihr Sauerstoffvorrat zu Ende ging. In immer kürzeren Abständen wurden außerdem Interkontinentalraketen getestet, die den amerikanischen Kontinent in Reichweite eines Atomschlags brachten.

Im Jahr 1959 landete das unbemannte Raumschiff Lunik auf dem Mond. Lunik 3 nahm bald erste Bilder von der dunklen Seite des Erdtrabanten auf. Im selben Jahr wurden die strategischen Raketenstreitkräfte aufgebaut, eine allen anderen Teilen der Streitkräfte vorgeordnete Eliteeinheit. Ihr erster Kommandeur, Marschall M. I. Nedelin, wurde jedoch im folgenden Jahr getötet, als ein neues Triebwerk beim Start einer Rakete in Tura Tam explodierte. Das Triebwerk sollte dazu beitragen, amerikanische Ziele genauer zu treffen. Im Mai 1960 umrundete ein viereinhalb Tonnen schweres sowjetisches Raumschiff die Erde. Im selben Monat fiel ein Amerikaner in die Hände der Russen. Der Kalte Krieg war zwar eine auf paradoxe Weise intime Angelegenheit mit seinen kolossalen Ritualen, dem Ballett amerikanischer Piloten und russischer Raketen über Vietnam und russischer Piloten und amerikanischer Raketen über Afghanistan, den Fernglasduellen am Checkpoint Charlie in Berlin und dem Austausch von Warnsignalen zwischen atomgetriebenen U-Booten tief unter Wasser – aber nur selten kam eine Seite in physischen Kontakt mit der anderen. Deshalb war die Gefangennahme Gary Powers' so bedeutsam. Powers, Pilot eines U2-Aufklärungsflugzeuges, startete von einer Luftwaffenbasis in Pakistan aus nach Norwegen. Östlich von Samarkand drang er in zwanzig Kilometer Höhe in den sowjetischen Luftraum ein. Powers näherte sich Swerdlowsk, als er eine dumpfe Explosion hörte und die Kontrolle über das Flugzeug verlor. Er hatte Gift bei sich, nahm es jedoch nicht. Mit dem Fallschirm landete er auf einem Feld. Später wurde er von den beglückten Russen bei einem Fototermin in Swerdlowsk präsentiert. Die CIA fand heraus, dass es den Russen gelungen war, eine Boden-Luft-Rakete zu entwickeln, die SAM, die in Israel und Vietnam eine große Rolle spielen sollte.

Drei Monate später kehrte ein Raumschiff mit zwei Hunden an Bord sicher zur Erde zurück. Am 12. April 1961 wurde der erste Kosmonaut, Juri Gagarin, in einer Raumkapsel an der Spitze einer Rakete ins All geschossen. Die Roten, die einstigen Bauern, hatten den industriellen Titanen die Schau gestohlen.

Von den Amerikanern unterstützte Exilkubaner landeten am 17. April 1961, an Chruschtschows 67. Geburtstag, in der Schweinebucht im Süden Kubas. Sie waren schlecht bewaffnet, ohne panzerbrechende Waffen und Luftunterstützung, und wurden schnell in ein Sumpfgebiet zurückgeworfen und getötet oder gefangen genommen. Dies bestärkte Chruschtschow in der Meinung, die Amerikaner seien »zu liberal, um zu kämpfen«. Die Amerikaner hatten Raketen in der Türkei, eine »Pistole an der Schläfe« der Sowjetunion. Warum sollten die Russen es den Amerikanern nicht in Kuba gleichtun? Die Bezie-

Juri Gagarin umkreiste am 12. April 1961 in einem Wostok-Raumschiff die Erde und wurde damit zum ersten Menschen im Weltraum. In der Nähe von Smolensk geboren, starb er 1968, als sein Flugzeug während eines Übungsflugs abstürzte. Von den Russen wird er bis heute als Held verehrt.

hungen zum kubanischen Führer Fidel Castro wurden herzlicher. »Wir gaben ihnen so viele Waffen, wie die kubanische Armee gebrauchen konnte«, notierte Chruschtschow. Zunächst waren es konventionelle Waffen, aber im Juli 1962, nach einem Besuch von Castros Bruder Raul in Moskau, machten amerikanische Flugzeuge eine beträchtliche Anzahl russischer Handelsschiffe auf dem Weg zum kubanischen Hafen

Mariel aus. Am 14. Oktober flog ein U2-Aufklärer über die Region San Cristobal in Kuba und kehrte mit Bildern zurück, die offenbar Abschussrampen für Mittelstreckenraketen zeigten. Auf See wurden zwei russische Holzfrachter entdeckt, die für eine Ladung Baumstämme nicht tief genug im Wasser lagen. Ihre Luken waren breit genug, um 20-Meter-Raketen an Bord nehmen zu können.

Am 17. Oktober hatte Präsident Kennedy sichere Beweise, dass Raketen mit 3000 Kilometer Reichweite, die noch Montana bedrohen konnten, nach Kuba unterwegs waren. Diese Raketen waren nicht durch Silos geschützt, was bedeutete, dass sie Erstschlagswaffen waren. Chruschtschow war der Versuchung erlegen, den Amerikanern »ein wenig von ihrer eigenen Medizin zu verabreichen«. Sein Motiv, eine gefährliche Mischung aus Selbstmitleid, Stolz und moralischem Überlegenheitsgefühl, war zutiefst russisch. Die Russen hatten das Gefühl, für alles, was sie hatten, mit ihrem Leben bezahlt zu haben. Jeder Schritt vorwärts hatte sie Blut gekostet, auf Schlachtfeldern, in Hinrichtungskellern, in Hungersnöten und in Epidemien. Sie hatten im Raketenwettlauf Opfer gebracht; Tausende von Gulaghäftlingen hatten sich auf den Testgeländen geschunden und waren in den Uranbergwerken gestorben. Die amerikanischen Raketenbauer waren berühmt und bekamen viel Geld, Sergei Korolew dagegen war 1937 verhaftet worden und hatte Jahre in den sibirischen Lagern von Kolyma verbracht, bevor er in einem Sondergefängnis mit dem Flugzeugingenieur Tupolew zusammenarbeitete. Inzwischen war er rehabilitiert, aber sein Name wurde geheimgehalten. Die Amerikaner hatten ihren Platz in der Welt zum Billigpreis erhalten. Die Mischung aus Eifersucht und Bewunderung für die USA war – und ist bis heute – eine russische Konstante. Amerika faszinierte Chruschtschow, wie umgekehrt er, bodenständig, kraftstrotzend, trinkend und vital, die Amerikaner faszinierte.

Am 22. Oktober gab Kennedy den Aufbau der Raketenstellungen im Fernsehen bekannt. Zur gleichen Zeit hörte Chruschtschow vom sowjetischen Botschafter in Havanna, Castro rechne mit einem amerikanischen Luftangriff innerhalb weniger Stunden. »Castro schlug vor, wir sollten einen Präventivschlag gegen die Vereinigten Staaten führen, um unsere Raketen zu schützen«, schrieb Chruschtschow. Kennedy ordnete eine Seeblockade gegen Kuba an; falls die Kapitäne der sowjetischen Frachter nicht einlenkten, sollte Gewalt eingesetzt werden. »Ich wäre nicht aufrichtig«, sagte Außenminister Dean Rusk vor ausländischen Botschaftern in Washington, »wenn ich verschweigen würde, dass wir in einer Krise sind, wie sie die Menschheit noch nicht erlebt hat.« Neunzig B-52-Bomber mit Atomwaffen an Bord waren ständig in der Luft, und die nuklearen Gefechtsköpfe von 157 amerikanischen Atlas- und Titan-Raketen wurden geschärft. Bei den amerikanischen Streitkräften herrschte die höchste Alarmstufe, Defcon-2. Die Amerikaner waren zum Krieg bereit, Chruschtschow hatte sich verrechnet. Dean Rusk betrachtete es schon als Sieg, dass er am 23. Oktober »noch lebte«. Ein Marineattaché der sowjetischen Botschaft in Washington meinte, er habe schon in drei Kriegen gekämpft und freue sich auf den nächsten. Chruschtschow freute sich nicht; der Bluff hatte nicht geklappt. »Kuba war 11 000 Kilometer von der Sowjetunion entfernt«, räumte er ein. »Unsere Nachrichtenverbindungen über Wasser und in der Luft waren so schlecht, dass ein Angriff auf die USA undenkbar war.« Er entschied, die Raketen zurückzuziehen. Castro hörte davon in einer sowjetischen Rundfunksendung. »Er war ein Hitzkopf«, sagte Chruschtschow, »er war sehr wütend auf uns.« Ein halbes Jahr später nahm Chruschtschow Castro zum Trost mit auf eine Reise durch Russland.

Chruschtschow wurde immer unberechenbarer. Er war sowohl ein Radikaler als auch ein Reaktionär. Er stimmte dem Bau eines Denkmals für die Opfer Stalins zu und gestattete einer ehemaligen Gefangenen des Gulag, in einer Rede vor dem 22. Parteitag zu behaupten, der Geist Lenins sei ihr erschienen und habe gesagt, er wolle nicht neben Stalin im Mausoleum am Roten Platz liegen. Die Delegierten beschlossen, Stalins Leichnam zu entfernen; sein Verbleib im Mausoleum sei »Blasphemie«. Die mumifizierte Leiche wurde eines Nachts von Soldaten herausgeholt und in eine tiefe Grube nahe dem Mausoleum versenkt. Das Loch wurde nicht mit Erde, sondern Beton aufgefüllt, als sei nur so gewährleistet, dass der grässliche Bewohner drunten bleibe.

Mehrere tausend Plätze, Flüsse, Seen, Kolchosen, Städte, Fabriken und Straßen wurden umbenannt. Aus Stalingrad, ehemals Zarizyn, wurde Wolgograd. Ein dreißig Jahre alter Delegierter aus Stawropol namens Michail Gorbatschow nahm am Parteitag teil. Es war sein erster. Ebenfalls anwesend war Leonid Breschnew, ein Kriegskamerad Chruschtschows, der gewandt die Machthierarchie emporkletterte.

Die Traditionalisten waren empört; über die Verbrechen Stalins müsse man schweigen, meinten sie, zu viele prominente Leute seien in sie verwickelt. Auch waren sie unangenehm berührt von der Flut historischer Dokumente, von den Romanen, Erinnerungen, Erzählungen und Artikeln über den Gulag, die unter Chruschtschow veröffentlicht wurden. Dabei hatte er selbst die Jagd auf Boris Pasternak gebilligt, dessen großer Roman *Doktor Schiwago* 1957 aus dem Land geschmuggelt und einem italienischen Verleger übergeben wurde. Wie die meisten anderen Unannehmlichkeiten wurde das Buch in Russland offiziell ignoriert, obwohl zerfledderte, maschinengeschriebene Kopien als *samisdat* zirkulierten, als im Selbstverlag veröffentlichtes Buch. 1958 wurde Pasternak der Nobelpreis verliehen; davon musste das System wohl oder übel Notiz nehmen. Chruschtschow las das Buch erst viel später; Funktionäre fütterten ihn vorerst nur mit kritischen Passagen zur Oktoberrevolution. Die *Prawda* tat Pasternaks Klassiker als »politische Hetzschrift« ab, deren Held »moralisch verkommen« und deren Autor ein »Schwein« sei, »das den eigenen Stall beschmutzt hat«. Pasternak wurde aus dem Schriftstellerverband ausgeschlossen, was einem Arbeitsverbot gleichkam. Seine Geliebte Olga Iwinskaja wurde nicht mehr als Übersetzerin beschäftigt. Pasternak wurde dazu gezwungen, den Nobelpreis abzulehnen. Er starb bald darauf.

Seine Behandlung war ein schändlicher Rückfall in den Stalinismus; Chruschtschow spürte dies und ging bei einem zweiten großen russischen Schriftsteller anders vor. Das Magazin *Nowi Mir* brachte Alexandr Solschenizyns Kurzroman über den Gulag, *Ein Tag im Leben des Iwan Denissowitsch*. Das Magazin wurde bis auf das letzte Heft verkauft, und der Roman durfte als Buch veröffentlicht werden, das ebenfalls schnell ausverkauft war. Es war, wie ein Kritiker sagte, mehr als ein literarisches Ereignis, »es war ein wichtiges Ereignis des öffentlichen

Lebens«. Chruschtschow freute sich über den Erfolg. »Ich wünschte, ich wäre mit der Pasternak-Affäre so umgegangen wie mit *Iwan Denissowitsch*«, schrieb er. »Ich habe das Buch selbst gelesen. Es ist sehr niederdrückend, aber gut geschrieben. Es ruft im Leser Abscheu gegen die Bedingungen hervor, unter denen Iwan Denissowitsch und seine Freunde ihre Strafen absaßen.«

Zur gleichen Zeit gab er sich freilich alle Mühe, die Kirche und die moderne Kunst zu unterdrücken. Tausende von Kirchen wurden geschlossen, darunter das Höhlenkloster von Kiew, das bedeutendste Heiligtum des orthodoxen Glaubens. Chruschtschow befahl, die Moskauer Verklärungskirche mit ihrer schönen Kuppel zu zerstören, um Platz für die Metro zu schaffen. Der Künstler Ernst Neiswestny erinnert sich, dass Chruschtschow, als er eine Ausstellung moderner Kunst in Moskau besuchte, »fürchterlich fluchte und sagte: ›Ein Esel könnte das mit seinem Schwanz besser machen.‹ Er behauptete, ich würde das Geld des Volkes verschleudern und Scheiße produzieren. Ich antwortete, er verstehe nichts von Kunst.«

Die Landwirtschaft stagnierte, Stürme bliesen die Erdkrume in Kasachstan weg, und die Getreideimporte nahmen zu. 1961, im Gagarin-Jahr, schien die Industrie noch im Stande, die USA herauszufordern. Der 22. Parteitag hatte erklärt, der Aufbau des Sozialimus sei nun vollendet; die letzte Stufe, der reine Kommunismus, werde in zwanzig Jahren erreicht sein. Doch die Planwirtschaft, die bei Raketen und Gewehren funktionierte, versagte bei der Bereitstellung von Konsumgütern kläglich.

Ein neuer Personenkult entstand. In den Kinos wurde der Film *Unser Nikita Sergejewitsch* gezeigt, Chruschtschows offizielle Porträts wurden immer größer, sein siebzigster Geburtstag im April 1964 war ein Tag speichelleckerischer Ergüsse. Inszeniert wurde das Ganze von Leonid Breschnew, inzwischen Staatsoberhaupt, der alsbald plante, Chruschtschow zu stürzen. Dies gelang ihm im Oktober 1964. Das Parteipräsidium kritisierte Chruschtschows »unbesonnene Pläne, unüberlegte Folgerungen, übereilte Entscheidungen und von Wunschdenken bestimmte Unternehmungen«.

Chruschtschow wurde nicht erschossen oder in die Mongolei verbannt. So weit hatte er das System immerhin verändert. Trotz all seiner Fehler und dem Scheitern seiner Außen- und Agrarpolitik – die russische Bevölkerung mochte den Mann, der menschlich genug war, den unangenehmen ostdeutschen Parteichef Ulbricht offen zu demütigen und Mao Zedong einen »alten Stiefel« zu nennen. Er behielt seine Stadtwohnung und seine Datscha auf dem Land, dazu seine Leibwächter und Diener, und bekam eine freilich magere Pension von 400 Rubeln im Monat und einen alten Wagen. »Ich bin alt und müde«, sagte Chruschtschow. »Ich habe das Wichtigste geschafft. Unser Führungsstil, unsere internen Beziehungen haben sich drastisch verändert. Hätte je einer davon träumen können, Stalin zu sagen, er passe uns nicht mehr und solle abtreten? Nicht einmal ein nasser Fleck wäre dort zurückgeblieben, wo er gestanden hätte.« Chruschtschows Nachruf auf sich selbst war kurz und treffend: »Die Angst ist weg. Das ist mein Beitrag.«

11

Der tiefe Schlaf

Das Land wollte keine Aufregungen und Experimente mehr, sondern stabile Verhältnisse und kleine Nebeneinkünfte, preiswertes Essen, billige Mieten, Arbeitsplätze auf Lebenszeit und Wodka für drei Rubel. Leonid Iljitsch Breschnew, der Sohn eines ukrainischen Stahlarbeiters aus Dnjeprodserschinsk, gab den Menschen, was sie wollten. Ihm selbst hatte das System zu Wohlstand verholfen; das gute Leben hatte auf den groben Zügen des korpulenten Achtundfünfzigjährigen Spuren hinterlassen. Zudem war er träge und ließ den Dingen gern ihren Lauf. Er folgte Männern nach, die Opfer der Säuberungen geworden waren, und stieg innerhalb von 30 Monaten vom Nachwuchsingenieur zum Parteisekretär einer großen Industrieregion in der Ukraine auf. Mit 33 war er ein mächtiger Politiker und guter Organisator. Chruschtschow entwickelte ein Faible für Breschnew und schickte ihn nach Kasachstan, um das dortige große Landbauprojekt zu überwachen. Nach seiner Rückkehr holte er ihn ins Politbüro.

Breschnew war eitel, und Eitelkeit, die Bedeutung des Scheins, war der Schlüssel zu seiner Ära. Er hatte den Krieg als politischer Berater hinter der Front verbracht, aber er liebte Uniformen und Orden, die er sich selbst verlieh. Er heimste Leninpreise für Frieden und Literatur ein und wurde Marschall der Sowjetunion. Über seine »heldenhaften« Kriegsjahre wurden Filme gedreht, obwohl Zyniker meinten, er solle im Grab des Unbekannten Soldaten begraben werden, da unbekannt sei, ob er je Soldat gewesen sei. Die Form, nicht der Inhalt war ihm wichtig. Zumindest an der Oberfläche gedieh das Land unter seiner Herrschaft.

Seit der Revolution hatte die Lage nicht mehr so gut ausgesehen. Die

Wirtschaft war nach der Wirtschaft der USA die zweitgrößte der Welt. Die Produktion von Fleisch und Milch stieg um ein Drittel, der Verbrauch von Fisch und Eiern verdoppelte, der von Alkohol vervierfachte sich. Die Preise waren stabil. Die Löhne stiegen um das Doppelte, der Preis von Fleisch blieb auf dem Niveau von 1962. Der Inlandsflugverkehr wuchs explosionsartig, und Aeroflot wurde die größte Fluggesellschaft der Welt. Wohnungen kosteten monatlich zehn Mark einschließlich Heizung – in Städten mit sechs Wintermonaten. Der Sozialismus war ein Kampf gewesen, und dies war der Lohn.

Entfernte Öl- und Mineralienvorkommen wurden ausgebeutet, und mit dem gewaltigen Anstieg der Energie- und Edelmetallpreise auf dem Weltmarkt flossen harte Devisen in die Kassen des Staates. Das Land wurde zum größten Ölproduzenten der Welt, und Muruntau in der Wildnis von Usbekistan war die weltweit größte Goldmine mit einem jährlichen Ausstoß von 80 Tonnen. In Norilsk, der nördlichsten Stadt der Erde, deren Hochhäuser auf Pfeilern über dem Dauerfrostboden stehen, stieg die Bevölkerung aus Berg- und Stahlarbeitern auf 140 000 Einwohner. Surgut, das Zentrum eines riesigen Ölfördergebietes am mittleren Ob, einst ein Dorf, erlebte einen Boom, durch den es bald Anchorage in Alaska überflügelte. Surgut war Anlaufstation für die Männer, die auf dem Gebiet von Samotlor nach Öl bohrten. Dort konnte man 30 000 Mark im Jahr verdienen, eine fantastische Summe. Bratsk, das Herz der sibirischen Energiewirtschaft, vervierfachte seine Bevölkerung, während jene von Jakutsk tief in der Dauerfrostzone, mit einer Universität und einer Zweigstelle der Akademie der Wissenschaften, auf 100 000 anstieg.

Mitte der siebziger Jahre wurde geschätzt, dass der Lebensstandard eines sowjetischen Arbeiters zwei Drittel unter dem eines amerikanischen lag und halb so hoch war wie der eines deutschen. Damit entsprach er dem Lebensstandard amerikanischer Arbeiter zu Beginn der zwanziger Jahre. Aus westlicher Perspektive mag das als bittere Armut erscheinen, aber die Russen waren damit zufrieden. Während der ersten Hälfte der siebziger Jahre verdoppelte sich die Zahl der Privatautos auf 3,6 Millionen. Die Wartelisten waren enorm, die Kosten überwältigend.

Blecherne Schigulis, schlechte Fiat-Kopien, kosteten 20 000 Mark, das Vierfache des durchschnittlichen Jahreslohns. Zwei Drittel der Familien hatten ein Fernsehgerät, drei Fünftel eine Näh- und eine Waschmaschine. Die Hälfte besaß einen Kühlschrank.

Die Mitglieder der Nomenklatura lebten besonders gut. Die Partei ließ die Ihren nicht im Regen stehen. Lenin hatte gesagt: »Ein Parteiagitator aus der Arbeiterschaft, der einigermaßen begabt und viel versprechend ist, *darf auf keinen Fall* elf Stunden am Tag in der Fabrik arbeiten.« Breschnew machte solche Leute zu Aristokraten, die von Putzleuten und Chauffeuren umsorgt wurden und in großzügigen Wohnungen besondere Essensrationen verspeisten. Ihre Kinder wurden von Spezialschulen direkt auf beneidete Auslandsposten befördert, und so entwickelte sich eine Art Erbaristokratie.

Spezielle Läden boten braun verpackte Kisten mit Kaviar, Stör, importiertem Weinbrand und Parfüm, japanischen Kameras und englischer Wollkleidung an. Ein Netz von Läden in Moskau und anderen Städten, ohne Namen und Schaufensterauslagen, bot diskrete Dienstleistungen von Wäschewaschen bis Haareschneiden. Die Mächtigen erhielten den *kremlewski pajok,* die Kremlration besonderer Delikatessen und Weine. Die *Uprawlenije Delami,* die Geschäftsverwaltung des Zentralkomitees, unterhielt Apartment- und Gästehäuser, Erholungsheime, Kliniken, Wagenparks und Diener.

Die ausgeklügelte Hackordnung spiegelte sich in der Höhe der Zimmerdecke wider, im Typ des chauffeurgesteuerten Wagens – Sil für die Elite, Tschaika für die anderen – und in der Größe des Hotelzimmers. In einem Schwarzmeerhotel, das von Offizieren auf Urlaub frequentiert wurde, war das größte Zimmer, ausgestattet mit einem großen Kühlschrank, einem Farbfernseher und einem funktionierenden Telefon, für den Kommandeur des Militärdistrikts von Kiew reserviert. Edward Losanski, der Schwiegersohn des Generals, musste mit einem bescheideneren Zimmer mit Schwarzweißgerät und nicht funktionierendem Telefon vorlieb nehmen. Mitglieder der Elite konnten einen Sonderflug vom eigenen Moskauer Flughafen der VIPs, Wnukowo II, bekommen. Weniger Erhabene konnten immerhin Mitreisende aus überbuchten

Aeroflot-Maschinen oder den Schlafkojen der Nachtzüge drängen; ihre Wagen rasten die grün markierte Mittelspur der Hauptstraßen entlang, die so genannte »Tschaika-Spur«.

Lenins Korruption war geistiger Art gewesen. Stalin hatte gar keine Zeit gehabt, Geld auszugeben; er ließ seine Gehaltsabrechnungen stapelweise ungeöffnet auf dem Schreibtisch liegen. Chruschtschow war zu bodenständig, um der Versuchung des Reichtums zu erliegen. Breschnew und seine gierigen Angehörigen dagegen mochten den Luxus. Ehrgeizige Parteileute schenkten dem Parteichef Diamanten und Antiquitäten; Besucher aus dem Westen schenkten ihm Sportgewehre und Autos für seine Sammlung, zu der unter anderen ein Citroën-Maserati, ein Lincoln, verschiedene Mercedes-Limousinen und ein Rolls-Royce Silver Cloud gehörten. Ausländische Wagen waren in der Ära Breschnew ein Symbol der Elite. Der KGB-Journalist Victor Louis besaß einen Rolls-Royce, allerdings einen gebrauchten; Präsident Podgorny benutzte einen Mercedes 600, Planungschef Nikolai Baibakow bevorzugte einen Chevrolet Impala.

Natürlich hatten sie auch Datschen. Die des ukrainischen Parteichefs Pjotr Schelest in Jalta war vierstöckig und lag an einem ein Kilometer langen Strand. Handelsminister Anastas Mikojan residierte ganz in der Nähe und hatte Swimmingpools mit Süß- und Salzwasser. Breschnew hatte eine Datscha nahe Usowo, eine andere in Pizunda am Schwarzen Meer; zur Wildschweinjagd benutzte er eine Datscha in der Region Sawidowo, in der Henry Kissinger einmal zu Gast war. Außerdem hatte er ein Ferienhaus aus Kiefernholz nahe Minsk und ein von Finnen gebautes Gästehaus in der Nähe von Leningrad.

Beim geringsten Anzeichen für abweichendes Denken wurde der Luxus entzogen. Die Breschnew-Jahre waren warm und mollig ausgestattet für jene, die konform gingen. Das System, schrieb der Dichter Jewgeni Jewtuschenko, »kauft uns mit Geschenken: Wir sind große Kinder«. Der innere Drang zum Kompromiss wurde übermächtig, alle folgten dem Genossen Kompromis Kompromissowitsch:

Er kauft uns mit Wohnungen,
Möbeln, schicken Kleidern,
Und wir verlieren die Lust zu kämpfen.
Wir schlagen Lärm – nur wenn wir trinken.

Die Folgen für jene, die sich auflehnten, waren schwer wiegend. Die satirischen Schriftsteller Andrei Sinjawski und Juli Daniel wurden wegen »antisowjetischer Propaganda« zu fünf und sieben Jahren Arbeitslager verurteilt. Breschnew und sein KGB-Chef Juri Andropow, puritanisch, streng, ein Philosoph unter den Geheimdienstlern, legten die Grenzen fest: Wer sie übertrat, wurde niedergeschlagen. Perfekt war die psychiatrische Bestrafung, die seit den späten dreißiger Jahren gebräuchlich war; damals hatte das NKWD auf dem Gelände des psychiatrischen Krankenhauses in Kasan ein Haus mit 400 Betten gebaut. Opposition gegen den Kommunismus war etwas so Abwegiges und Irrationales, dass, wie Chruschtschow es ausgedrückt hatte, sie »häufig durch Geisteskrankheit verursacht ist... Der geistige Zustand solcher Leute ist eindeutig nicht normal.« Also wurden sie in psychiatrische Kliniken eingesperrt. Dreizehn oder mehr solcher Spezialkliniken wurden unter Breschnew eröffnet, und der Westen wurde durch Waleri Zarsis Buch *Station 7* darauf aufmerksam. Die Kliniken unterstanden dem MWD, dem Innenministerium, nicht dem Gesundheitsministerium. Professor Andrei Schneschnewski, Direktor des Instituts für Psychiatrie an der medizinischen Akademie, lieferte eine pseudoakademische Begründung dafür, warum Dissens als Schizophrenie zu etikettieren sei. Die Definition des kriminellen Dissenses wurde in Artikel 69 der unter Breschnew überarbeiteten Verfassung ausgeweitet. Dieser verpflichtete die Sowjetbürger darauf, »die Interessen des sowjetischen Staates zu schützen und seine Macht und sein Ansehen zu mehren«. Das Regime nicht aktiv zu unterstützen konnte bereits ein Verbrechen sein. »In unserem Land ist es nicht verboten, ›anders zu denken‹ als die Mehrheit«, sagte Breschnew. »Aber es ist etwas ganz anderes, wenn Individuen, die sich offen gegen das sowjetische System wenden, mit Hilfe imperialistischer Subversionszentren antisowjetische Aktivitäten betreiben.«

Was für den einzelnen galt, galt auch für ein ganzes Land. Im April 1968 erklärte der tschechoslowakische Parteichef Dubcek, die Partei sei nicht der »allgemeine Aufseher« der Gesellschaft. Um die Häresie noch zu verschlimmern, fügte er hinzu, die Rechte auf freie Meinungsäußerung, Pressefreiheit und Auslandsreisen müssten garantiert werden. Dies war der »Prager Frühling«. Ein Parteitag der tschechoslowakischen Kommunisten wurde für den September einberufen; um die Reformen zu kappen, mussten die Russen dem zuvorkommen. Der »Sozialismus mit menschlichem Antlitz«, wie es Dubcek formulierte, stand nicht auf der Tagesordnung Breschnews.

Im August tauchten sowjetische »Touristen« mit schweren Stiefeln in Prag auf; hinter der Grenze zur DDR wurden Panzerbewegungen ausgemacht. Kurz nach 10 Uhr morgens am 20. August wurde der Kontrollturm des Prager Flughafens von sowjetischen Kommandos gestürmt, die in einem Zivilflugzeug der Aeroflot gelandet waren. Eine Panzerkolonne, angeführt von einem schwarzen Wolga der sowjetischen Botschaft, rollte in der Morgendämmerung vor Dubceks Büro. Acht Soldaten mit automatischen Gewehren brachen ein und durchtrennten die Telefonleitungen. »Ich habe mein ganzes Leben der Zusammenarbeit mit der Sowjetunion gewidmet, und jetzt tun sie mir das an!« sagte Dubcek, der von seinem kommunistischen Vater in der Sowjetunion aufgezogen worden war. Man brachte ihn in Handschellen in ein KGB-Gefängnis in der Ukraine und von dort in den Kreml, wo er in einem kleinen Raum gefangen gehalten wurde, mit nacktem Oberkörper, geschwächt und vollgestopft mit Beruhigungsmitteln. Breschnew sagte ihm: »Für uns sind die Ergebnisse des Krieges unantastbar, und wir werden sie verteidigen, selbst unter dem Risiko eines neuen Krieges.« Und herablassend fügte er noch hinzu: »Wir sind schon mit anderen kleinen Nationen fertig geworden, warum also nicht mit Ihrer?« Dann marschierte er hinaus, »im Gänsemarsch« gefolgt vom Rest des Politbüros.

Eine Gruppe von Dissidenten – Künstler aus dem Umkreis des verbotenen Magazins Metropol, aufgenommen 1976. Die Frau im Vordergrund mit dem weißen Jackett ist die berühmte Dichterin Bella Achmadulina.   [Foto: W. Plotnikow]

233

Dubcek gab nach: Er stimmte der Wiedereinführung der Zensur zu (der »ideologischen Aufsicht«) und akzeptierte die »vorübergehende Stationierung« der Invasionstruppen.

Auch in Russland wurden die Besten und Klügsten geknebelt oder ins Exil gezwungen. Joseph Brodsky, der beste junge russische Dichter, wurde 1972 in die Emigration getrieben. Viktor Nekrassow, Autor des Buches *In den Schützengräben von Stalingrad*, folgte ihm nach, desgleichen 100 000 sowjetische Juden. Solschenizyn konnte unter Breschnew in Russland einen Artikel und eine Kurzgeschichte veröffentlichen; 1969 wurde er aus dem Schriftstellerverband ausgeschlossen, 1974 in ein Flugzeug in die Schweiz gesteckt, von wo er schließlich nach Vermont in den Vereinigten Staaten kam. Der Dichter Alexander Twardowsky wurde als Herausgeber von *Nowi Mir* gefeuert; seine mutige Zeitschrift hatte nicht genug Parteiorientierung, *partiinost*, gezeigt. Der hervorragende Cellist Mstislaw Rostropowitsch, entmutigt durch den Hausarrest, der ihm wegen seiner Unterstützung Solschenizyns auferlegt wurde, verließ Russland 1974 mit seiner Frau, der Sopranistin Galina Wischnewskaja; er wurde Dirigent des National Symphony Orchestra in Washington. Der Cheftänzer des Kirow-Balletts, Michail Baryschnikow, blieb in Kanada; er hatte in Leningrad Schönberg tanzen wollen, aber das Kultusministerium hielt Schönberg für »nicht geeignet«. Wer in Moskau zurückblieb, war so einsam wie auf dem Mond. Das Moskauer Künstlertheater, an dem Tschechow und Stanislawski gearbeitet hatten, führte *Stahlarbeiter* auf, eine Geschichte über heroische sowjetische Stahlkocher. In den Moskauer Kinos lief *Der heißeste Monat*, ein Film, der zeigte, wie der Fünfjahresplan für Stahl erfüllt wurde. Der Lyriker Andrei Wosnessenski beschrieb die Atmosphäre jener Zeit treffend als ein »großes Fasten des Geistes«. Die Brüder Strugazki verkleideten ihre Kritik als Sciencefiction, andere überarbeiteten Romane des 19. Jahrhunderts für die Bühne so, dass die Parallele zwischen zaristischen Ochrana-Agenten und zeitgenössischen KGB-Spionen für das Publikum offensichtlich, für den Zensor aber nicht eindeutig war. KGB-Leute spürten die *Samisdat*-Literatur auf, von Dissidenten im »Selbstverlag« mit klapprigen Schreibmaschinen mühsam auf schlechtes Papier abgetippte Romane und Essays. Parallel zur Samisdat-Literatur entstanden im *magnitisdat* Kassettenaufnahmen von Protestliedern und Satiren. *Die Chronik der laufenden Ereignisse*, zusammengestellt von einer Gruppe von Freunden in einer Moskauer Wohnung, wurde geschlossen. Ihrem ukrainischen Gegenstück, dem *Herold*, ging es ebenso. In den Wäldern von Lettland konnten Baptisten eine halbe Million Bibeln drucken, bevor sie verhaftet wurden.

Die Wirtschaft sackte ab, auch wenn schmeichelhafte Statistiken das vertuschten. Riesige Investitionen flossen in Düngemittel und Agrarmaschinen, aber Millionen von Soldaten und Städtern mussten jedes Jahr zur Ernte mobilisiert werden. Die Maschinen gingen kaputt, und der für Zuckerrohr bestimmte Dünger wurde auf Roggenfelder gesprüht. »Zukunftslose« Dörfer wurden von Moskauer Bürokraten im Handstreich entvölkert, die Bauern mussten in »Agrarstädte« umsiedeln. Sie hassten diese Städte und rächten sich auf klassisch sowjetische Weise: Sie faulenzten und betrogen den Staat. Die *Iswestija* schätzte 1974, dass über ein Drittel der Privatwagen mit gestohlenem Kraftstoff aus staatlichen Vorräten fuhr. Der Schwarzmarkt war fast die einzige Quelle für Obst und Fleisch, modische Kleider, Medikamente und Ersatzteile für Autos und Fernseher.

Die Korruption wucherte unaufhaltsam. Parteifunktionäre verkauften Arbeitsplätze und Genehmigungen. Der Parteichef von Georgien, Edward Schewardnadse, ließ in den frühen siebziger Jahren im Zuge einer Kampagne gegen die Korruption 25 000 Leute verhaften. Daraufhin sah er sich auf Grund von Morddrohungen gezwungen, in einem kugelsicheren Wagen zu reisen. In Usbekistan wurde durch Satellitenbilder ein Riesenschwindel aufgedeckt: Wo Baumwollfelder blühen sollten, fand die Kamera nur Wüste. Über Jahre hinweg hatten Funktionäre wachsende Ernteerträge deklariert und sich persönlich bereichert. In Zentralasien hatte der Baumwollanbau fatale Folgen. Wasser aus den Zuflüssen des Aralsees war auf die Felder umgeleitet worden; der See schrumpfte, und das Fischerdorf Aralsk lag mittlerweile 50 Kilometer vom Ufer entfernt. Dünger und Pestizide, die auf die Baumwollfelder gesprüht wurden, drangen ins Grundwasser ein, und Stürme bliesen Salz und chemischen Staub von den ausgetrockneten Seeflächen auf weit entferntes Ackerland.

Die meisten Produktionsgüter waren *schtampni*, also Ausschuss, in Massen produzierter Müll: Kühlschränke ohne Gefrierfächer, Waschmaschinen ohne Automatik oder Schleudergang. Neu errichtete Wohnblocks hatten Standardmängel; die aus frischem Holz gefertigten Böden wellten sich, der Putz bröckelte von den Wänden, die Bäder waren undicht, die Toiletten kaputt, und die Steckdosen funktionierten nicht.

Die Gewinne aus dem Verkauf von Öl und Edelmetallen wurden von den »Metallfressern« verschluckt, wie Chruschtschow die Rüstungsindustrie nannte. Gegen Ende der sechziger Jahre wuchs die russische Atomstreitmacht um 300 Silos mit Interkontinentalraketen pro Jahr. In den vierzehn Jahren nach der Kubakrise bauten die Russen 1323 Schiffe für ihre Marine, die Amerikaner 302. Unter dem Schutz der sowjetischen Marine landeten im Jahr 1975 stellvertretend für die Sowjets kubanische Truppen in Angola. Im folgenden Jahr waren die Russen in Äthiopien. In Afrika gab es Ende der siebziger Jahre zehn sozialistische Staaten. Der Marxismus hielt auch Einzug auf dem amerikanischen Kontinent, in Nicaragua. In Simferopol auf der Krim wurden Terroristen aus dem Nahen Osten ausgebildet. Russland trat auch in Asien als Großmacht auf. Zweimal wurden Armeen ausgerüstet, die gegen die Amerikaner kämpften: in Korea und in Vietnam. Vietnam war ein Triumph für Breschnew, der weniger als ein Dreißigstel dessen kostete, was die Amerikaner zahlten; aber Breschnew machte den Fehler, aus der amerikanischen Niederlage nichts über die Verwundbarkeit einer Supermacht zu lernen. Nach Einbruch der Dunkelheit am Heiligabend 1979 landeten sowjetische Fallschirmjäger auf dem Flughafen von Kabul, am 27. Dezember waren 5000 schwer bewaffnete Russen in der Stadt. Sie griffen das Innenministerium und den alten Königspalast an, wo der afghanische Präsident Hafisullah Amin residierte. Der Präsident wurde mit seiner Geliebten in einer Bar im obersten Stock gestellt und erschossen. Als Breschnews Nachfolger den Krieg schließlich beendeten, hatte Afghanistan den Kreml eine gescheiterte Olympiade und Milliarden von Rubeln gekostet.

Breschnew auf einem seiner häufigen Jagdausflüge. In KGB-Chef Juri Andropow hatte er einen effizienten und loyalen Mann, der ihm den Rücken freihielt. So war er hinreichend entlastet, um die Partei sich selbst überlassen zu können und Zeit zum Jagen zu finden. [Foto: W. Musaeljan]

Die riesige militärische und politische Anstrengung – allein Kuba kostete zu Beginn der achtziger Jahre 4,5 Milliarden Dollar pro Jahr – wurde einem Land abgepresst, in dem Konsumgüter chronisch *defizitni*, knapp waren. Das senile Politbüro hatte kein Einsehen. Breschnew litt nach einem Schlaganfall in seinen letzten sechs Jahren unter körperlichem und geistigem Verfall. »Die Lügen nahmen überhand, die kleinen alltäglichen Lügen und die großen staatlichen Lügen«, schrieb der Diplomat Alexander Jakowlew. »Um irgend etwas zustande zu bringen, musste man gerissen sein, lügen, Regeln und Gesetze verletzen. Wie lebte man richtig? Um diese Frage zu beantworten, hätte man wenigstens den wahren Stand der Dinge kennen müssen. Doch niemand kannte ihn – weder die Belogenen noch die Lügner.« Breschnew starb im November 1982, und sein Nachfolger kam ebenfalls aus dem Reich der lebenden Toten. Juri Andropow war 68, ein hoch gewachsener Mann mit gebeugtem Rücken und seit 15 Jahren Chef des KGB. Allerdings war er im Westen so unbekannt, dass niemand beispielsweise wusste, ob er noch verheiratet oder schon verwitwet war. Grau und wächsern, hatte er ein unheilbares Nierenleiden und wurde bald einer Sonderstation der Kremlklinik in Kunzewo westlich von Moskau anvertraut. Die Lebenskraft, die ihm verblieb, steckte er in eine wirkungslose Kampagne gegen Alkohol und Schlendrian. Im Januar 1983 durchsuchten Parteiaktivisten mit roten Armbinden Cafés, Bars, Kaufhäuser und Kinos nach Leuten, welche die Arbeit schwänzten; in einem Moskauer Badehaus wurden zwei Generäle aufgestöbert. Die Razzia erboste die Frauen, die wegen der länger werdenden Schlangen keine andere Möglichkeit hatten, als während der Arbeitszeit einzukaufen. Um die Gunst der Leute wiederzugewinnen, senkte Andropow den Preis von Wodka auf 4 Rubel und 70 Kopeken. Dankbar nannte man das Feuerwasser nun »Andropowka«. Er starb im Februar 1984, dem Jahr der schwersten Verluste in Afghanistan, in dem 2343 Offiziere und Soldaten als »militärische Fracht Nr. 200« heimkehrten – in Särgen. Andropows Nachfolger Konstantin Tschernenko war wegen einer fortgeschrittenen Lungenkrankheit schon zu schwach, um die Hand zu heben, als der Sarg seines Vorgängers auf den Roten Platz getragen wurde. Im März 1985 war auch er tot.

12

Der letzte
Bolschewik

Michail Sergejewitsch Gorbatschow war die ideale Verkörperung des *Homo sovieticus:* selbstbewusst und bestimmt, zuweilen auch liebenswürdig; begleitet wurde er von seiner rothaarigen Frau Raissa, ebenfalls einem Star, der im Westen die »Gorbi-Manie« auslöste. Gorbatschow war als Bauernsohn in den wogenden Steppen des Südens geboren worden und in einer armseligen Lehmhütte aufgewachsen. Die Hauptstraße seines Heimatdorfes Priwolnoje war je nach Jahreszeit ein Weg aus Staub, Schlamm oder Eis. Keine befestigte Straße führte näher als 70 Kilometer an Priwolnoje und seine Weizen- und Sonnenblumenfelder heran. Gorbatschows südlicher Akzent war so unverkennbar wie der purpurne Blutschwamm auf seiner Stirn.

Das Dorf wurde 1931, in seinem Geburtsjahr, in eine Kolchose umgewandelt. Michail erlebte eine klassische russische Kindheit inmitten der stalinistischen und dann nazistischen Schrecken. Der stalinistische Terror traf seinen Großvater Sergei, der zu neun Jahren Arbeitslager verurteilt wurde, weil er angeblich ein paar Pfund Weizen gehortet hatte; der nazistische Terror tötete Gorbatschows ältesten Bruder, der in der großen Panzerschlacht von Kursk fiel. Seine Großmutter erzählte ihm als Kind von der Nacht, in der man ihren Mann abgeholt hatte. Noch als Erwachsener erinnerte er sich so deutlich daran, dass ihm die Tränen kamen, als er eine Szene des antistalinistischen Films *Reue* sah, in der der Held verhaftet wird. Gorbatschow erlebte auch die Zerrissenheit, die so viele sowjetische Familien charakterisierte: Sein Großvater mütterlicherseits war der Vorsitzende der dörflichen Kolchose; er verschwand nicht nach Sibirien, sondern machte mit Hilfe des Stalinismus Karriere.

Michail war ein ehrgeiziger Junge und eine »magnetische« Persönlichkeit, wie eine frühe Freundin meinte. Ab seinem vierzehnten Lebensjahr musste er als Helfer eines Mähdrescherfahrers bei der Ernte mitarbeiten, doch zugleich besuchte er weiter zu Fuß die acht Kilometer entfernte Schule. Er war ein glänzender Schüler und gewann einen Platz an der Moskauer Staatsuniversität, jenem türmchenreichen stalinistischen Wolkenkratzer, der über der Stadt thront wie die Kulisse eines Sciencefiction-Films der fünfziger Jahre. Dort studierte er Jura, eine ungewöhnliche Wahl in einem Land, in dem das »sozialistische Recht« – Arbeitslager und Hinrichtungskeller – schon so lange die Oberhand über juristische Paragraphen hatte. Freilich war Gorbatschow damals, wie sein tschechischer Freund Zdenek Mlynar bemerkte, »ein Stalinist wie alle anderen. Denn ein richtiger kommunistischer Reformer muss erst ein richtiger Stalinist gewesen sein.«

Die Partei bot die besten Möglichkeiten für eine weitere Karriere, und Gorbatschow durchlief ihre Stationen rasch. Er trat dem Komsomol bei, der kommunistischen Jugendorganisation, und wurde dort schnell Bereichsleiter für die juristische Fakultät. Dann heiratete er Raissa, eine temperamentvolle junge Frau aus Sibirien und Tochter eines Eisenbahningenieurs, die damals Philosophie an derselben Universität studierte. Wohnungen gab es Moskau so gut wie keine, und selbst ein billiges Hotel konnten sie sich nicht leisten. Doch wie bei solchen Anlässen üblich, schlüpften Gorbatschows Mitbewohner vorübergehend anderswo unter, so dass die frisch Verheirateten wenigstens eine Nacht zusammen verbringen konnten. Im Juni 1955 machten die beiden ihre Abschlüsse und zogen nach Stawropol, wo sich Gorbatschows Parteiverbindungen auszahlten und er eine Stelle als Organisator im Komsomol bekam. Wichtig war ihm stets die eigene Fortbildung. Als Parteichef ließ er sich später Dale Carnegies *Wie man Freunde gewinnt* übersetzen; in Stawropol ging er zur Abendschule, um ein landwirtschaftliches Diplom zu erlangen.

Über zwanzig Jahre kämpfte Gorbatschow sich in der Stawropoler Partei nach oben. Die Mühe lohnte sich. Die Moskauer Partei war für Häme und Intrigen bekannt, ein Mann aus der Provinz dagegen stieß auf dem Weg zur Macht auf weniger Hindernisse. Doch auch Gorbatschow musste vorsichtig sein. Als Zdenek Mlynar ihm eine Postkarte aus Prag schickte, wurde sie vom örtlichen Polizeichef persönlich zugestellt; Grüße aus dem Ausland erregten Verdacht. Als junger Funktionär war Gorbatschow ein Teil des Systems in dessen Blütezeit. Andere Reiche wie das britische und französische lagen in den letzten Zügen, während die Sowjetunion die Amerikaner im Weltraum schlug und die sowjetische Wirtschaft stetig wuchs. Im reiferen Alter wurden Gorbatschow freilich die Stagnation der Breschnew-Zeit und ihre »Sputnik-Rhetorik« bewusst, jene hochfliegenden Prahlereien, die ausbrannten, je näher sie der Erde kamen.

Im Jahr 1971 wurde er Parteichef in Stawropol. In dieser Funktion traf er die Mächtigen aus Moskau, die im Kaukasus ihre Ferien verbrachten, darunter Juri Andropow. Der puritanische KGB-Chef erwärmte sich für Gorbatschow; er mochte dessen lebhafte Intelligenz und unverdorbenes Wesen. Gorbatschows Mutter lebte immer noch auf der Kolchose, und sein Bruder war ein einfacher Armeehauptmann; die meisten Breschnew-Bürokraten hätten schon längst für die Mutter eine Wohnung in Stawropol und für den Bruder eine Beförderung herausgeschlagen. Gorbatschow selbst lebte in einem bescheidenen einstöckigen Haus gegenüber dem KGB-Gebäude von Stawropol. Durch ein von ihm entwickeltes agrarindustrielles Konzept zum Einsatz mobiler Flotten von Mähdreschern, Lastwagen und Traktoren machte er in Moskau auf sich aufmerksam. Das Projekt hatte etwas Grandioses, das der Mentalität der Breschnew-Ära imponierte; als es sich dann als Fehlschlag erwies, stand Gorbatschow schon sicher auf der nächsten Sprosse der Karriereleiter. Auf Andropows Drängen hin machte Breschnew 1978 eine Stippvisite in der Bäderstadt Mineralnje Wodi, die zu Gorbatschows Region gehörte. Breschnew, Andropow, Tschernenko und Gorbatschow – vier aufeinander folgende Sowjetführer – sprachen auf dem noch aus der Zarenzeit stammenden Bahnhof miteinander. Zwei Monate später wurde Gorbatschow nach Moskau gerufen, wo man ihm die Verantwortung für die Landwirtschaft übertrug. Mit seinen 47 Jahren war er das jüngste Mitglied einer überalter-

ten Mannschaft. 1980 wurde er Mitglied des Politbüros. Damals war er fünfzig; seine Ernennung senkte das Durchschnittsalter der Mitglieder auf siebzig.

Gorbatschows Bilanz in der Landwirtschaft war miserabel. Die Getreideernten gingen zurück, die Importe schnellten nach oben. Auf Grund der primitiven Lagerung verrotteten ein Fünftel der Getreideernte und ein Drittel der Kartoffeln. Mehr als eine halbe Million Traktoren wurden jährlich gebaut, doch gingen sie so schnell kaputt, dass die Zahl der einsatzfähigen Maschinen gleich blieb. Aber es gab so viele andere Missstände – Alkohol, Korruption, Vergiftung der Flüsse, Austrocknung der Seen, groteske Subventionen –, dass Gorbatschow dafür nicht verantwortlich gemacht wurde. Sein Stern glänzte noch heller, als Andropow Parteichef wurde. Sein Gönner hegte ihn, führte ihn in die Außenpolitik ein und schickte ihn nach Kanada, das andere große Land des Nordens, wo er sehen konnte, in welchem Ausmaß der russische Sozialismus scheiterte.

Andropow litt an einem unheilbaren Nierenleiden und verschwand im September 1983 von der Bildfläche; er tauchte nicht mehr auf, bis sein Leichnam im folgenden Februar aufgebahrt wurde. Konstantin Tschernenko, sein Nachfolger, war so krank, dass auch er die Russen an einen lebenden Toten erinnerte. Er war 72, sein Premierminister 79, der Verteidigungsminister 75, Außenminister Gromyko 74. Tschernenko fiel in den Stil der Breschnew-Zeit zurück und eröffnete 1984 feierlich die Baikal-Amur-Bahnlinie, die in Wirklichkeit erst fünf Jahre später fertig gestellt wurde. Im Januar 1985 musste er ins Krankenhaus eingeliefert werden, und Gorbatschow kehrte aus Großbritannien zurück, wo Raissa die an unförmige Sowjetfrauen gewöhnten Briten mit ihrer eleganten Erscheinung verblüfft hatte. Tschernenko starb im März, und Gorbatschow folgte ihm als Führer der Sowjetunion. »Genossen«, sagte Gromyko, »dieser Mann hat ein nettes Lächeln, aber eiserne Zähne.«

Stark angetrunkene Russen stolpern durch den Frühjahrsschlamm. Der Alkoholkonsum vervierfachte sich unter Breschnew. Gorbatschow versuchte ihn einzudämmen, weshalb er den Spitznamen »Mineralwasser« erhielt.   [Foto: O. Saizew]

Die Russen wussten wenig über ihn, waren jedoch erleichtert, dass er erst 54 Jahre alt und gesund war.

Gorbatschow war unerfahren und erbte ein stagnierendes System, das Kraft und Talent vergeudete. Die alte Arbeitsethik vom »Aufbau des Sozialismus« gab es schon lange nicht mehr; die Arbeiter hatten zu viele Forderungen, zu viele Lügen, zu viel Terror erlebt. An ihre Stelle waren Zynismus und Schlendrian getreten. »Unsere Raketen finden den Halleyschen Kometen und die Venus«, sagte Gorbatschow, »aber unsere Kühlschränke funktionieren nicht.« Ein brandneuer Wohnblock an der Moskwa, ein Prestigebau für die Elite, war praktisch unbewohnbar: Das Dach war undicht, die Aufzüge waren kaputt, die Türen wellten sich, die Platten an den Decken fielen herunter. Während der letzten zwanzig Jahre hatte sich der Alkoholkonsum vervierfacht. Die durchschnittliche Lebenserwartung sowjetischer Männer war von 67 Jahren unter Chruschtschow auf 62 Jahre gesunken: Das war in einer Industriegesellschaft in Friedenszeiten noch nie vorgekommen.

Der Alkoholismus war nur ein Symptom, aber Gorbatschow bekämpfte ihn. Die Öffnungszeiten der Verkaufsstellen für Alkohol wurden gekürzt, worauf die Warteschlangen vor den Türen auf Kilometerlänge anschwollen. Die Restaurants durften alkoholische Getränke nur zusammen mit Essen ausgeben, und Alkohol wurde von offiziellen Empfängen und Banketten verbannt. Für die erbosten Trinker wurde der *Generalni Sekretar* zum *Mineralni Sekretar;* Mineralwasser ist in Russland oft versalzen und fast ungenießbar. Der offizielle Alkoholverkauf sank, dafür kam Leben ins profitable Geschäft der Schwarzbrennerei. Die Menge des schwarz gebrannten Alkohols wurde auf 15 Millionen Liter im Jahr geschätzt, genug für 11 000 tödliche Alkoholvergiftungen unter Gorbatschow. Die Popularität, die Gorbatschow durch seine gewandten Auftritte und Bäder in der Menge gewonnen hatte, wurde durch seinen Puritanismus untergraben. Einmal nützte ihm der Alkohol freilich auch: Er beendete die Karriere seines Rivalen Grigori Romanow. Auf einer Bootstour mit einer 30 Jahre jüngeren, blonden Sängerin betrank sich Romanow haltlos und wurde von einem finnischen Patrouillenboot aufgegriffen, als er in finnische Hoheitsgewässer geriet.

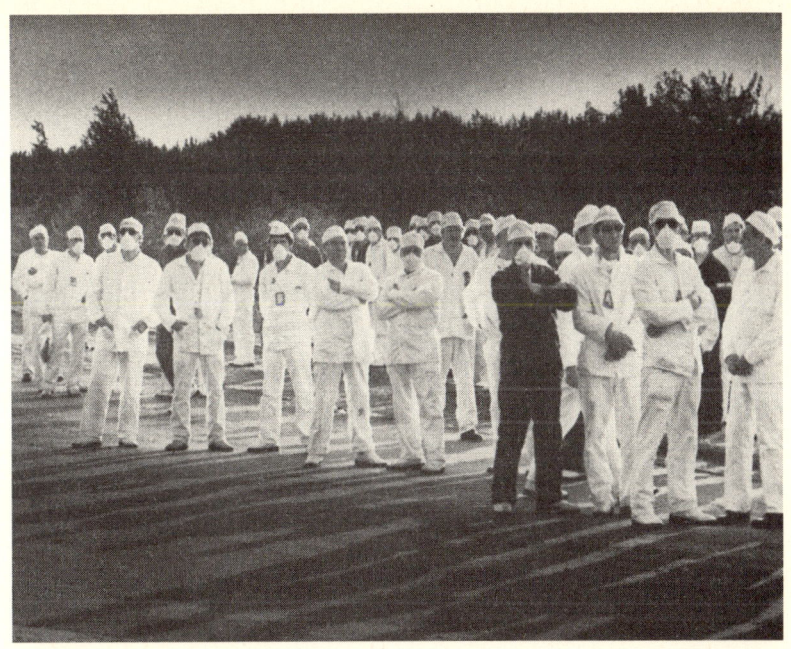

Arbeiter im Atomkraftwerk Tschernobyl warten acht Tage nach der Katastrophe 1986 auf Busse, die sie von dem zerstörten Reaktor wegbringen sollen. Aufräumungstrupps wurden ohne Ausbildung und nur durch dünne Gesichtsmasken geschützt nach Tschernobyl geschickt. Die Strahlung war so stark, dass Busfahrer sich weigerten, zum Reaktorgelände zu fahren. Die Mitglieder der Teams wussten nicht, welches Risiko sie eingingen. Als sie in ihre Heimatregionen zurückkehrten und krank wurden, erkannte man in den örtlichen Krankenhäusern aufgrund der schlechten Kommunikation nicht einmal, dass sie an Strahlenkrankheit litten. Es gab einige heroische Taten von unzureichend geschützten Freiwilligen, aber insgesamt herrschte eine solche Inkompetenz, dass Gorbatschows Ruf zwar nicht im Ausland, wohl aber im eigenen Land litt, was besonders schlimm war

[Foto: I. Gawrilow]

Gorbatschow war ein geschickter Entertainer. In seinem ersten Jahr an der Macht feierte er im Westen Triumphe. Der neue Medienstar begleitete Raissa zum Abendessen in Versailles und verhandelte in Genf über Rüstungsabbau. Zu Hause wurden zwar Tausende von Mitgliedern der Nomenklatura gefeuert, aber einen sichtbaren Wandel erlebte das Land nicht. »Die Probleme, die sich in der Gesellschaft angesammelt haben, sind tiefer verwurzelt, als wir zunächst glaubten«, räumte Gorbatschow ein.

In den frühen Morgenstunden des 26. April 1986 wurde ein Reaktor des Atomkraftwerks Tschernobyl in der Ukraine durch eine Explosion zerstört. Als die Feuerwehr aus Pripjat, der nächsten Stadt, eintraf, schlugen bereits 60 Meter hohe Flammen aus dem Graphitkern des Reaktors. Erst zwei Tage später wurde die Evakuierung der 40 000 Einwohner von Pripjat angeordnet; bis dahin hatten die Kinder noch draußen gespielt, und im Freibad hatten sich die Menschen in der Frühlingssonne gerekelt. Tausende von Tonnen Sand, Bor und Blei wurden von Hubschraubern auf den brennenden Reaktor abgeworfen. Am Morgen des 28. April stellten Arbeiter eines schwedischen Atomreaktors eine um das Vierfache erhöhte Strahlung fest. Meteorologen bestätigten, dass der Wind mit den radioaktiven Partikeln aus der Sowjetunion kam, aber die schwedische Botschaft in Moskau rannte mit ihren Nachfragen gegen eine Mauer des Leugnens. Erst am Abend des 28. April wurde das Reaktorunglück in den Nachrichten des Moskauer Fernsehens mit einem Satz gestreift.

Die Katastrophe kostete in den ersten Monaten 30 Menschen das Leben; die finanziellen Kosten der Rettungsaktion und der Reinigungsarbeiten wurden auf mehr als drei Milliarden Mark geschätzt. Die Demütigung der Sowjets war gewaltig; das System war auf allen Ebenen spektakulär gescheitert. Einen Monat vor dem Unfall hatte eine ukrainische Zeitung Experten zitiert, denen zufolge die Reaktoranlage aus minderwertigem Material schlampig gebaut worden war, doch nichts war unternommen worden. Erst am 5. Mai wurden in der Umgebung von Tschernobyl lebende Schwangere und Kinder aufgefordert, sich nicht im Freien aufzuhalten. Diese Warnung führte zu einer Panik, und besorgte Eltern schickten Tausende von Kindern nach Moskau.

Die Nation versank in Trägheit und Korruption, gleichgültig gegenüber Gorbatschows Aufforderungen zur Umkehr. In Rostow am Don zeigten die lokalen Machthaber ihre Verachtung für die Reformen, als sie einem Funktionär das letzte Geleit erwiesen (der Funktionär war im Gefängnis gestorben, wo er wegen Korruption einsaß): Die Grabreden waren Lobeshymnen auf den verstorbenen Helden. In einer Fabrik in Tscherkassi wurde ein Produktionsleiter entlassen, der versucht hatte, neue Maschinen und Arbeitsmethoden einzuführen. Als er nach Moskau schrieb, um sich zu beschweren, wurde der Brief im örtlichen Postamt abgefangen. Gorbatschow war wütend. »Den Worten nach ist alles bestens«, klagte er, »doch ein wirklicher Wandel findet nicht statt.« Er versuchte, die Parteihierarchie zu umgehen, und appellierte mit der Glasnost-Kampagne direkt an die Mitglieder der Basis. Glasnost bedeutet Offenheit und Transparenz; der Mangel an Transparenz war von Dissidenten wie Solschenizyn als Symptom der Krankheit der sowjetischen Gesellschaft angeprangert worden. Glasnost war eine gefährliche Waffe, und hohe Funktionäre und Vertreter der Wirtschaft fürchteten Glasnost als Vorboten einer Säuberung, die sich gegen Privilegien und Vetternwirtschaft richten konnte. Weiter unten in der Hierarchie wurde Glasnost als eine der sattsam bekannten leeren Parolen abgetan.

Am meisten Anklang fand die Kampagne bei Künstlern und Medienleuten. Vom Sommer 1986 an berichtete eine liberalisierte und lebendige Presse über eine Flut ehemals verbotener Filme, Romane, Gedichte und Essays. *Doktor Schiwago* wurde endlich auch in Pasternaks Heimat veröffentlicht, ebenso Wladimir Nabokows zuerst 1930 erschienener Roman *Lushins Verteidigung*. Durch die vollständige Veröffentlichung von Anna Achmatowas *Requiem* wurde endlich das Versprechen erfüllt, das die Autorin 30 Jahre zuvor einer anderen Mutter gegeben hatte, die vor einem Leningrader Gefängnis auf Nachricht von ihrem Sohn wartete: »Die Wahrheit wird ans Licht kommen, und ich werde sie erzählen.« Anatoli Rybakows *Kinder des Arbat* erlebte hintereinander mehrere hohe Auflagen und wurde *das* Buch der achtziger Jahre. Es war 1967 abgeschlossen worden, aber die gnadenlose Bloßstellung des Stalinismus war für die damalige Zeit zu viel. Sein Autor, inzwischen über siebzig, sagte, er wolle noch ein paar Jahre leben und dazu beitragen, dem System Stalins endgültig den Garaus zu machen. Das System war freilich zäh: Der Menschenrechtsaktivist Anatoli Martschenko starb während eines Hungerstreiks im Gefängnis, ein anderer, Juri Orlow, wurde ausgebürgert und in ein Flugzeug nach New York gesetzt. Der Bildhauer

Wadim Sidur, zu dessen Arbeiten ein beeindruckendes Werk, das *Denkmal für die Opfer der Gewalt,* zählt, starb, ohne eine öffentliche Ausstellung seiner Werke erlebt haben.

Die Geister von Tätern und Opfern aus der Zeit des Terrors kehrten wieder. Trotzki und Bucharin tauchten in Michail Schatrows *Dikatur des Gewissens* auf der Bühne auf, Stalin und Berija waren Helden eines Musicals mit Anleihen bei Melodien der Stalinzeit. Das teuflische Paar geisterte auch durch den äußerst erfolgreichen Film *Reue* seines georgischen Landsmannes Tengis Abuladse, der mit schaurigen Tonaufnahmen aus den dreißiger Jahren unterlegt war. Marschall Schukows Memoiren wurden vollständig veröffentlicht, einschließlich der Abschnitte über den stalinistischen Terror, und Alexander Beks lange verbotener Roman *Die Ernennung* wurde hervorgeholt. Wasili Below behandelte in *Der letzte Tag* die Grausamkeiten der Zwangskollektivierung; eine Ausstellung der Gemälde von Pjotr Below wurde zum Requiem für die Opfer der Säuberungen, die kein Grab erhalten hatten. Zahlreiche neue Clubs entstanden, Treffpunkte in Privatwohnungen, in denen über die Schrecken des Systems diskutiert wurde. Auf dem Land wurden Briefclubs eingerichtet, die per Post lebhafte Debatten führten.

Konservative Parteimitglieder sahen diese Entwicklung mit Besorgnis. Der Romanautor Juri Bondarew behauptete, Glasnost führe zum »Bürgerkrieg in der sowjetischen Literatur«; »Lügner und zivilisierte Barbaren« würden die Werte und den Stolz der Nation bedrohen. Nicht alle neuen Gruppierungen waren liberal. Die *Pamjat,* eine reaktionäre, antisemitische und fremdenfeindliche Bewegung, bekämpfte Gorbatschow. Ihre Anhänger setzten geschickt nächtliche Telefonanrufe und Demonstrationen gegen die Symbole von Glasnost ein, etwa gegen die *Moscow News.* Auch der KGB änderte seinen Kurs nicht. Als Gorbatschow am Schwarzen Meer Urlaub machte, wurde der amerikanische Journalist Nicholas Daniloff verhaftet – ein Schlag gegen die zunehmende Annäherung zwischen Moskau und Washington. Gorbatschow ließ sich nicht einschüchtern. Im Dezember 1986 setzte er den Dissidenten Andrei Sacharow auf freien Fuß. Sacharow, Friedensnobelpreisträger und als Physiker Vater der sowjetischen Wasserstoffbombe, war unter Breschnew mundtot gemacht worden, weil er die Invasion Afghanistans 1980 kritisiert hatte. Er wurde zusammen mit seiner Frau Jelena Bonner in Gorki festgehalten, wo ihm der KGB das Leben schwermachte und ihn während seiner Hungerstreiks zwangsernährte. Gorbatschow rief Sacharow an und bat ihn, nach Moskau zurückzukehren: ein bemerkenswerter Akt der Versöhnung.

Es war leichter, einen Dissidenten freizulassen, als die erlahmte Wirtschaft wieder in Schwung zu bringen. Einem anderen bekannten Dissidenten, Anatoli Schtscharanski, gestand Gorbatschow, die Perestroika komme nur mühsam voran: »Das Haupthindernis ist die Mentalität.« Glasnost und Perestroika, der Versuch politischer und wirtschaftlicher Reformen, waren zweischneidige Klingen: Die eine Kampagne konnte der anderen schaden. Unter Berufung auf Glasnost berichteten Zeitungen über Korruption und Verschwendung in der Industrie, was zu bestätigen schien, dass die Perestroika nicht funktionierte. Die Zeitung *Komsomolskaja Prawda* klärte ihre Leser darüber auf, Russland habe gegen Ende des Zarenreichs im internationalen Vergleich des Pro-Kopf-Verbrauchs noch den siebten Platz eingenommen – inzwischen liege es auf dem siebenundsiebzigsten; die überwältigende Mehrheit der Bevölkerung lebe unterhalb der Armutsgrenze. Auch andere, stets geahnte, aber nie ausgesprochene Geheimnisse kamen ans Licht: Es gab in Russland *bomschi*, obdachlose Vagabunden; der Aralsee trocknete aus; der Diebstahl staatlichen Eigentums hatte sintflutartige Ausmaße angenommen.

Unter Breschnew konnte das Land alles Leid in einem Nebel billigen Wodkas betäuben. Jetzt mussten die Alkoholiker zu Schuh- und Metallpolitur, Verdünnern und Kühlmitteln greifen. Der Direktor einer Parfümfabrik in Kuibyschew an der Wolga beschwerte sich über Kunden, die Kölnisch Wasser gleich kistenweise einkaufen wollten, die Läden beschränkten den Verkauf auf ein oder zwei Flaschen pro Kunde. Im Ural weigerte sich ein Verkaufsleiter, Lieferungen von Klebstoff anzunehmen, weil er von Alkoholikern belagert wurde, die auf Klebstoffschnüffeln umgestiegen waren. In Weißrussland verdoppelte sich der Absatz von Fensterputzmitteln.

Auch die Partei war schwer zu reformieren. Der Kampagne Gorba-

250

tschows gegen die Korruption fielen einige Sündenböcke zum Opfer: General Juri Tschurbanow, Breschnews Schwiegersohn, wurde angeklagt, zwei Millionen Mark Bestechungsgelder angenommen zu haben; beim Prozess gab er lediglich zu, einen Aktenkoffer mit Geld im Wert von 400 000 Mark empfangen zu haben. Er wurde zu zwölf Jahren Lagerhaft verurteilt. Breschnews Sekretär Gennadi Browin handelte sich ebenfalls eine langjährige Strafe wegen Korruption ein. Gorbatschow klagte über hohe Parteifunktionäre, die ihr Amt zur persönlichen Bereicherung missbrauchen würden und »Komplizen, wenn nicht Organisatoren krimineller Machenschaften« seien. Die offensichtlichsten Mafiosi im Politbüro nahmen den Hut. Aber Gorbatschow konnte die Partei nicht an Kopf und Gliedern reformieren: Zu tief hatte sich die Fäulnis eingefressen, zu stark war der Widerwille gegen die Reformen. »Ich wollte das Geld zurückgeben, aber an wen?« sagte Tschurbanow. An der Bemerkung war etwas Wahres. Parteileute erhielten Bestechungsgelder für alles mögliche: für Arbeitsplätze, für Parteiposten (dem Magazin *Smena* zufolge kostete der Posten eines Regionalsekretärs in Zentralasien eine Viertelmillion Mark), für den Leninorden (er kostete nach derselben Quelle bis zu anderthalb Millionen), für die Genehmigung, ein Restaurant zu eröffnen, und für einen Platz auf dem Friedhof. Wo fand sich in der Partei ein ehrlicher Mensch?

Swerdlowsk, die Industriestadt im Ural, bei der Gary Powers abgestürzt war, hat vielleicht einen solchen Menschen hervorgebracht: Boris Jelzin. Er war berühmt für seine ungewöhnliche Tatkraft und Ehrlichkeit als Parteichef der Stadt, und Gorbatschow holte ihn Ende 1985 nach Moskau. Jelzins sechzehnstündiger Arbeitstag, seine Offenheit und die Verachtung aller Privilegien machten ihn in der Hauptstadt populär; seine Angriffe auf Schieberei und Korruption steigerten diese Popularität bis zur Verehrung. Er war so alt wie Gorbatschow, groß,

Ein gestylter Rockmusiker auf einer Straße in Leningrad 1986. Russische Rockstars zogen im eigenen Land riesige Menschenmengen an. Im Gegensatz zu klassischen Musikern und Tänzern gelang jedoch keinem der internationale Durchbruch. [Foto: I. Mouchin]

energisch, offen und einem Glas nicht abgeneigt. »Boris Jelzin glaubt, Amerika sei eine 3000 Meilen lange Bar«, schrieb ein Journalist über eine Reise Jelzins in die USA. Er war ein Medienstar. Mit Kamerateams im Gefolge besuchte er das beste Feinkostgeschäft Moskaus, nachdem er erfahren hatte, dass dort eine Lieferung Kalbfleisch eingetroffen sei. Man beschied ihn, es gebe kein Kalbfleisch, worauf er die Polizei zu Hilfe rief; sie entdeckte das Fleisch auf einem privaten Markt, wo es um das Vierfache des offiziellen Preises verkauft wurde. Eine Zeitung brachte einen Aufmacher über Moskaus »Spezialschulen«, die mit Saunen, Schwimmbädern, Sprachlabors und Englischlehrern ausgestattet waren. An den Schulen sollten angeblich besonders begabte Kinder unterrichtet werden, doch die Zeitung enthüllte, fast alle Schüler seien verwöhnte Kinder hoher Funktionäre, die in den Pausen amerikanische Kaugummis gegen westliche Pornomagazine tauschten. Eine Mutter, die Frau eines hohen Bürokraten, schrieb daraufhin einen giftigen Brief an die Zeitung: »Wir werden die kläglichen Segel eurer Perestroika in Stücke reißen!« Jelzin bestand darauf, dass der Brief veröffentlicht wurde.

Die Moskauer liebten ihn. Sie stürzten sich auch auf seine Autobiographie *Aufzeichnungen eines Unbequemen*, in der er etwa sein Haus beschrieb: eine typische Bonzenvilla mit einem Privatkino, einer Küche, »groß genug, um eine Armee durchzufüttern«, und so vielen Bädern, »dass ich die Zahl vergessen habe«. Die Politik des Neides funktionierte perfekt bei einem Publikum, das ohne privaten Freiraum in überfüllten Wohnungen mit Gemeinschaftsküchen und -toiletten lebte. Jelzin verschonte auch die Häuser des Politbüros mit marmornen Wänden, erlesenem Porzellan und importierten schwedischen Küchen nicht. Er nannte Namen. »Warum war Gorbatschow nicht fähig, dies zu ändern?« fragte er. »Ich glaube, der Fehler liegt in seinem Charakter. Er liebt das gute Leben, den Komfort und den Luxus. Seine Frau bestärkt ihn darin.« Auch Raissa Gorbatschowa war ein Objekt des Neides: Sie sah gut aus, hatte Kleider aus dem Westen und machte Einkaufsreisen.

Eine Zeit lang gelang es Gorbatschow, Jelzin zu zügeln. Sein eigenes Charisma wirkte bei den Russen zwar nicht mehr, es verzauberte aber immer noch die Ausländer. Anfang 1987 versammelte er Besucher aus 80 Ländern zu einem dreitägigen Seminar »Für eine Welt ohne Atomwaffen, für das Überleben der Menschheit«. Das Seminar fand im Großen Kremlpalast statt und zog viel Prominenz an, darunter Gregory Peck, Yoko Ono, Graham Greene, Kris Kristofferson, Claudia Cardinale und J. K. Galbraith. Auch Sacharow, gerade aus dem Exil in Gorki zurückgekehrt, nahm teil, desgleichen Petra Kelly und Gert Bastian von der deutschen Friedensbewegung. Gorbatschow lag besonders daran, Bastian per Handschlag zu begrüßen, denn der deutsche Ex-General war wichtig für das sowjetische Interesse, amerikanische Cruise Missiles und Pershing-Raketen aus Europa fernzuhalten. Es war eine glänzende Veranstaltung internationaler Public Relations; Gore Vidal meinte, Gorbatschows Ansprache sei »die intelligenteste öffentliche Rede« gewesen, »die je gehalten wurde«.

Die Hardliner hatten vieles zu fürchten. Gorbatschow hatte Afghanistan eine »blutende Wunde« genannt. Als er 1987 die Tschechoslowakei besuchte, wurde sein Sprecher gefragt, was der Unterschied zwischen dem Denken Gorbatschows und dem Dubceks sei. »Neunzehn Jahre«, lautete die Antwort zum Missvergnügen des ultrakonservativen tschechischen Staatspräsidenten Gustav Husak. In Ostberlin sorgte sich Erich Honecker, in Rumänien war Nicolae Ceauşescu offen feindselig. Von den Blockstaaten begrüßten nur Polen und Ungarn das »neue Denken« Gorbatschows.

Allen war klar, dass auch eine Abrechnung mit den hohen Militärs ins Haus stand. Gorbatschow hatte Tschernenkos Grabrede nicht, wie traditionell üblich, mit einem hohen Offizier an seiner Seite gehalten. Admiral Sergei Gorschow, unter dem fast 30 Jahre lang der sagenhaft teure Ausbau der sowjetischen Marine stattgefunden hatte, wurde in der Armeezeitung *Roter Stern* mit wenigen Zeilen verabschiedet. Im Mai 1987 startete der Deutsche Mathias Rust in Finnland mit einer Cessna und landete sicher auf dem Roten Platz; er hatte den Milliarden Rubel teuren Radarsystemen, Abfangjägern und Boden-Luft-Raketen ein Schnippchen geschlagen. Gorbatschow nützte den Skandal sofort aus, um den Verteidigungsminister und den Chef der Luftabwehr zu entlassen und einen unbekannten General aus dem Fernen Osten, Dimitri Jasow, an seine Stelle zu berufen. Und das Militär musste noch mehr erdulden: Zu Weihnachten gab Gorbatschow einen einseitigen Abrüstungsschritt bekannt, der die Armee um eine halbe Million Soldaten und 10 000 Panzer verkleinern würde.

Seit Stalin hatte das Militär vom Fett eines mageren Landes gelebt. Die *Iswestija* schrieb 1987, in der zivilen Wirtschaft fehle es abwechselnd an Handtüchern, Zahnpasta, Toilettenpapier, Gesichtswasser, Zucker und Glühbirnen. Dafür hatten die Russen acht Typen von Abfangjägern, die Amerikaner nur drei, zwölf Sorten von Boden-Luft-Raketen, die Amerikaner vier, und acht Klassen von strategischen U-Booten, die Gegenseite nur eine. Das Verhältnis von Panzern zu Infanteriesoldaten war das höchste, das es in Friedens- oder Kriegszeiten je gegeben hatte. Vier riesige, aber altersschwache Flotten bildeten die Seemacht eines Landes mit geringen maritimen Interessen. Die Rüstungsanstrengungen hatten das wirtschaftliche Gefüge verzerrt: Das Militär verfügte über die besten Forschungseinrichtungen und Arbeitskräfte und die höchsten Gelder, die Zivilwirtschaft dagegen bekam – und produzierte – Ausschuss.

»Wir stoßen ins Unbekannte vor, und die Menschen versuchen, uns zu stoppen«, sagte Abel Aganbegjan, Gorbatschows oberster Wirtschaftsberater. »Es ist, als ob man gezwungen ist, im Wasser zu leben, aber nicht schwimmen kann.« Die Ölproduktion sank rasch, ebenso die Geburtenrate im industrialisierten Westen des Landes. An der Gesundheit der Bevölkerung gemessen, hatte die Sowjetunion aufgehört, ein entwickeltes Land zu sein. Sie lag auf einer Stufe mit Jamaika, Mexiko und Costa Rica. Die Lebenserwartung war sechs Jahre niedriger, die Kindersterblichkeit dreimal höher als in Westeuropa. Die *babuschkas*, die russischen Frauen, überlebten ihre Männer um durchschnittlich elf Jahre. Die Sehnsucht nach der Breschnew-Zeit nahm zu. »Das Leben war reicher, geistig und materiell«, sagte Jegor Ligatschow, eine mächtige konservative Stimme im Politbüro. »Wenn Sie meine Meinung über diese Jahre wissen wollen: Es war eine unvergessliche Zeit, in der wir ein wirklich erfülltes Leben führten.«

Glasnost trug dazu bei, alte Nationalismen und ethnischen Hass wiederzubeleben. In Riga demonstrierten die Letten für ihre Unabhängigkeit. Tataren, die von Stalin wegen Kollaboration mit den Deutschen deportiert worden waren, marschierten über den Roten Platz und forderten ihre Rückkehr auf die Krim. Die Spannungen im Baltikum griffen auf Litauen und Estland über; im Kaukasus brachen blutige Kämpfe zwischen christlichen Armeniern und muslimischen Aserbaidschanern aus. KGB-Chef Viktor Tschebrikow äußerte öffentlich seine Besorgnis, das Land könne auseinander brechen. Auch die Einheit der Partei zerbrach. Boris Jelzin kritisierte Ligatschow mit so harten Worten, dass Gorbatschow Jelzin Ende 1987 entließ. Die konservative Presse griff Jelzin in stalinistischer Manier an: Er sei ein politischer Abenteurer, ein Demagoge. Die Angriffe machten ihn als Volkshelden nur noch populärer. Die Zensur wurde verschärft. Eine Ausstellung mit Werken avantgardistischer Bildhauer wurde geschlossen, die *Prawda* schrieb über die Gefahren der Demokratie, die zur Katastrophe führten.

Das amerikanischen Nachrichtenmagazin *Time* kürte Gorbatschow zum Mann des Jahres 1987: Die »Gorbi-Manie« im Westen war in vollem Gange. Gorbatschow kündigte an, dass bis Februar 1989 alle russischen Truppen aus Afghanistan abgezogen würden. Die Kampagne gegen Korruption wurde fortgesetzt. 400 000 Partei- und Regierungsfunktionäre sollten auf das geschätzte Privileg eines schwarzen Wolga mit Chauffeur verzichten. Die freiwerdenden Wagen sollten an die Bevölkerung verkauft oder zu Taxis umgewandelt werden. Ein weiterer Schlag gegen das Privilegiensystem war, dass Sowjetbürger, die harte Devisen besaßen, nicht mehr in den Berioska-Läden für Ausländer einkaufen durften. Breschnews Name verschwand von den Straßenschildern, seine Standbilder wurden über Nacht weggeschafft. Das sowjetische Fernsehen, das normalerweise an Ostern seine beliebtesten Sendungen brachte, um die Menschen von der Kirche fernzuhalten, sendete jetzt die Live-Übertragung eines Gottesdienstes aus der Jelochowski-Kathedrale in Moskau, und die berittene Polizei, die die Menge sonst am Kirchgang hinderte, wurde abgezogen. Das aus dem 14. Jahrhundert stammende Kloster Optina Pustyn wurde der Kirche zurückgegeben; es war seit 1917 als Konzentrationslager, Gefängnis, Kaserne und technisches Kolleg benutzt worden.

Die Wiederbelebung der Religion führte zu Freudenfesten, aber auch zu Pogromen. In Sumgait, einer Ölstadt am Kaspischen Meer, wurde eine aufgebrachte Menge von Aserbaidschanern mit Gerüchten über die Ermordung muslimischer Glaubensbrüder durch christliche Armenier gefüttert. Der Mob stürzte sich auf Armenier und erschlug 30 Menschen. Auch in Nagorny Karabach versuchte ein plündernder Mob, die christliche Enklave daran zu hindern, sich Armenien anzuschließen. In Kasachstan brachen antirussische Unruhen aus. Ein Artikel der *Sowjetskaja Rossija* verbreitete sich über die Gefahren des Glasnost. Der »Leserbrief« eines »Leningrader Universitätsdozenten« attackierte auf einer ganzen Seite die Lockerung der Zensur, den Verfall der Sitten, die Rockmusik, die Drogenkultur und die Verunglimpfung Stalins. Während Gorbatschow im Ausland war, berief Ligatschow kraft seines Amtes als geschäftsführender Generalsekretär ein Treffen der Herausgeber sowjetischer Zeitungen ein, um über die Parteipolitik zu diskutieren. Er kritisierte Glasnost und lobte den Artikel. Die Nachrichtenagentur *TASS* schlug vor, alle Zeitungen sollten ihn abdrucken. Über vierzig folgten der Aufforderung. In Ostberlin war man ermutigt, dass die Russen etwas bolschewistisches Rückgrat zeigten, und brachte den Artikel im Parteiblatt *Neues Deutschland*. In Moskau unterstützte die *Prawda* Ligatschow. Die Hardliner hofften zuversichtlich, Gorbatschow geschadet zu haben. Dieser ließ Alexander Jakowlew, seinen engsten Berater, eine Antwort auf den *Prawda*-Artikel schreiben. Die *Prawda* weigerte sich, ihn abzudrucken. Gorbatschow warnte das Politbüro: Folgt mir, oder sucht euch einen Neuen. Für den Augenblick wirkte die Drohung, und die *Prawda* gab nach und brachte die Erwiderung Jakowlews.

Die Welle der Reformen ebbte nicht ab. Über alles konnte jetzt frei gesprochen werden, alle Gedanken waren möglich. KGB-Agenten in Zivil hörten sich Reden über die Rückkehr zum Zarentum oder die Abschaffung der Partei an, die auf öffentlichen Plätzen gehalten wurden. Die Spitzensteuersätze von 90 Prozent, eingeführt zur Abschreckung unternehmerischer Initiativen, wurden gesenkt, gleichzeitig wurden immer mehr private Restaurants und Läden eröffnet. Mascha Kalinina, eine siebzehnjährige Moskauerin, wurde im ersten Schönheitswettbewerb des Landes zur »Miss Perestroika« gekürt; die Schauspielerin Natalja Negoda posierte als Covergirl für den *Playboy*. In Moskau wurde eine Gedenkwoche für die Opfer Stalins abgehalten; in den Wäldern nahe Minsk begannen Truppen, Tausende von Leichen zu exhumieren, die dort von Berijas Hinrichtungskommandos verscharrt worden waren. Sotheby's veranstaltete in Moskau die erste Kunstauktion seit der Revolution. Ronald Reagan, der noch fünf Jahre zuvor vom »Reich des Bösen« geredet hatte, stattete Russland einen Freundschaftsbesuch ab, der ihm vorkam wie ein Traum: »Ich kann mir selbst nicht erklären, wie ich plötzlich hierher komme«. Die Menge liebte ihn, wie sie auch Jelzin und seine Angriffe auf Ligatschow und die Konservativen weiterhin liebte. Gorbatschow stellte Pläne für einen »grundlegend neuen Staat« mit einem neuen Generalsekretär oder Präsidenten vor, eine Rolle, die er für sich selbst vorsah.

Die liberaleren Verhältnisse ließen die alten Dämonen nicht zur Ruhe kommen. Wie schon im Baltikum und im Kaukasus entflammten nun auch in Karelien und Moldawien nationalistische Bewegungen. Die Inflation war auf dem Vormarsch, während die Produktion durch eine Welle von Fabrikbesetzungen zurückging. Die Ernte von 1988 war katastrophal. Die Deviseneinkünfte wurden für Getreideimporte ausgegeben, während 50 Millionen Tonnen sowjetischer Weizen auf Güterbahnhöfen verrotteten oder durch Löcher in Waggons und Lastwagen rieselten. Das Obst und Gemüse, das nach Moskau geliefert wurde, verfaulte zur Hälfte, bevor es in die Läden kam. Und das Programm zum Aufbau von Privatunternehmen stieß überall auf Neid. Außerhalb von Moskau wurde ein Bauernhof mit einer erfolgreichen privaten Schweinezucht von eifersüchtigen Nachbarn angezündet. In den Städten verstärkten die hohen Löhne für Beschäftigte privater Restaurants und Märkte die Ressentiments. Privaten Unternehmern wurden der Verkauf von Schmuck und Alkohol, der Handel mit Videofilmen und der Aufbau von Verlagen verboten. Auf einer Reise nach Sibirien war Gorbatschow schockiert über die Heftigkeit des durch Lebensmittelknappheit, die Mängel des öffentlichen Verkehrssystems und des staatlichen Wohnungsbaus, die Umweltverschmutzung und die Verschlechterung der medizinischen Versorgung ausgelösten Volkszorns. Er hielt seine Position für so bedroht, dass er die Bestimmungen des Alkoholverkaufs lockerte.

Ein Erdbeben in Armenien tötete 25 000 Menschen. Es war nur von mittlerer Stärke, aber die schlampig errichteten Neubauten fielen zusammen, und die schlecht organisierten Hilfsmaßnahmen kamen nur langsam voran. Die Aufräumungsarbeiten waren teurer als in Tschernobyl, während zur gleichen Zeit der Rückgang der Weltmarktpreise für

Andrei Sacharow auf der Totenbahre (1989). Seine Frau Jelena Bonner hält die Totenwache. Sacharow wurde 1953 zum jüngsten Mitglied in der Geschichte der sowjetischen Akademie der Wissenschaften. Vom Regime enttäuscht, begann er eine energische Kampagne für friedliche Koexistenz und Bürgerrechte. 1975 wurde ihm der Friedensnobelpreis verliehen. Dies machte ihn in den Augen des Kreml zum Feind. Man verbannte ihn von 1980 bis 1986 ins innere Exil in die abgeriegelte Stadt Gorki. Sacharow kämpfte auch dort weiter für die Bürgerrechte, und kurz vor seinem Tod wurde er zum Abgeordneten gewählt.

Öl und Gold Löcher in die Deviseneinnahmen riss. Im Zuge von Glasnost enthüllte die Presse, dass Atomtests in Kasachstan genetische Schäden und Entlaubungsmittel auf den Baumwollfeldern von Usbekistan eine hohe Kindersterblichkeit verursacht hätten. Zum ersten Mal machten die Russen weniger als die Hälfte der sowjetischen Bevölkerung aus; die russischen Minderheiten im Kaukasus und in Zentralasien waren beunruhigt. Gorbatschow war Staatsoberhaupt und Präsident geworden und hatte Ligatschow und Tschebrikow ausmanövriert, aber seine persönliche Machtposition zerfiel rasch. Inflation und Nationalismus gewannen die Oberhand, die Produktion sank unaufhaltsam.

Der letzte Russe, der in Afghanistan starb, hieß Igor Ljachowitsch. Er wurde im 7. Februar 1989 getötet; seine Kameraden bedeckten die Leiche mit einer Zeltplane und fuhren sie mit einem Panzer nach Russland; zur gleichen Zeit zogen sich die letzten Truppen zurück.

Die sowjetischen Satellitenstaaten verließen die Umlaufbahn, und Kremlsprecher Gennadi Gerassimow sagte, die Länder seien frei, »ihren eigenen Weg« zu gehen. Innerhalb von sechs Monaten brach das ganze System zusammen. In Polen und Ungarn lösten sich die kommunistischen Parteien zuerst auf. Im September 1989 warnte Gorbatschow Erich Honecker in Berlin: »Wer zu spät kommt, den bestraft das Leben.« Mitte Oktober wurde Honecker entmachtet. Auch Todor Schiwkow in Bulgarien und Gustav Husak in der Tschechoslowakei wurden auf friedliche Weise gestürzt. Der Schriftsteller und Dissident Vaclav Havel, der fünf Jahre in kommunistischen Gefängnissen verbracht hatte, wurde Präsident der Tschechoslowakei. Um den stalinistischen Diktator in Rumänien zu stürzen, war freilich Gewalt nötig. Ende 1989 wurden Nicolae Ceauşescu und seine Frau hingerichtet; neuer Präsident wurde Ion Iliescu, ein früherer Studienkollege Gorbatschows in Moskau. Der Kalte Krieg war zu Ende. Im Leitartikel der Neujahrsausgabe des amerikanischen Magazins *Time* von 1990 wurde Gorbatschow als »Kopernikus, Darwin und Freud des Kommunismus in einer Person« gefeiert. Für *Time* war er der Mann des Jahrzehnts. Im eigenen Land dagegen gehörte er laut dem auflagenstarken *Argumenti i Fakti* nicht einmal zu den zehn beliebtesten Personen.

Boris Jelzin sagte, wer weiterhin Kommunist bleibe, sei ein Fantast; er selbst betrachte sich als »Sozialdemokrat«. »Ich bin ein Kommunist, ein überzeugter Kommunist«, erwiderte Gorbatschow. »Für manche mag das Fantasterei sein. Für mich ist es eine Lebensaufgabe.« Dies war eine schicksalhafte Bemerkung. Der Sowjetkommunismus erlaubte keine Halbheiten; Kompromisse entsprachen nicht seinem Charakter, er hatte kein menschliches Gesicht. Gorbatschow fiel einer verzehrenden Ambivalenz zum Opfer: Er begrüßte die neuen Freiheiten in den Blockstaaten, aber nicht im Baltikum. Selbstbestimmung durch Lostrennung auszuüben, warnte er, hieße, die Sowjetunion zu zerstören und die Menschen gegeneinander aufzubringen. Der sowjetische Staat war von Anfang an durch Gewalt und Zentralismus zusammengehalten worden; viele glaubten, dass bei deren Wegfall die gewaltigen zentrifugalen Kräfte die Oberhand gewinnen würden. Zwiespältig war auch Gorbatschows Wunsch, etwas von der »Kultur von Marx und Lenin« zu bewahren, Unternehmer und Abenteuerkapitalismus unter Kontrolle zu halten, das Neue zu bändigen und gleichzeitig das Alte in seinen Grundfesten zu erschüttern.

Während Gorbatschow Litauen besuchte, dessen nationalistische Führer darauf beharrten, dass die Russen ihnen die »geraubte« Unabhängigkeit zurückgaben, wurden in Baku Christen durch muslimische Aseris umgebracht. Die Armenier reagierten darauf mit der Ermordung von Muslimen. Es kam zu weiteren Unruhen, in deren Verlauf Aseris, die Bilder des Ajatollah Khomeini trugen, sowjetische Truppen angriffen. Zur Verstärkung wurden 17 000 Soldaten in das Gebiet entsandt, von denen 200 getötet wurden, bevor das Militär die Oberhand erringen konnte. Demonstranten trugen Spruchbänder, auf denen Gorbatschow »Schlächter von Aserbaidschan« genannt wurde. Gerüchte, Gorbatschow werde zurücktreten, ließen die Börsenkurse auf der ganzen Welt abstürzen. Russen, die nach ethnischen Unruhen aus dem muslimischen Tadschikistan flohen, trafen mit Leidensgenossen zusammen, die vor antirussischen Pogromen in Tuwinska an der mongolischen Grenze Schutz suchten«. Die Satellitenstaaten lösten sich ab, und die sowjetischen Republiken folgten im Strom des

Nationalismus, der auch die Ukraine und die Russische Republik selbst ergriff.

Rechte und Linke, Ultrakonservative und Liberale standen sich unversöhnlich gegenüber. Gorbatschow, politisch angeschlagen, saß zwischen allen Stühlen. Die Konservativen tobten, als das offizielle Machtmonopol der Partei aus der Verfassung gestrichen wurde. Die Liberalen misstrauten Gorbatschow wegen seiner fortbestehenden Kontakte zu Konservativen. »Michail Sergejewitsch, auf welcher Seite stehst Du?« hieß es auf den Spruchbändern der Jelzin-Anhänger, die vor der Kremlmauer gegen Ligatschow demonstrierten. Gold und Diamanten wurden auf die schrumpfenden Weltmärkte geworfen, um Nahrungsmittel zu kaufen, während Gerüchte über eine drohende Hungersnot immer zahlreicher wurden. Das Fernsehen zeigte blutige ethnische Zusammenstöße, Eisenbahn- und Bergarbeiterstreiks, Menschenschlangen und Armeelaster beim Versuch, eine erneut schlechte Ernte zu retten. Die Preise stiegen, das Angebot verfiel. In den Menschenschlangen erzählten sich Bürger mit verbitterten Gesichtern Gerüchte über Raissa Gorbatschowas luxuriösen Lebensstil. Der Westen dagegen war zufrieden: Gorbatschow hatte den kommunistischen Drachen getötet. Aber damit hatte er, wie Alexander Buchanow, der einflussreiche Herausgeber der *Sowjetskaja Literatura*, sagte, »alles zerstört, an das wir geglaubt haben, alles, was uns zusammengehalten hat. Gorbatschow hat nichts Neues aufgebaut, er hat uns keinen Rettungsring zugeworfen! Wir alle, auch ich, befinden uns auf einem sinkenden Schiff, in einem abstürzenden Flugzeug, und das macht uns Angst.«

Gorbatschow wirkte vage, unentschlossen. Margaret Thatcher vertraute er an, er könne nachts nicht schlafen. »Ich würde am liebsten nachmittags schlafen.« Boris Jelzin wurde zum Präsidenten der Russischen Republik gewählt; diese Majestätsbeleidigung erschütterte Gorbatschow sichtlich. »Unser Schiff hat seinen Anker verloren«, sagte er amerikanischen Kongressabgeordneten, »deshalb sind wir alle ein bisschen seekrank.« Die Rivalen Jelzin und Ligatschow traten in den Ring. Das Land stand vor einem Putsch.

13

Dollar-Russland

Während in Georgien, in der Ukraine und im Baltikum eiserne Lenindenkmäler eingeschmolzen wurden, strich das russische Parlament den sechsten Artikel der Verfassung, der die »führende Rolle« der Partei festgeschrieben hatte. »Hände weg von Lenin!« stand auf Spruchbändern einer Demonstration im Gorki-Park, und Gorbatschow erließ ein Dekret gegen die Entweihung von Denkmälern, doch niemand beachtete es. Jeder fünfte junge Mann, der zum Militärdienst einberufen wurde, erschien nicht. 125 000 Soldaten zogen aus der Tschechoslowakei und Ungarn ab. Da es für sie keine Wohnungen gab, wurden sie in Zelten untergebracht. In Karaganda wurden in Umsetzung von Gorbatschows Abrüstungspolitik Raketen verschrottet und Tausende von Panzern eingeschmolzen.

Der Schachgroßmeister Viktor Kortschnoi und der Cellist und Dirigent Mstislaw Rostropowitsch, der in Moskau Konzerte gab, erhielten ihre Staatsangehörigkeit zurück. Alexander Dubcek besuchte zum ersten Mal seit seiner Demütigung von 1968 Moskau, wo Gorbatschow ihn persönlich willkommen hieß. Gespenster der Vergangenheit kehrten zurück und beunruhigten die Getreuen der Partei. Zum ersten Mal wurde die Schuld an dem Massaker an 15 000 polnischen Offizieren in den Wäldern von Katyn offiziell zugegeben. Auch Einzelheiten wurden bekannt: Die Henker des KGB in Hüten, Schürzen und ellbogenlangen Handschuhen aus Leder hatten pro Nacht 250 Offiziere umgebracht. Ein prozaristischer Film wurde gedreht. In der ganzen Ukraine waren auf Demonstrationen Bilder des antisowjetischen Guerillaführers Stephen Bandera zu sehen: Er war von einem KGB-

Agenten in München ermordet worden und jahrzehntelang eine Unperson gewesen. Andrei Golizyn, künstlerischer Spross der berühmten Fürstenfamilie, gründete eine Union der Nachkommen des russischen Adels; er beabsichtigte nichts weniger als die Wiedereinführung des Adels. Was die bösen Geister der Partei anbelangte, wurde in Moskau ein Wachsfigurenkabinett eröffnet, in dem Lawrenti Berija mit seinem Folterkollegen Maljuta Skuratow, dem Henker Iwans des Schrecklichen im 16. Jahrhundert, Schach spielte. Besonders in Asien und am Schwarzen Meer flammte im liberalen Tauwetter alter ethnischer Hass wieder auf. Die baltischen Staaten forderten die Unabhängigkeit, und die dortigen Kommunisten traten aus der sowjetischen Partei aus.

Das Land wurde nach Ansicht der Parteikonservativen zunehmend Opfer der Unmoral. In einem Moskauer Theater fand eine Ausstellung erotischer Kunst statt; Prunkstück war ein »Kuchen-Mädchen«, ein mit Konfekt beklebtes Mannequin, an dem das Publikum lecken konnte. Gorbatschow erließ Ende 1990 eine Verordnung gegen »pornographische und pseudomedizinische Veröffentlichungen und erotische Videofilme«. Der Absatz des *Playboy* florierte. McDonald's eröffnete in Moskau eine Filiale; die Schlange davor war vier Häuserblocks lang; bis zu 50 000 Russen am Tag wollten Hamburger und *apple pie* kennen lernen. Rockmusik begeisterte die Jugend. Viktor Zoi, Leadsänger der Gruppe Kino und Opfer eines Autounfalls, wurde zum sowjetischen James Dean stilisiert. In der Gewandlegungs-Kathedrale des Moskauer Kreml fand der erste Gottesdienst seit 1917 statt, und die große Mariä-Himmelfahrts-Kathedrale wurde restauriert, nachdem sie jahrelang als Labor für Hochspannungstechnik gedient hatte.

Erstmals veröffentlichte Statistiken boten eine traurige Lektüre. Die Zahl der Todesopfer im Straßenverkehr lag bei jährlich 58 000, ähnlich wie in den USA, allerdings bei nur einem knappen Zehntel an Fahrzeugen. Der Gesundheitszustand der Bevölkerung verschlechterte sich, die Lebenserwartung rutschte im internationalen Vergleich auf den achtundfünfzigsten Platz. Jährlich wurden 95 Millionen Tonnen Umweltgifte in die Luft abgegeben und 300 Millionen Kubikmeter ungeklärter

Abwässer in die Wolga gepumpt. Die Zahl der registrierten Alkoholiker erreichte 4,5 Millionen.

Die neue Offenheit der Presse brachte die Krise des Strafvollzugs ans Licht. Vier große Gefängnisaufstände wurden gemeldet, darunter einer in Dnjepropetrowsk, bei dem die Polizei sechs Tage brauchte, um einen Gefängniskomplex unter Kontrolle zu bringen, den 2000 Gefangenen verwüstet hatten. Die Zahl der Schwerverbrechen nahm 1990 um 42 Prozent zu, die Straßenkriminalität wuchs um 65 Prozent. Durch Berichte über die Verhaftung von Drogendealern wurde auch das ganze Ausmaß des Drogenproblems deutlich. Berichte über Massenmörder waren früher unterdrückt worden; doch jetzt füllte das hübsche Gesicht Tamara Iwanjutinas die Titelseiten, einer Tellerwäscherin an einer Schule, die 18 Kinder und Lehrer vergiftet hatte, nachdem man ihr verboten hatte, Essensreste für ihre Meerschweinchen mit nach Hause zu nehmen.

Für Gorbatschow war am beunruhigendsten eine Zahl, die im Januar 1991 von einem staatlichen Meinungsforschungsinstitut veröffentlicht wurde. Auf die Frage »Was hat die Sowjetunion ihren Menschen zu bieten?« antworteten 68 Prozent der Interviewten mit: »Güterknappheit, lange Schlangen und Armut.« Gorbatschow war in Schwierigkeiten. Mitte 1991 war Jelzin, sein Rivale und Quälgeist, der erste frei gewählte Präsident Russlands geworden. Jelzin konnte achtlos und destruktiv sein. Als Elfjähriger hatte er mit einer Handgranate experimentiert und dabei mit dem Hammer auf sie eingeschlagen; zur Überraschung des kleinen Boris explodierte sie und riss ihm Daumen und Zeigefinger ab. Mit ähnlichem Eifer griff er jetzt Gorbatschow und die Konservativen an – nicht auf Grund einer politischen Strategie, sondern weil er ein leidenschaftlicher Renegat war. Die Radikalen und die Jugend liefen von Gorbatschow und dessen bürokratischem Stil zu Jelzin über, dem bodenständigen Bauarbeitersohn. Inzwischen hatten von Gorbatschow selbst ernannte Leute begonnen, gegen ihn zu konspirieren. Minister, Generäle und sein Stabschef Waleri Boldin, der ihm seit 1978 zur Seite stand, trafen sich in abgeschirmten Häusern des KGB, um Gorbatschows Sturz zu planen. Es gab Warnzeichen. Als Gorbatschow nach

Oslo reiste, um den Friedensnobelpreis in Empfang zu nehmen, errichteten russische Truppen in Litauen entgegen seinen Anweisungen provokative Straßensperren. Daraufhin kam es bei seiner Pressekonferenz in Oslo zu feindseligen Fragen, die ihn in Verlegenheit brachten. Konservative Zeitungen behaupteten, die russische Heimat liege im Sterben, das Land sei dabei, »auseinanderzufallen und in die Dunkelheit und das Nichts zu stürzen«. Die Verschwörer ließen sich inzwischen geheime Telefonanschlüsse legen.

Ende Juni 1991 warnten die Amerikaner Gorbatschow vor einem bevorstehenden Putsch. Er missachtete die Warnung und verließ Moskau Ende August, um auf der Krim Urlaub zu machen. Die Verschwörer, die sich zu einer abschließenden Besprechung mit Whisky und Wodka in einem KGB-Sanatorium außerhalb Moskaus zusammenfanden, waren sämtlich von Gorbatschow ernannt worden. Einige von ihnen hatte er persönlich aus der Anonymität in die hohen Ämter gehievt. In einer Fabrik in Pskow bestellten sie eine Viertelmillion Handschellen. Der Putsch sollte neben den Radikalen auch die neuen Klassen der *spekulanti* und *bisnesmeni* treffen. KGB-Chef Krjutschkow bereitete in der Lubjanka einen geheimen unterirdischen Raum vor, der als Hauptquartier dienen sollte, wenn die Putschisten auf Widerstand stießen. Er verdoppelte das Gehalt seiner Leute und beorderte Offiziere aus dem Urlaub zurück. Gorbatschow erholte sich inzwischen ahnungslos in einem 30 Millionen Mark teuren Gebäudekomplex in der Ferienstadt Foros. Das Hauptgebäude war mit Marmor verkleidet, das Gästehaus bot 30 Personen Platz, und ein Lift fuhr bis zum Strand hinunter.

Am 18. August um 4.50 Uhr nahm das Unheil seinen Lauf: Plötzlich waren alle Telefonleitungen in Foros tot. Zur selben Zeit kündigten Bedienstete Gorbatschow den überraschenden Besuch einer Delegation an, zu der Boldin und der Oberkommandierende der Bodenstreitkräfte gehörten. Boldin teilte Gorbatschow mit, ein Notstandskomitee werde das Land regieren, und man werde bekannt geben, dass Gorbatschow »aus Gesundheitsgründen« zurückgetreten sei.

Auf dem Rückflug nach Moskau begannen die Verschwörer zu trinken. Vizepräsident Gennadi Janajew war betrunken, als er in den Morgenstunden des 19. August die Notstandsverordnung unterzeichnete, die ihn zum amtsführenden Präsidenten erhob; danach zechte er mit Ministerpräsident Pawlow weiter. Marschall Jasow versetzte alle Einheiten der Armee in Alarmbereitschaft und beorderte die im Urlaub befindlichen Soldaten zurück. Fernsehen und Radio gaben bekannt, Gorbatschow sei krank, und ein staatliches Notstandskomitee habe die Macht übernommen. Die Ansager waren nervös und unsicher. Ein Arzt aus dem Kreml wurde um sieben Uhr morgens zu Pawlows Datscha gerufen. »Pawlow war betrunken«, sagte er später aus. »Aber das war keine gewöhnliche, einfache Alkoholvergiftung. Er war am Rande der Hysterie.«

Jelzin erfuhr von dem Putsch beim Frühstück in seiner Datscha auf dem Land. Er zog eine schusssichere Weste an und begab sich zum Weißen Haus, dem Hochhaus an der Moskwa, in dem das neue russische Parlament tagte. Panzer und gepanzerte Truppentransporter rollten in die Stadt und gingen vor dem Rathaus, den Fernsehstationen und Zeitungsverlagen und dem Weißen Haus in Stellung. Jelzin verfasste zusammen mit dem Parlamentspräsidenten Ruslan Chasbulatow eine Ansprache, in der der Putsch verurteilt wurde. Alexander Ruzkoi, Held des Afghanistankrieges und Jelzins Vizepräsident, sendete aus einem provisorischen Studio im Weißen Haus. Kurz nach Mittag kletterte Jelzin vor dem Weißen Haus auf einen T-72-Panzer der Taman-Gardedivision und sagte mit barscher Stimme: »Bürger von Russland... Der rechtmäßig gewählte Präsident des Landes ist des Amtes enthoben worden... Wir haben es mit einem rechtsgerichteten, reaktionären und verfassungswidrigen Staatsstreich zu tun.« Die Panzerbesatzungen schwenkten die Kanonen: Jetzt bedrohten sie das Weiße Haus nicht mehr, sondern beschützten es. »Man kann einen Thron aus Bajonetten bauen«, verspottete Jelzin die Verschwörer, »aber nicht lange darauf sitzen.«

Der Putsch brach zusammen. Die Verschwörer führten keine Verhaftungen durch, Gorbatschow war ihre einzige Beute. Die Rundfunkstationen, die ihnen Widerstand leisteten, sendeten weiter; CNN und BBC berichteten laufend, und nach einigem Gerangel in der Druckerei erschien die *Iswestija* mit einem Aufruf Jelzins, den Putschisten Widerstand zu leisten. In Leningrad weigerte sich die militärische Führung, ihre Truppen in die zweitgrößte Stadt des Landes einmarschieren zu lassen. In Moskau schien das Leben seinen normalen Gang zu nehmen, von den Menschenmengen und Barrikaden um das Weiße Haus abgesehen. Jelzins Büro wurde von dem Cellisten Mstislaw Rostropowitsch mit einem AK-47-Gewehr bewacht. Rostropowitsch brauchte es nicht zu benutzen, die Verschwörer wagten keinen Angriff, der mit Sicherheit blutig verlaufen wären. Ein Kommandeur der Luftwaffe sagte warnend, er werde den Kreml bombardieren lassen, sollten die Putschisten die Alphas einsetzen, die Elitetruppe des KGB. Janajew war so betrunken, dass er am Telefon keine Stimmen mehr erkennen konnte. Die Verluste beschränkten sich auf drei Jelzin-Anhänger, die bei einem Zusammenstoß mit einem Panzer getötet wurden. In Foros verfolgte Gorbatschow an einem Transistorradio, wie der Putsch zusammenbrach. Am 21. August um ein Uhr morgens war alles zu Ende. Die Panzer zogen in langen Kolonnen und unter dem Jubel der Menge aus der Stadt ab. Gorbatschow flog nach Moskau zurück, nicht in der Iljuschin 62, der Präsidentenmaschine, sondern in einer kleineren Tupolew der Russischen Republik Boris Jelzins. Er sprach immer noch von der Sowjetunion und einer »Erneuerung der Partei«, aber in Wirklichkeit war beides schon zum Untergang verurteilt. Auf einer triumphalen Sitzung des russischen Parlaments am 23. August nötigte Jelzin Gorbatschow, ein Protokoll der Ministerratsversammlung zu verlesen, die fünf Tage vorher stattgefunden hatte. Der Rest von Gorbatschows Autorität zerbröckelte, als er vorlas, wie, mit zwei Ausnahmen, alle in seiner Umgebung ihn verraten hatten. »Nun zu etwas Erfreulicherem«, sagte Jelzin anschließend gut gelaunt. »Sollten wir jetzt nicht noch die Kommunistische Partei auflösen?« Gorbatschow, gedemütigt, murmelte nur: »Was tun Sie? . . .« Vor der Lubjanka stürzte ein Kranwagen das Denkmal von Felix Dserschinski. Das Lenin-Mausoleum wurde »wegen Umbaus« geschlossen. Die Gärten der Tretjakow-Kunstgalerie füllten sich mit weiteren ausgedienten Denkmälern. Die Verschwörer verpatzten sogar ihre Selbstmorde: Marschall Sergei Achromejew, Gorbatschows persönlicher

Militärberater und Mitputschist, benötigte zwei Versuche, um sich zu erhängen. Innenminister Pugo schaffte es, sich umzubringen, ließ aber seine Frau schwer verletzt zurück. Am 24. August trat Gorbatschow als Generalsekretär der Partei zurück und löste das Zentralkomitee auf. Die Partei wurde daraufhin verboten, ihr Besitz eingezogen. Die baltischen Staaten gewannen ihre Unabhängigkeit, ebenso Moldawien und Georgien am Schwarzen Meer. Die Führer der zehn anderen Sowjetrepubliken einigten sich auf die Gründung einer dezentralen Staatengemeinschaft. Gorbatschow wollte als Präsident eine gemeinsame Außen- und Verteidigungspolitik führen, Jelzin war dagegen. Der Präsident sollte nur repräsentative Funktion haben, »ähnlich wie die Queen in Großbritannien«. Gorbatschows Namensschild wurde am zweiten Weihnachtsfeiertag von seinem Büro im Kreml entfernt.

Wieder einmal wehte die russische Flagge über einer Stadt namens St. Petersburg; in Moskau wurden die Lenin-Hügel wieder in Sperlings-Hügel umbenannt. Auf dem Flohmarkt verkauften Händler aus purpurroten Fahnen herausgeschnittene Leninporträts, Militäruhren mit Gagarin-Bildchen auf den Zifferblättern, Feldstecher, Armeemäntel und Gürtel mit Aufschriften wie »KGB-Agent« oder »Ich liebe Boris«. Gorbatschow blieb im Ausland ein Superstar, zu Hause machte man sich über ihn lustig. Jelzin spielte mit ihm und nahm ihm seine letzten Privilegien: die Limousine und das große Gebäude am Leningrad-Prospekt, in dem er seine Büros hatte.

Jelzins mutiges neues Russland erbte die alten Probleme. Die Allunions-Regierung war zusammengebrochen, doch übrig blieb die endlos lange Gehaltsliste von Millionen Bediensteter, Bürokraten und Arbeiter in Rüstungsfabriken. Die Möglichkeiten, Geld aufzutreiben, waren begrenzt, und so behalf man sich damit, in massivem Umfang Geld zu drucken. Die Inflation geriet außer Kontrolle. Ein Dollar war einen Monat nach dem Putschversuch 32 Rubel wert; Anfang 1992 waren es 90, Mitte 1993 schon 1000 Rubel. Zwei Gesellschaften entstanden. Rubel-Russland wohnte in den Ruinen der Sowjetunion; es war riesig, verarmt und zornig. Darüber existierte eine andere Welt: Dollar-Russland, klein und wohlgenährt, bevölkert mit all jenen, die Zugang zu

Dollars hatten – Huren, Schlepper, Taxifahrer und Händler. Sicherheitsbeamte hielten die beiden Welten auseinander. Breitschultrige junge Männer in eng sitzenden Uniformen verteidigten die Enklaven von Dollar-Russland: Hotels, die 350 Dollar pro Nacht kosteten, Kasinos, Nachtclubs mit 150-Dollar-Drinks, Handelsvertretungen von Mercedes und Läden mit Parfüms, Kaschmirwolle und Videokameras. Die Wachen und das Wort »Devisen« an der Tür hielten die dollarlosen Russen fern. Im alten Shanghai dienten Schilder mit der Aufschrift »Keine Hunde oder Chinesen« dem gleichen Zweck.

Die soziale Ungleichheit nahm groteske Züge an. Nicht nur die Alten und die Armen wurden zu Bettlern und mussten in langen Schlangen anstehen. In Hotels, die in westlichem Besitz waren, verdingten sich Luftfahrtingenieure als Barmänner und Kinderärzte als Pagen, um an Trinkgelder in harter Währung zu kommen. Alexei Abrikosow, theoretischer Physiker und Akademiemitglied, verdiente 1000 Rubel im Monat. Das war gutes Geld für Rubel-Russland, doch er emigrierte nach Chicago. »Wenn man den ganzen Tag damit verbringen muss, Nahrungsmittel aufzutreiben«, sagte er, »regt das die theoretische Forschung nicht an.« Eine *walutnaja*, eine Frau, die Sex für Devisen verkaufte, konnte mit 200 Dollar pro Kunde in einer Stunde das Vierfache des durchschnittlichen Jahreseinkommens verdienen. Eine Taxifahrt für 20 Dollar entsprach in Rubel-Russland vier Monatslöhnen. Die Rolls-Royce- und Mercedes-Limousinen, die mit dunkel getönten Scheiben an den stinkenden Blechkisten der Ärmeren vorbeiglitten, ließen ahnen, welche Gewinne mit Öl und Edelmetallen gemacht werden konnten. Die alte Moskauer Hauptpost wurde zur russischen Waren- und Rohstoffbörse, eine vergessene Lenin-Büste wachte von einem hohen Sockel aus über das geschäftige Treiben in der Halle. Die Börsenzulassung kostete 60 000 Rubel, als die Börse 1990 eröffnet wurde; ein Jahr später wurde sie für 4,4 Millionen gehandelt. Der Auktionator redete das Publikum mit *gospoda* an, mit »Herrschaften«, einem Ausdruck, der seit 1917 nicht mehr benutzt worden war. Geboten wurde auf Stahlgerüste, Öl, Baumwolle, Hosen und Laster, und Ausländer wurden immer wieder eifrig gefragt: »Ist es nicht genauso wie in Chicago?«

Eine alte Erscheinung, die Mafia, tauchte plötzlich überall auf: Männer mit kurz geschorenen Haaren und Jacken, in deren Taschen Dollarbündel steckten und oft auch Pistolen, mit denen zunehmend *bisnesmeni* und *konsultanti* erschossen wurden. Die Mafiaclans unterschieden sich nach ethnischer Zugehörigkeit; die Mitglieder waren Russen, Georgier, Tschetschenen oder Armenier. Manche hatten früher der Partei angehört. Eines Nachts um halb zwei, der Lenin-Prospekt war mit feuchtem Schnee bedeckt, fuhr ein schwarzer Sil, ein Wagen des alten Regimes, vor einem Rubel-Kasino vor. »Sie kommen wegen der wohltätigen Spende«, sagte der Besitzer, als er dem Fahrer mit den Stahlzähnen einen dicken Packen Rubel übergab. Zwanzig bis sechzig Prozent des Umsatzes von Restaurants und Diskotheken wurden abgeschöpft. Die Mafia handelte außerdem mit Autos und Computern, die von Polen und Wolgadeutschen in Westeuropa gestohlen wurden.

Geburten in Russland gingen um 30 Prozent auf das Niveau von 1989 zurück. Die Zahl der Selbstmörder und Drogenabhängigen vervielfachte sich, ebenso die der Vegetarier, Buddhisten und Wunderheiler. Die vom Fernsehen übertragenen »Heilungen« des »Psychotherapeuten« Anatoli Kaschpirowski zogen riesige Zuschauermengen an. Eine Million Menschen schrieben an Juri Tarasow, den »russischen Zauberer«, der behauptete, Diabetes, Hautprobleme und nervöse Leiden durch Handauflegen heilen zu können. TV-Piraten schickten russische Rap-Gruppen und ein transsexuelles Marilyn-Monroe-Double über den Äther. In Kabarettveranstaltungen traten Lenin-Imitatoren auf.

Die Kriege im Kaukasus dauerten an. Armenien war ausgeblutet und bankrott; Eduard Schewardnadse, der sich im Abglanz von Gorbatschows Ruhm im Westen gesonnt hatte, musste vor den siegreichen Abchasiern in seiner georgischen Heimat fliehen. In Estland klagte die große russische Minderheit über Diskriminierung; die Esten bestritten das empört, aber die Russen verzögerten den Truppenabzug. Russische Truppen blieben vorerst auch in Ostdeutschland; zu Hause gab es keine Kasernen, in denen sie hätten untergebracht werden können. Russische Offiziere aus Regimentern, die über vierzig Jahre zuvor den Reichstag gestürmt hatten, wurden dabei gesehen, wie sie in deutschen Super-

Die Macht des Kreuzes. Ein orthodoxer Priester segnet die Menge in Kursk während einer jährlichen Prozession mit einem Kreuz. Solche Szenen verdeutlichen die neue Blüte der ältesten Glaubensrichtung Russlands. Mit der massiven Priesterverfolgung in den dreißiger Jahren hatte das kirchliche Leben seinen Tiefpunkt erreicht. Später griff Chruschtschow die Kirche erneut an und schloss mehr als 10 000 Kirchen. [Foto: G. Bodrow]

märkten Einkaufswagen zurückschoben – für die eine Mark Pfand, die sie damit verdienten. Russland und die Ukraine stritten darum, wem die Raketen und die Schwarzmeerflotte gehörten; die Atomwaffenlager von Weißrussland bis Kasachstan verwahrlosten in gefährlichem Ausmaß. Der amerikanische Außenminister James Baker sprach schaudernd von einem »Jugoslawien mit Atombomben«.

Nur ein Viertel der Parlamentsabgeordneten waren verlässliche Anhänger Jelzins. »Rot-braune« Gruppen orthodoxer Kommunisten und extremistischer Nationalisten vereinigten sich zur Nationalen Heilsfront, um Jelzin zu bekämpfen und Reformen zu verhindern. Gleichzeitig verschlechterte sich Jelzins Verhältnis zu den einstigen Mitkämpfern gegen den Putsch, Alexander Ruzkoi und Ruslan Chasbulatow. Die Wirtschaftspolitik – Schocktherapie, Subventionskürzungen und Marktpreise – lief auf Sand. Die Bosse des militärisch-industriellen Komplexes lehnten es ab, ihre Waffen in Pflugscharen zu verwandeln. Denkwürdig ist die Haltung eines Werftdirektors, der sich verächtlich weigerte, die Produktion von »schönen« Kriegsschiffen auf Tanker, auf »schwimmende Keksdosen«, umzustellen. Fleisch verrottete in den Verpackungsbetrieben, weil diese kein Blech für Dosen erhielten; auf dem Land verrosteten Agrarmaschinen, weil es keine Ersatzteile gab, und Milch wurde an Schweine verfüttert, weil die schlechten Straßen und der Mangel an Lastwagen die Verteilung an die Bevölkerung verhinderten. Gorbatschow, verbittert und selbstgerecht, nannte die Jelzin-Regierung ein »Irrenhaus«, doch es gab wirklich Verrückte, die frei herumliefen. Wladimir Schirinowski hatte in der russischen Präsidentschaftswahl 1991 mit einer extrem nationalistischen Position gegen Jelzin sechs Millionen Stimmen gewonnen. Seine »Lösung« für die baltischen Staaten war einfach: Er wollte Atommüll entlang der Grenzen lagern und nachts riesige Ventilatoren laufen lassen, bis die Balten an der Strahlenkrankheit gestorben waren. Das muslimische Problem wollte er durch eine Neuauflage des Afghanistankrieges lösen: Russische Offiziere sollten usbekische und tadschikische Truppen gegen die Afghanen führen, bis alle tot wären. Jeder Demagoge konnte eine Gefolgschaft gewinnen, und Demagogen gab es es genug.

Es existierte keine klar ausgearbeitete Verfassung, kein entwickeltes Rechtssystem, kein Wirtschaftsrecht, keine bewährten Weisungsketten. Der unentschiedene Machtkampf zwischen Jelzin und dem Parlament trieb auf eine Krise zu. Am 20. September 1993 gab das Parlament bekannt, Jelzin solle ein Großteil seiner Macht genommen und mehr Rubel sollten in die inflationären Subventionen gepumpt werden. Jelzin reagierte am nächsten Tag mit der Auflösung des Parlaments und der Ankündigung von Neuwahlen für Dezember. Daraufhin setzte das Parlament ihn ab und wählte Ruzkoi zum Präsidenten. Die Abgeordneten besetzten das Weiße Haus. Eine Woche lang hielt die Spannung an, dann stellte Jelzin ein Ultimatum: Die Abgeordneten sollten das Weiße Haus bis zum 4. Oktober verlassen, sonst würden Truppen des Innenministeriums, die das Gebäude belagerten, es mit Gewalt räumen. Der Alltag in Moskau ging weiter, ohne dass die Bevölkerung sich allzu sehr um das Drama gekümmert hätte, das in ihrer Mitte stattfand. Geeint durch die Ablehnung Jelzins und seiner Reformen, konnte die Opposition auf der Straße Anhänger mobilisieren.

Am 3. Oktober verlor Jelzin die Kontrolle über das Geschehen. Feindselige Demonstranten durchbrachen die Absperrungen um das Weiße Haus und schlossen sich den Abgeordneten an. Die Truppen des Innenministeriums zogen ab. Ein bewaffneter Mob zog nach Ostankino, zur Zentrale des Fernsehens, brach mit Lastwagen durch die Tore und warf Granaten ins Innere. Die Truppen, die die Studios bewachten, feuerten zurück. 62 Menschen wurden in dem langen Gefecht, das folgte, getötet, darunter westliche Fernsehjournalisten. Gaidar befürchtete, die Menge werde nun das Zentrum der Macht, den Kreml, angreifen, und appellierte an die Moskauer Bevölkerung, den Kreml zu verteidigen. Zehntausend versammelten sich, aber als sich die Nachricht vom Sturm auf Ostankino verbreitete, brach Panik unter ihnen aus. Jelzins Eintreffen per Hubschrauber zeigte wenig Wirkung; dass er sich in seiner Datscha erholt hatte, während seine Gegner bewaffnete Banditen zusammentrommelten, stieß auf Unverständnis. Verspätet wurde der Ausnahmezustand ausgerufen, aber erst am 4. Oktober um fünf Uhr morgens, als die ersten Panzer zum Kreml rollten, war klar, dass Jelzin überleben würde.

Er hatte die Armee hinter sich, oder genauer, die Kantemir- und Taman-Gardedivisionen und einige Fallschirmjägereinheiten. Die gepanzerten Kräfte gingen an den Straßen um das Weiße Haus in Stellung und eröffneten das Feuer auf die oberen Stockwerke, wo hartnäckige Abgeordnete sich mit bewaffneten Posten verschanzt hatten. Im Feuer der Panzer zersplitterten Fensterscheiben, und bald schlugen Flammen aus den Fenstern. Weitere 50 Menschen wurden getötet, bevor weiße Fahnen zu sehen waren und die rebellischen Parlamentarier aufgaben.

Ruzkoi und Chasbulatow wurden verhaftet und aus dem rauchgeschwärzten Gebäude abgeführt.

Jelzin und seine Reformer schienen einen großen Sieg errungen zu haben. Einer Umfrage zufolge unterstützten 72 Prozent der Bevölkerung den Präsidenten; nur 7 Prozent stellten sich auf die Seite der in Ungnade gefallenen Abgeordneten. Aber die Unterstützung bröckelte bald. Die Reformer spalteten sich in vier Parteien, die verbissener gegeneinander kämpften als gegen die Konservativen. Viele verbrachten die Zeit in ihren Moskauer Büros mit Computerspielen; bei den Wählern der Basis tauchten sie kaum auf. Wladimir Schirinowski taten sie als neofaschistischen Verrückten ab, seine so genannten Liberaldemokraten fanden kaum Beachtung.

Die Außenpolitik Schirinowskis war simpel: Die Japaner? »Ich würde sie bombardieren... Ich würde ihre kleine Insel von unserer großen Marine belagern lassen, und wenn sie sich auch nur räuspern, die Atombombe draufwerfen.« Die Vereinigten Staaten? »Die Amerikaner müssen den Balkan und den Nahen Osten verlassen. Sonst werden sie sich eines Tages vor einem neuen Nürnberger Tribunal wieder finden.« Die Juden? »Manchmal ist Russland vom Antisemitismus überwältigt worden. Doch dieses Phänomen ist durch die Juden selbst provoziert worden. Die Russen sind eine freundliche Nation.« Was diese bizarren Ansichten so gefährlich machte, war der Anklang, den sie bei Millionen von Russen fanden.

Der geborene Selbstdarsteller steckte viel Geld in seine Versuche, Empörung zu provozieren. Er gab 300 Millionen Rubel, zum damaligen Wechselkurs eine Viertelmillion Dollar, für Fernsehspots aus. Schirinowski stellte sicher, dass eine an Politiküberdruss leidende Wählerschaft Notiz von ihm nahm. Er trat mit einer Flasche Wodka und einem Kondom auf und erklärte, Alkohol und Sex seien »alles, was Gorbatschow uns gelassen hat«. Er appellierte an alle, die durch die Kürzung staatlicher Subventionen verloren und durch das stotternde Getriebe der Marktkräfte nichts gewonnen hatten. Das Militär, die Bergarbeiter, die Menschen in abgelegenen Regionen und die Arbeiter der verrottenden Industrie bildeten seine natürliche Wählerschaft. Und sie war groß. Er gewann 15 Millionen Stimmen, gegenüber 1991 ein Anstieg um das Zweieinhalbfache; 93 Prozent der Kadetten der russischen Militärakademie und drei Viertel der Elitetruppen der strategischen Atomstreitkräfte stimmten für Schirinowski, in einem Land, das immer noch 8972 Sprengköpfe für ballistische Raketen besaß. Seine Liberaldemokraten waren stärkste Partei im neuen Parlament, das im Dezember 1993 gewählt wurde. Es waren die ersten freien Parlamentswahlen seit November 1917; damals waren die Bolschewiki fanatische Außenseiter gewesen, und die Wähler hatten klargemacht, dass sie bei weitem nicht die populärste Partei waren.

Die Wahl machte eine Kluft entlang des 54. Breitengrads deutlich. Die Bevölkerung oberhalb dieser Linie, in Moskau, St. Petersburg und den mineralienreichen Gebieten von Nord- und Westsibirien, unterstützte Jelzin. Unterhalb der Linie, in den verarmten, von Schwerindustrie geprägten Gebieten und im Getreidegürtel stimmten die Menschen gegen die Reformen, die ihnen keinen Fortschritt brachten. Dies galt für Russland; die Verwerfungen in anderen Republiken waren oft noch drastischer. Die Ukraine war in eine nationalistische Westhälfte und die stark industrialisierten und russisch geprägten Ostprovinzen gespalten. In der Zeit des kommunistischen Zentralismus, als lokale Autonomie bedeutungslos war, hatte Chruschtschow die Krim aus einer Laune heraus der Ukraine zugeschlagen. Im Januar 1994 stimmten die Bewohner der Halbinsel mit überwältigender Mehrheit für eine Partei, die dafür eintrat, die Ukraine zu verlassen und sich Russland anzuschließen. Auch die Kontrolle über die Schwarzmeerflotte und die Nuklearwaffen waren dauernde Reibungspunkte in den Beziehungen zwischen Russland und der Ukraine.

Die ukrainische Wirtschaft steckte in einer so tiefen Krise, dass die Bevölkerung die Russen beneidete. Achtmotorige Antonow-Transporter, die größten Flugzeuge der Welt, flogen Ladungen mit Bargeld ein, das in westlichen Notenpressen gedruckt wurde, um mit der Inflation Schritt zu halten. Armenien, durch das Erdbeben von 1988 verheert, wurde von Aserbaidschan boykottiert, weil es die armenische Minderheit in der Enklave Nagorny Karabach unterstützte. Umgekehrt kontrollierten armenische Truppen ein Fünftel Aserbaidschans. 20 000 russische Soldaten kämpften in Tadschikistan gegen islamische Guerillas an der Grenze zu Afghanistan. Russland ließ in den abfallenden Republiken von neuem seine Muskeln spielen, und Jelzin erklärte unmissverständlich: »Alle müssen erkennen, dass es hier in Wirklichkeit um die Grenze Russlands geht, nicht um die Grenze von Tadschikistan.« In Weißrussland, wo die Inflation monatlich 50 Prozent bei steigender Tendenz betrug, wurde eine Volksfront gegründet; sie trat für eine »Gemeinschaft Baltikum-Schwarzmeer« mit der Ukraine und den baltischen Staaten ein, die den erstarkenden russischen Einfluss bekämpfen sollte.

In Moskau beschloss das Parlament Anfang 1994 eine Amnestie für die Putschisten von 1991 und die unbeugsamen Abgeordneten, die ein paar Monate zuvor gewaltsam aus dem Weißen Haus getrieben worden waren. Die Gewalt in der Hauptstadt nahm weiter zu. Selbst ernannte Banker wurden von Gangstern niedergeschossen, deren Zahl sprunghaft anstieg. In Wirklichkeit war das russische Bankensystem immer noch so primitiv, dass ein Scheck Seltenheitswert hatte. Bankleute, die oft mit Kriminellen in Verbindung standen, waren besonders gefährdet, weil sie mit großen Mengen Bargeld hantierten. Kreditkarten hätten die Gefahr verringert. »Aber wir haben Probleme mit der Auswahl der Kunden«, klagte der Vizepräsident der Moskauer Sberbank. »Es gibt hier so viele unsolide Menschen.«

»So viele unsolide Menschen« – das trifft am Ausgang eines grausamen Jahrhunderts ein wesentliches Merkmal dieses riesigen Landes mit seiner Korruption und seinen Zynikern, Verwirrten und schlichtweg Verrückten.

Danksagung

Für ihre Hilfe bei der Zusammenstellung von *Das Jahrhundert Russlands* gebührt vielen Menschen Dank. Den größten Dank schulden wir den Fotografen, Archivaren, Museumsdirektoren und Sammlern aus der ehemaligen Sowjetunion, die uns großzügig mit ihrer Zeit und Arbeit unterstützt haben. Wir danken nicht nur denen, deren Fotos in diesem Buch erscheinen, sondern auch all denen, die uns freundlicherweise Fotos überlassen haben.

Besonderer Dank gebührt den Fotografen Farit Gubajew, Wladimir Siomin und Igor Mouchin, die uns nicht nur ihre eigenen Bilder gezeigt, sondern uns auch weitere Türen geöffnet haben. Gleichfalls zu Dank verpflichtet sind wir Lara Stojanowskaja und Mischa Smetnik, unseren beiden unerschrockenen russischen Dolmetschern. Wir danken ihnen für ihre hervorragenden Übersetzungen, für ihre Tatkraft und auch für ihren Humor, der uns über schwierige Situationen hinweghalf.

Wir sind ferner besonders dankbar den Familien von Dmitri Baltermanz und Georgi Selma für ausgeliehenes Material; Warwara Rodtschenko und Nikolai Lawrentjew für leihweise zur Verfügung gestellte Fotos; Jewgeni Chaldei für Bilder, die in jeder Beziehung so eindrucksvoll sind wie sein berühmtes Bild vom Hissen der roten Fahne über dem Reichstag 1945; Alexander Ustinow dafür, dass er seine gleichermaßen denkwürdigen Bilder vom Zweiten Weltkrieg persönlich für uns abgezogen hat; Wasili Jegorow für seine intimen Bilder von Chruschtschow; Wladimir Musaeljan, Breschnews persönlichem Fotografen, für Bilder, die Breschnew von einer dem Westen bisher unbekannten Seite zeigen;

und der Sammlerin Slawa Katamidse, die letzte Lücken mit passenden Bildern gefüllt hat.

Außerdem sind wir folgenden Personen und Institutionen zu Dank verpflichtet: Andrei Baskakow und Leonid Bergolzew von der Vereinigung der Kunstfotografen, Moskau; Irina Orlowa vom Revolutions-Museum, Moskau; Weronika Akopdjanowa vom Literatur-Museum, Moskau; Tatjana Iwanowa, Dr. Alexander Schkurko, Irina Saltykowa und Tamara Igumonowa vom Historischen Museum, Moskau; Galina Nossowa vom Lenin-Museum, Moskau; Natalja Meteliza und Ejba Norkute vom Museum für Theater und Musik, St. Petersburg; Elena Barchatowa und Wladimir Saizew von der Russischen Nationalbibliothek, St. Petersburg; Alexandra Golowina, Ludmila Prozai und Elena Dsuba vom Staatsarchiv für filmische und fotografische Dokumente, St. Petersburg; Jewgeni Raskopow vom Spiegel-Club, St. Petersburg; Ljudmila Saprjagajewa vom Russischen Staatsarchiv für filmische und fotografische Dokumente, Krasnogorsk; dem Stadtmuseum von Nischni Nowgorod (Maxim-Dmitriew-Archiv); Dr. Sergei Kudrjaschow; Artjom Sadikjan; Professor John Erickson; und Alexander Ustinow.

Und schließlich wollen wir uns noch bei Lynne Jackson und Elisabeth Ingles für deren kompetente organisatorische und Lektoratsarbeit bedanken.

Register

Kursiv gesetzte Zahlen
verweisen auf Abbildungen

282